ハイデガーの言語哲学

ハイデガーの言語哲学

——志向性と公共性の連関——

古荘真敬著

〔岩波アカデミック叢書〕

岩波書店

序

私たちは、ハイデガーの思索を伴侶としつつ、私たちの歴史的な世界内共存在の発露としての「言語」の本質を問う旅に出ようと思う。だが、それ自身が「言語」という媒体のうちにおいて遂行される哲学的思考において、自らのエレメントたる「言語」を問題化することは、直ちに、ある解釈学的循環のうちに突入することを意味していよう。かつてW・アンツは、論考「ハイデガーにおける言語の位置づけ」において、かかる思考の解釈学的構造への注意を促しながら、次のように述べた。

「ハイデガーの問題、それは、諸科学が、言語を、対象的に眼前に横たわるものとして探究することによって、言語が根源的に与えられている場所を、思考のうちで立ち去ってしまったということ、これである。あらゆる思考は、言語に拘束されている。この廃棄しえない言語拘束性(die unaufhebbare Sprachgebundenheit alles Denkens)の哲学的な意義が、言語に関して語る語りのうちで、共に顧慮されることはないのである[1]」。

要するに、アンツは、思考自身が言語によって拘束されていることの自覚なしに、言語に関して(über die Sprache)喋々することの背理を指摘しようとしているのである。「言語」とは、本来、思考が対象化・客体化することのできない何ものかであり、むしろ、それが対象化不能であるという事態自身が、表立って哲学的に問題とされなければならない。言語の客観的構造に関して科学的な観点からいくら論じてみても、もしもこうした特有の解釈学的循環への省察を欠くならば、それはそもそもの出発点において(哲学的には)、「言語が根源的に与えられている場所(der Ort, an dem es ursprünglich Sprache gibt.)」を棄却することに他ならないのである。ハイデガー自身も述べるように、おそらく、「言語に関して語ることは、沈黙に関して書くことよりも始末におえぬことである」(GA12, 10 強調引用者)のだろう。

　では、「言語」が対象化不能であるという事態自身を哲学的に問題にするとは、いかなることであるのだろうか？　私たちの見るところ、端的に言って、それは、「言語」があらゆる存在者の存在者性のメディウムであることそれ自身を、いわばあらためて追憶することにほかならない。「言語」への問いを問うとは、《私たち》の世界経験の始まりを、表立って追憶してみることなのである。私たちは、ハイデガーの言語哲学の核心に、言語の志向性と存在者概念の公共性の根源的連関という事柄を発掘することを通じて、この追憶の課題にこたえたいと思う。

「ハイデガーの言語論の諸相」と題された第一章において、私たちは、まずハイデガーの言語論的思惟が、そもそもどのような事象の解明を試みるものであるのかを概観し、次に、この言語論的思惟が、いかなる存在論的・方法論的動機を背景にして遂行されているのかを明らかにしたい。「言語の志向性と存在の公共性」と題された第二章においては、「公共的世界」という概念を武器にしつつ、ハイデガーにおける言語哲学と存在論的哲学の内的連関の解明が、私たち独自の視点から試みられることになるだろう。最後の第三章「詩的言語と《私たち》の世界」の課題は、存在者概念の公共性と緊密に連動する言語の志向的構造が、いかなる根拠にもとづいて、詩的に変様せざるをえないのかを見て取ることである。

　私たちは、本研究において、ハイデガー哲学という資料に定位しつつも、可能なかぎり言語現象という事柄それ自身に内在した問いと考察を展開することを心がけたいと思う。ハイデガー哲学における重大な論点を構成するテーマであっても、私たちの議論の構成上、遺憾ながら、それへの言及を割愛せざるをえないものも少なからず存在する。また他方、ハイデガー自身がほとんど顧みることのなかった論点であっても、その詳論が必然的であると判断された場合には、ハイデガー哲学の枠組みを大きく逸脱してでも、私たちなりの考察を展開することを試みたい。すべては、事柄それ自身のためである。本研究が、この事柄自身へと向けられたさらなる省察の努力のための礎となりうることを祈念する。

凡例

ハイデガーの著作からの引用箇所の指示は、慣例にしたがい、下記の略符号と該当箇所のページ数を併記することによって行う。引用は、原則として、可能な限り Vittorio Klostermann 社版の全集(Gesamtausgabe＝GA)から行うが、例外的に、『存在と時間』からの引用に際しては、読者の便宜をはかるため、現在もなお最も流通している Max Niemeyer 社版の単行本を用いることにする(この単行本のページづけは、全集版のテキストの欄外にも再録されている)。

なお、同一のテキストから繰り返し引用する場合には、二回目の引用以降、書名を表す略符号の記載を省略し、ただ引用箇所のページ数のみを表記することとする。また、地の文と引用文との文脈的連関を考慮して、原テキストに見られるイタリック体等による強調を、特に断ることなく解除することがある。だが、原テキストにはない私たち自身による強調を加える際には、その都度、その旨を注記する。

テキストの略符号一覧

(講義録に付した WS および SS の記号は、それぞれ冬学期、夏学期を意味している)

SZ ＝ *Sein und Zeit*, Max Niemeyer, 1993[17].

GA3 ＝ *Kant und das Problem der Metaphysik*, Gesamtausgabe Bd. 3, 1991.

GA4 ＝ *Erläuterungen zu Hölderlins Dichtung*, Gesamtausgabe Bd. 4, 1981.

GA5 = *Holzwege*, Gesamtausgabe Bd. 5, 1977.

GA6.1 = *Nietzsche I*, Gesamtausgabe Bd. 6.1, 1996.

GA6.2 = *Nietzsche II*, Gesamtausgabe Bd. 6.2, 1997.

GA9 = *Wegmarken*, Gesamtausgabe Bd. 9, 1976.

GA10 = *Der Satz vom Grund*, Gesamtausgabe Bd. 10, 1997.

GA12 = *Unterwegs zur Sprache*, Gesamtausgabe Bd. 12, 1985.

GA19 = *Platon : Sophistes*, WS 1924/25, Gesamtausgabe Bd. 19, 1992.

GA20 = *Prolegomena zur Geschichte des Zeitbegriffs*, SS 1925, Gesamtausgabe Bd. 20, 1988.

GA21 = *Logik. Die Frage nach der Wahrheit*, WS 1925/26, Gesamtausgabe Bd. 21, 1976.

GA24 = *Die Grundprobleme der Phänomenologie*, SS 1927, Gesamtausgabe Bd. 24, 1975.

GA26 = *Metaphysische Anfangsgründe der Logik im Ausgang von Leibniz*, SS1928, Gesamtausgabe Bd. 26, 1990^2.

GA29/30 = *Die Grundbegriffe der Metaphysik, Welt-Endlichkeit-Einsamkeit*, WS 1929/30, Gesamtausgabe Bd. 29/30, 1983.

GA33 = *Aristoteles, Metaphysik Θ 1-3, Von Wesen und Wirklichkeit der Kraft*, SS 1931, Gesamtausgabe Bd. 33, 1981.

GA39 = *Hölderlins Hymnen „Germanien" und „Der Rhein"*, WS 1934/35, Gesamtausgabe Bd. 39, 1980.

GA44 = *Nietzsches metaphysische Grundstellung im abendländischen Denken, Die ewige Wiederkehr des Gleichen*, SS 1937, Gesamtausgabe Bd. 44, 1986.

GA56/57 = *Zur Bestimmung der Philosophie : 1. Die Idee der Philosophie und das Weltanschauungsproblem, 2. Phänomenologie und transzendentale Wertphilosophie*, Kriegsnotsemester 1919 und SS 1919, Gesamtausgabe Bd. 56/57, 1987.

GA63 = *Ontologie* (*Hermeneutik der Faktizität*), SS 1923, Gesamtausgabe Bd. 63, 1988.

GA65 = *Beiträge zur Philosophie* (*Vom Ereignis*), Gesamtausgabe Bd. 65, 1989.

NI = *Nietzsche, Erster Band*, Neske, 1989^{5}.

NII = *Nietzsche, Zweiter Band*, Neske, 1989^{5}.

VA = *Vortäge und Aufsätze*, Neske, 1990^{6}.

SD = *Zur Sache des Denkens*, Max Niemeyer, 1988^{3}.

目　次

第一章　ハイデガーの言語論の諸相

はじめに

《私》が誰かに《私》の思いを伝え、《私》の考えを記すのに用いる言葉は、すべて学ばれた言葉である。《私の現在》を構成するこの思いや感情を、その一回性・個別性・特殊性において表現しようと、どれほど《私》が力んだところで、《私》には《私》だけの言葉などあろうはずもなく、《私》は、いつか誰かが既に用いたことのある言い回しや表現を想起しながら、それを変形することのなかで、《私》に固有な何事かを表現せざるをえない。言い古された決まり文句や陳腐な故事成語をあえて用いないまでも、私たちが、それぞれ各私的(jemeinig)な現存在を言語的に表現しようとする以上、不可避的に曝されてしまう「公共性」の次元を、ここに見ることができるだろう。独り言を呟くときでさえ、私たちは、おそらく今ここにはいない誰かに宛てて語っているのではないか。私たちは、そのような誰かとの共同性を生きることなしに、言葉を語ることはできない。

《私》の現在を浸潤するこのような原初的公共性の次元を問う問いを立ち上げてみよう。無論、この問いを展開することによって、巷間横行する紋切り型と妥協する生活様式に社会哲学的な御墨つきを与えることなどが重要なのではない。私たちの言語的存在としての在りようが、どれほど根源的な「公共性」に媒介されていようとも、現に《私》は、《私》に固有なこの現在を、いかなる紋切り型にも妥協することなく表現しようと欲するのである。そのようなある種の「固有語法」(2)への憧憬なきところでは、問題の原初的公共性が、そもそも「問われる」ことすらありえないだろう。私たちの課題は、決して、この《私》の力み(公共的な言語を、《私》に固有な現在のために突破せんとする表現意志)を、単に愚かな思い入れとして切り捨ててしまうことではない。私たちの思考が課題とすべき事柄は、ではいったいどこにあるのか? その所在は、私たちが、私たちの「愛」の始まり(あるいはむしろ終わり)を想起してみることによって予感されるだろう。《あなた》への愛を告白する《私》、あるいは、愛していた《あなた》との別れに直面した《私》は、愛という絶対的な関係の生成・消滅を、未聞の出来事として経験しつつあるのであり、この出来事の比類のなさを表現しようともがきながら、はからずも《私》は、一人の詩人として語ることを余儀なくされるのではないか? 私たちの多くは、そこに自らの言葉の貧しさ(そして自己の存在の貧しさ)を同時に経験することであろう。それは、かつて一度も現前したことのない世界の始まり(または終わり)を目の当たりにしながら、《私》には、この始まり(または終わり)に応える言葉が欠けているという経験である。

ここに私たちは、人間と言語との関わりの本質にふれる問題を予感するのである。それは、「愛」という極めてプライヴェートな関係性に特殊な事柄なのではない。学者たちの共同体において交換される学問的な言語もまた、新しい世界の始まりを前に、みずからの表現能力の貧困に苦しむ経験を経てはじめて、真の意味において進展するのではないか。学問的「真理」の探究に携わるといった場面においても、言語の「公共性」は、いつでもその一般的拘束性と歴史的流動性という二重性において現象する。重要なのは、プライヴェートな問題とパブリックな問題を単に区別することではなく、私たちの言語的存在の公共的構造の内部に潜在しているポテンシャリティを救済することである。

この断層は、私たちの言語に特有な匿名性の経験の内で萌芽的に準備されていると言えるだろう。愛という絶対的関係の生成と消滅において私たちが経験せざるをえない《私》の言葉の貧しさとは、つまるところ、「《私》は今、かつてどこかで人々が彼らの思いを表現するのに用いた言葉を用いるわけにはいかないのだ」という思いのうちで経験される何事かである。《私》は今や、《あなた》に宛てる《私》の思いを、誰もが知っている「言い回し」に委ねて語るわけにはいかない。それなのに、《私》にはこの現在に相応しい言葉が欠けているのである。《私》は、唾棄すべき「誰もが知っている言い回し」の数々に侵食された自己自身を発見せざるをえない。「誰もが」とは、すなわち、不特定の他者であり、固有名を欠く私たちの世界の担い手、「誰ということのない匿名の他者」である。《私》は、《私》の言葉の貧しさの経験のさなかにおいて、「誰ということのない匿名の他者の思考や感情に、私固有の事柄を重ねながら表現してきた古い世界」との訣別を模索しているのではないか。《私》は、《あなた》と《私》の固有時に、誰でもいい匿名の他者による容喙を許したくないのである。

ハイデガーが『存在と時間』において「das Man（=《ひと》）」という概念を創唱することによって名指そうとしたのは、まさに、こうした「誰ということのない匿名の他者」の審級に他ならない。以下の第1節において、私たちは、この「das Man」という概念こそが、『存在と時間』におけるハイデガーの言語論的考察の鍵であることを示したいと思う。日本語で私たちが「ひとはみな、そう言う」という際の《ひと》が、ハイデガーの言語論の根本問題なのである。「私が用いているのは、いつでも既に、ひとの言葉である」。これは、いわゆる「言葉をもつ動物（ゾーィオン・ロゴン・エコン *ζῷον λόγον ἔχον*）」としての人間的現存在の不可避的現実を構成する事実であると思われる。私たちは、いかにしてこの現実の孕む問題性に接近することができるであろうか。第1節において、私たちは、ハイデガーが『存在と時間』において展開した「言語」をめぐる考察を手がかりにしながら、まずはこの不可避的現実への接近を試みたい。これが第1節の第一の課題である。

愛の生成と消滅という例に定位した先のスケッチにおいて、すでに示唆されていたことであるが、この第一の課題は、おのずから第二の課題を指示しているように思われる。私たちは、私たちの「言葉の力」をいったい何処から汲むことができるのか、という課題がそれである。なるほど、私たちの日常は、常に既に《ひと》の言葉に侵食されており、どこかで聞いたことのある陳腐な思想を、言い古された言葉にくるんで交換するという退屈な営みが、ただ延々と繰り返されるばかりであるように思われもしよう。だが、にもかかわらず、《私》には、この日常が、退屈極まりない停滞として意識されることがある。この退屈との訣別が希求され、まずもって、《私》の言葉の貧しさが、貧しさとして切実に意識されることがあるのである。《私》はいったい、どこから、何にもとづいて、その貧しさをそれとして経験するのだろうか？　《私》に、自己の言葉の貧しさを知らしめ、物を言う舌を奪い、沈黙を強いさえもする「経験」一般が呈する根源的な形を見定めることができるならば、そこに私たちは、《私》の切望する「新しい言葉の力」の源泉を予感することもできるのではないか？　ハイデガーが「卓越した語り」として特徴づけようとする「良心の呼び声」をめぐる言説のうちに、私たちは、『存在と時間』の言語論が示唆する「言葉の力」の源泉を見出すことになるだろう。そこに私たちは、「言葉の力」なるものの本来の由来を尋ねる指標を、ハイデガーの考察を手がかりとして獲得することになるのである。

第1節の課題は、上記のような問題意識のもと、『存在と時間』の言語論の幾つかの結節点を概観することである。この作業を通じて、私たちは、ハイデガーの言語哲学の基本的な構えを見定めることができるはずである。彼が、

「言語」を問題にするにあたって、いったいどのような現象に注目しているのか、それを概観した上で、私たちは、つづく第2節において、存在論の哲学者であるハイデガーが、そもそも何故、そのような仕方で「言語」を問題にしなければならなかったのかを改めて検討してみることにしよう。

第1節 「言語」と「語り」(『存在と時間』の言語論の問題地平)

《私》が用いているのは、いつでも既に、《ひと》の言葉である。《私》が用いることのできるものとして、「言葉」は、したがって、一種の道具的存在者という性格をもっていると言うことができる。こうした事態について、『存在と時間』は、どのような議論を行っているであろうか。まずは、「現-存在と語り、言語」と題されたテキスト第三十四節の内容を整理しながら、問題の所在を明らかにしていきたい。

しばしば指摘されることであるが、[3] この節におけるハイデガーの議論の最も重要な枠組みを構成しているのは、「言語(Sprache)」とその「実存論的-存在論的基礎」(SZ, 160)としての「語り(Rede)」との概念的区別である。ハイデガーは、「語りが外へと言表されたもの(die Hinausgesprochenheit der Rede)が言語である」(161)と述べ、日常、私たちが話したり聴いたりしている言葉が、それに先立つ「語り」によって基づけられているという思想をそこで表明している。

そのような「語り」を、ハイデガーは「了解可能性の分節化」(161)と規定するのだが、「分節化」とは何のことだろうか。テキスト第三十二節にはこう書かれている。

「道具的存在者を前述定的に端的に見ることとは、全て、それ自身において既に了解的-解釈的である。〔…〕〝或るものとしての或るもの〟を導きの糸として存在者を解釈的に近づける際に生じている了解されたものの分節化は、このものについての主題的言明に先立つものである」(149)。

詳しい解釈は後論の第3節3-3において行うが、差し当たり簡単に要約しておけば、ここで言われているのは、私たちは「端的に」事物を知覚する際にも、いやしくもそれが物の「了解」として遂行されているからには、常に既に、「として・構造」に導かれつつ分節化された態様において物を見ているのであり、また、ここに働く分節化の作用が、たとえば「Sはpである」というような主述構文において発話される言明文の基礎をなしている、ということである。事物の知覚は、本来、既にして「了解」の働きを孕んでおり、例えば、道具的な事物の知覚に際しては、これをその用途に即して「……するためのもの」として了解する心的作用が作動しているはずであるとハイデガーは考え、このような了解作用の発現として、言明という活動を理解しようとするのである。そこでは、或るものを、特段、「書物机」として知覚することなく、ただ視線を茶褐色の色彩のうちに漂わせるような体験は、差し当たり無視されている。また、湖のほとりで、ただ風に吹かれながら、虚心に自然を感じているだけというような体験も、当座の考察の埒外に置かれている。その都度の目的を担った行為(プラクシス πρᾶξις)の場面、そして行為を導く志向性の相関者として見出される「プラグマタ πράγματα」としての事物の了解といった場面(vgl. 68)が、言語現象の解明の、まずもって立脚すべき範例的事象として選ばれているのである。

「言語」の基底に言語化以前の分節化というある種の心的作用の先行を想定し、言葉をこの分節作用が外へと言表されたものとして捉える考え方。ハイデガーがそうした枠組みに沿いつつ展開する思考において、とりわけ次の三点が注目に値し、また私たちの解釈を要求しているように思われる。差し当たり説明抜きに、ハイデガーの術語を使って列挙しておくことにしよう。

(一)　「言語」が《世界的》な存在様式を身に帯びることの意味。

(二)　ハイデガーが「空談」ないし「公共的被解釈性」という概念を用いて洞察した現象。

（三）〝誰が語っているのか〟という問いをめぐる転回（語り手の実存変様）。

以上の三つの論点を、以下順に紹介しつつ、解釈上生じうる問題点をその都度指摘し、それらの問題点に対する私たちなりの解答を示していくこととしたい。

1－1　言語の《世界的》な存在様式の意味

前述定的な分節化（＝「語り」と呼ばれる心的作用）が外へと言表されたもの、それが言語現象であるとハイデガーは考えるのだが、彼はそこで更に、発話された言語的形成物が不可避的に《世界的（weltlich）》な存在様式を身に帯びることになるという事態に着目する。言語は、日常的に、諸々の言葉によって織りなされるテキストという態様において私たちに出会われるが、それが音声的なものであれ文書の形をとったものであれ、ともかく、言語的形成物が、「世界内部的な存在者として、道具的存在者のように眼前に見出されるようになる」（161）ということ、このことは、言語現象にとって不可避的な事態であると言えるだろう。差し当たりそのような意味において、ハイデガーは、言語のもつ《世界的》な存在様式への注目を促すのである。私たちの生活において、言語は、対話相手の話し声や新聞の活字などとして、つまり、いわゆる感性的触発と結合した知覚可能な言語記号として現象する。これは決して、派生的・偶然的な事実ではなく、「言語」なるものの本質を構成する事態であり、私たちの日常的なコミュニケーションは、本質的に、《世界的》に立ち現れてくる言葉を交換するという営みに依拠している、というわけである。

無論、ここまでは、ごく当たり前の日常的現実の記述にすぎない。いわゆるパロール、ラング、ランガージュの区別といったソシュール的な視点は、ハイデガーの分析には殆ど欠如しており、言語現象を、むしろ素朴に、内的な心的作用とその外的な実現という二分法に基づいて整理する構えが目を引く。もう一度確認すれば、「語り（Rede）」とは、世界内存在する現存在が周囲世界の事物や自己自身を（つまり総じて《世界》を）「として・構造」に基づいて分節しながら了解する内的な心的作用のことであり、他方、「言語（Sprache）」とは、このような「語り」が外化して、誰もが聴いたり読んだりできるような言葉（Wort）の連鎖として現象するもののことである。これは、おそらく「内的な言語形式」と「外的な言語形式」の区別というフンボルトの言語哲学に影響された思考法であると言えようが、(4) 私たちが本節においてとりわけ注目したいのは、こうした区別の実存論的な根拠の提示として読める次のようなハイデガーの記述である。

「語りが実存論的に言語であるのは、語りによってその開示性が意義的に分節されているところの存在者〔＝現存在〕が、被投的な、つまり、《世界》に頼らざるをえないよう《世界》へと差し向けられている世界内存在（auf die »Welt« angewiesenes In-der-Welt-sein）という存在様式を有しているからである」（161, 強調・補注引用者）。

「語りつつ現存在はおのれを外へと言表する。これは、現存在が、差し当たりは〝内なるもの〟として外部を排するカプセルに包まれているからではなく、むしろ、現存在が、世界内存在として、了解しつつ既に〝外に〟存在しているからである」（162, 強調引用者）。

このようにハイデガーは、「語り」が「言語」となることの根拠、つまり私たちの多様な了解的分節化の作用が外へと言表されて《世界》的存在様式を身に帯びるようになることの根拠を、世界内存在する現存在が、常に既に〝外に〟、つまり世界内部的な存在者のもとで存在しているという事実のうちに求めている。だが、こうした根拠の提示の仕方には、にわかには納得しがたい問題があろう。世界内存在する現存在が常に既に〝外に〟存在するという事実を強調すること、フッサール現象学の術語によって換言するならば、世界内存在の「志向的構造」の根本性をあらためて言挙げすることが、なぜ、了解的分節作用としての「語り」が外化し「言語」化することの根拠になりうるのだろうか。「語り」とは、いつでも〝話題となっている何らかの存在者について〟〝何々と〟語ること(etwas über etwas reden)であり、したがって、「語り」のうちには、「語り手が、それについて語ろうとするところの話題(Worüber der Rede = das beredete Seiende)」と「語られた内容(das Geredete)」という互いに区別される二つの契機が含まれている。これはハイデガー自身、分析の途上で再三注意を促している区別であるが[5]、これに従って整理すれば、当該の問題点は次のようにまとめられるだろう。すなわち、〝語りつつある現存在が、常に既に「外に」存在しているとは、語り手の現存在が、語りの話題となっている存在者(Worüber der Rede)のもとに存在しているということ、つまり、自分がそれについて語ろうとしている志向的対象のもとに存在している、ということである。だがこのことは、はたして、「語られる内容(das Geredete)」それ自身が言表され、《世界的》な存在様式をもつ「言語」のうちで表明されることを必然化するであろうか〟、と。ハイデガーも述べているように、「語り」が「沈黙」の語りとして一向に言表されないということもありうるではないか。

　言語が《世界的》存在様式を身に帯びているという事実と、世界内存在の志向的構造の根本性を結びつける先に引用したようなハイデガーの議論は、暗黙の裡に何らかの中項によって媒介されているのではないか？　右に示した疑念に対しては、その中項を表立たせることによって答えることができるだろう。私たちは、そのような中項を、「伝達」という現象を現存在の相互共存在(Miteinandersein)にねざす語りにとって不可欠な構成契機として取り出そうとするハイデガーの分析視点のなかから取り出すことができる。

　ハイデガーは、「伝達とは、たとえば見解や願望などという体験を、一方の主観の内面から他方の主観の内面へと運び込むといったようなことでは決してない」(162)と述べ、むしろ伝達は、「語りの話題にのぼった存在者(das Beredete der Rede)へと関わる開示存在に、聴き手を参与させること」(168)であると、つまり、語り手と聴き手が世界の内に共に存在することのうちにきざしてくる情状的了解内容を「分かちあう」(162)ことであるとしている。ここでもやはり、「語りの話題(das Beredete＝Worüber der Rede)」のもとにあるという世界内存在の志向的構造の原則的意義が、伝達現象の分析の鍵として提示されているわけであるが、重要なのは、そうした志向的構造の意義が、ここで、他者との共存在という問題次元に即する仕方で、捉え直されていることである。この新たな着眼点は、他者の言葉を「聴く」という経験に関する次のような分析において、さらに尖鋭化されている。

「他者の語りを表立って聴く際、私たちが先ずもって了解しているのは、言われた内容(das Gesagte)である。より精確には、私たちは、語りの話題となっている存在者のもとに(bei dem Seienden, worüber die Rede ist)、他者と共に、もとより既に存在しているのである。他方、声に出して口外されたもの〔＝音声〕について言えば、私たちは、そのようなものを先ずもって聴いているのではないのだ」(164, 強調・補注引用者)。

声に出して口外されたもの、すなわち音声言語は、いうなれば、《世界的》に出会われる言語現象の最も身近な事例であるだろう。先に見たところでは、こうした言語現象の《世界的》存在様式こそは、世界内存在の志向的構造の根源性によって基礎づけられるはずであった。だが、ハイデガーは今や、まるでそうした音声言語の媒介などは取るに足りない事柄であると言わんばかりに、〝私たちは他者の声に聴きいっているのではなく、話題となっている存在者のもとに、他者と共に存在しているのだ〟と主張するのである。これはどうしたことか？　しかし別段、私たちは新たな疑念のうちに陥ろうとしているのではない。《世界的》に存在する「言語」に関するハイデガーの考察は、かえって、この〝互いに聴き合う〟という仕方において進行する世界内共存在への洞察から構想されているに違いないのである。

以上において取り上げられたテキスト群を整合的に理解する唯一可能な方途は、ここに指摘された二つの現象、すなわち、(一)《世界的》存在様式を身に帯びた「言語」の存在と、(二)私たちの世界内存在が常に既に他者との「世界内共存在」であることとの等根源性を認識することである。この認識に立ってはじめて、私たちは、ハイデガーが、「語り」が「言語」になるのは世界内存在の志向的構造のゆえであると述べていることの真の意味を理解しうるようになるだろう。

この等根源性は、次の単純な事実のうちに容易に見て取れる。すなわち「語り」が外へと言表されて《世界的》存在様式を有する「言語」となることは、本質的に、それが他の現存在に「聴かれる」ということを内含しているという事実である。現存在は、本質上、常に既に《世界》のもとに存在していると言えるが、それは、〝私だけの世界〟のもとにあるということではなく、他者と共に《世界》のもとに存在しているということである。《私》の語りが他者に「聴かれ」、他者の語りを《私》が「聴く」という経験において、この世界内共存在の原事実が顕在化するのである。

たしかにハイデガーは、私たちが先ずもって聴いているのは口外された音声などではないと述べている。だが、この見解は、私たちが、他ならぬこの他者の音声に導かれながら、《世界》のもとに共に在ることができるという事実を否定しようとするものではないだろう。ハイデガーは、ただ、《世界》において生じている出来事を他者に知らしめる「記号」として機能する音声の特質を、いわばこの記号自身が「飛び越えられる」ことのうちに見出そうとしているのみである。伝達言語のやり取りにおいて、(生活の必要上)重要なのは、伝達媒体としての記号的音声そのものではなく、常に、この音声によって指示されている事柄の方である。しかし、たとえ音声が、事柄の指示というみずからの機能の充実のため、目立ちすぎずに飛び越えられなければならないものであるとしても、この音声が、私たちが他者との世界内共存在を顕在的に遂行するための媒体であることには変わりない。《世界的》な存在様式をもつ言語の獲得と、私たちの世界内存在が常に既に他者との世界内共存在であることとは、等根源的な事態なのである。言語に媒介されながら、《私》と他者とが互いに聴き合うことによって、私たちは、ハイデガーのいう意味での「伝達」という営みを相互に遂行し、ある共通の《世界》のもとに、顕在的な仕方で、共に立ち会うことができるようになる。つまるところ、「言語」とは、他者にとっても《私》にとっても存在するところの、世界内共存在の顕在態なのだ。

冒頭に述べた「私の言葉は、常に既に、ひとの言葉である」という問題的現実に迫る道筋がここに開かれたように思われる。『存在と時間』におけるハイデガーの叙述に即すならば、けれどもこれは、「空談」の可能性と「公共的被解釈性」との問題であると言えよう。次にこれらの問題を概観してみることにしたい。

1－2　「空談」「公共的被解釈性」——頽落する語り

よく知られているように、『存在と時間』におけるハイデガーの叙述は、「言語」に媒介された私たちの「伝達」（＝《世界》の分かち合い）を、それが非本来的な「空談」へと頽落していき、地盤を欠いた公共的被解釈性の構成に手を貸すことになる、という否定的側面から、批判的に照射するという姿勢を強く打ち出している。「空談」とは、一口に言えば、「言語」に媒介されつつ営まれる私たちの伝達が、話題となっている事象への根源的な存在関与を欠いた根無し草の様態のうちへと陥ってゆき、事象の真相を明らかにするどころか、むしろこれを隠蔽し、平板化してゆくことを表示する概念である。つまり、ハイデガーは、言語が《世界的》存在様式をもつという厳然たる事実、これを、私たちが事象そのものに即した了解内容ではなく紋切り型の了解パターン（空談）のみを共有する在り方へと頽落せざるをえない根拠として捉えているのである。実際、「空談」の分析は、「語りは大抵おのれを外へと言表しており、また、既に常に言表してしまっている。語りは言語である」(167)という事実を再び確認することから出発するのである。

もう少し詳しく見てみよう。ハイデガーの分析は、私たちの解釈によれば、要するに「言語」現象の次のような二面性を提示することから構成されている。

(一)「語り」という、元来は非述定的な分節作用が、外へと言表されることによって言語となるということ、このことが、「伝達」〈=《世界》の共有〉の顕在的遂行を可能にしている。あるいは逆言すれば、語り手が聴き手と共に語りの話題となっている事象へと関わり、共通の《世界》を顕在的に分有しようとする動向が、了解的分節化の作用〈=語り〉の「言語」化の基礎を支えている。

(二) ところが、他面、こうした「伝達」が、《世界的》に存在する言葉によって媒介されているという事実は、不可避的に、聴き手の了解を転倒した態度へと誘惑する。つまり聴き手は、「おのれを、語りの話題となっているもの(Worüber der Rede)への根源的な了解的存在へともたらすことなく」(168)、伝達された語りを〃表面的〃に了解するという態度へと誘惑され、「ひとは語りの話題となっているもの(das beredete Seiende)を了解しているというよりはむしろ、もはやただ、語られたことそのこと(das Geredete als solches)に耳を向けているだけである」(ibid.)といったことが生じざるをえない。

先に見た「語り」と「言語」の本質区別にもとづく『存在と時間』第三十四節の分析が、つづく第三十五節における「空談」の分析へと引き継がれる際、問題になっているのは、こうした〃言語的な世界共有〃の逆説にほかならない。すなわち、世界の開示性の顕在的な共有を可能にする言語が、世界隠蔽の媒体として機能してしまうという逆説である。「言語」による伝達は、本来、《世界》のもとに語り手と聴き手が「常に既に」(潜在的な仕方であれ)共に存在していればこそ可能となるのだが、そのような世界内共存在が、「言語」的伝達において、顕在的に遂行されてしまったとたん、《世界》の共有は、ただ単なる、用いられている言い回しの等しさや整合性といったものと区別のつかないものとなってしまうだろう。ハイデガーは、地盤を喪失した「語り広めや、語り真似(Weiter- und Nach-reden)」(ibid.)という言い方をしている。単なる受け売り、吹聴、口真似が、私たちの日常的なコミュニケーションの核を侵食しているという、しばしば、アンチ・モダニスト＝ハイデガーの大衆文化批判として理解されてきた主張である。いわば宙に浮いた伝達言語の孕むこうした問題点についての詳しい検討は、第二章第3節3-5において行うことにして、今は、ハイデガーの言語論の結節点の一つとして指摘するに止めておく。

さてここで、冒頭の問題設定を再び思い出していただきたい。本節の第二の課題は、私たちはいったい〝言葉の力〟をどこから汲み取るべきなのか、ということに関して、『存在と時間』の考察が何を教えてくれるかを突き止めることであった。私たちは、この課題に答えるために、「誰が語っているのか」というニーチェ的な問い[6]をこのテキストに即して設定してみることを提案したいと思う。『存在と時間』における「語り」と「言語」をめぐる思考は、「語っているのは、一体、誰なのか?」という《語りの主体》へ向けられた問いの周囲を旋回しているように思われるのである。

ハイデガーは、この書の前半と後半において二度「誰か?」と問うている。一度目は、現存在の「日常的な自己存在」の分析において設定された「現存在とは誰のことか」という問いとして、二度目は、現存在が本来的に存在しうることを証する現象的地盤として提出される「良心の呼び声」の分析のなかで設定された「呼び声を呼ぶのは誰か」という問いとして。これらの誰何《すいか》を、私たちは、《語りの主体》への問いとして綜合的に捉え直しつつ、同時に、そこに示唆されている《語りの主体の変様》を次に追跡することにしよう。

1-3　誰が語っているのか？——変様する語り

まずは、現存在の「日常的な自己」を分析する際に設定される「現存在とは誰であるのか」という問いである。ハイデガーは、「私たちは、ひとが楽しむとおりに楽しみ打ち興じ、ひとがするように文学や芸術を読んで、見て、判断し、〔…〕ひとが憤慨するものに憤慨している」(126f.)と、私たち現存在の日常を活写して、現存在がいかに根本的に他者たちによる支配を受け入れてしまっているかを述べ、現存在の日常的な存在様式を操っている「このひとでも、あのひとでもない」匿名の他者を「ひと(das Man)」と命名する。現存在は、差し当たり大抵、自己をこの「ひと」の内に譲り渡し、埋没させているのであり、したがって「現存在は日常的にひとである」というのが、かの「現存在とは誰のことか」という問いに対する最初の答えとされるわけである。ハイデガーのこのような洞察を敷衍して述べれば、結局のところ、「空談」という非本来的な語りによって支えられた《世界》の「公共的被解釈性」を導いているのも、《ひと》という目立たない語り手であると言うことができるだろう。というのも、私たちは自分自身の見たものについて言表している、というよりは、むしろ逆に、《ひと》が語るものを見ている、ということ、「現存在が何をいかに〟見るか〟ということは、ひとによって規制されている」(170)と表現される事態こそが、ハイデガーの言う「公共的被解釈性」の基本的な内実をなしているからである。

私たちはこのような《ひと》によって導かれた公共的被解釈性のなかで、あたりさわりのない平均的空談を交わしながら、事象の真相を眩ましつつ暮らしている。ハイデガーは、そのような在りようが、世界の内で共に存在している私たちにとって抜きがたい性《さが》のようなものであることを次のように強調している。

「現存在はまずこの日常的な被解釈性のなかへと生い育ってゆくのであり、決してそこから抜け出ることはできない。〔…〕現存在が、いつか、この被解釈性に触れられもせず誘惑されもせずに、《世界》そのものという開放地に向き合い、おのれに出会われてくるものを眺めるだけとなる、というようなことはない」(169)

私たちが《世界》の諸相を、何々として了解し、解釈する仕方は、大抵の場合、《ひと》がそれを公共的に何々として解釈しているその通りの仕方である。公共的な被解釈性の沈殿こそが、私たちの日常世界を、安定した自明性の世界として構成しているのだ。それは、私たちが《私たち》となる過程において、その内部へといつのまにか〝生い育ってしまった〟ような秩序であり、私たちは、気がつくと常に既に、それに〝従ってしまっている〟。ハイデガーが好んで用いる「常に既に(immer schon)」というフレーズが指示する「現在完了態」を、こうした「日常的な被解釈性」の自明性の堅固さを表現する時間的な意味として理解することができるだろう。私たちが日常、どのような秩序の内に住まっているのかは、いつでも事後的(nachträglich)にしか明らかにされない。例えば、《私》は、気がついたときにはもうワープロのスイッチを入れ、キーボードを叩いていた。誰もがそうするように、《ひと》がそうするように、《私》もまた振る舞ってしまっていたのである。ハイデガーは、私たちのそうした日常的な振る舞いの諸断片を構成している「被解釈性(Ausgelegtheit)」に注目する。文法的に表現すれば、これは、世界の現象の仕方における状態受動の相を表現するものであって、かくかくの仕方で、既に解釈されてしまっている相において、《世界》は私たちに出会われてきているという事態を指示するものに他ならない。それは、日常性のなかに沈殿している歴史の発見である。だからこそ、ハイデガーは、「現存在は、決してそこから抜け出ることはできない」と書くことになったのである。

もちろん、私たちはここで、次のように反問することができるだろう。本当に私たちは、公共的な被解釈性の網目の中に絡めとられてしまっているに過ぎないのだろうか、と。もしも私たちが、全的に、かかる公共的被解釈性の内に幽閉されているのだとすれば、私たちは、そもそもそれをそれとして記述することすらできないはずではないか。なるほど、常に事後的な記述でしかありえないとしても、いやしくもそれが記述として成立しうるからには、私たちは、ただ単に、公共的被解釈性の内部に閉じ込められているのではないはずである。何らかの解釈学的距離を、この「公共的被解釈性」に対して獲得しうるような別の地平が、私たちによって既に経験されているはずではないのか。《ひと》という語り手によって隈なく解釈された日常的《世界》を、そのようなものとして記述するために必要とされる、この《世界》との距離。私たちは、今後の考察のなかで、類似の問題に繰り返し触れることになるだろうが、本節において第一に注目しておきたいのは、『存在と時間』第五十四節以降における「良心の呼び声」をめぐる叙述である。そこにおいてハイデガーは、「良心の呼び声」という「卓越した語り」(277)の可能性を現象的に提示してみせることによって、世界内存在する現存在の「語り」が、全面的に公共的被解釈性のうちに安住しうるものではなく、ほとんど不可避的に、ある非連続と断層を経験せざるをえないことへと、読者の注意を促すことになるのである。彼のいう「良心の呼び声」とは、通常の意味における〝倫理的〟〝道徳的〟な呼びかけのことではない。端的に言って、それは、公共的被解釈性に身を委ねていた現存在を、おのれに最も固有な存在可能へと連れ戻す「語り」のことであり、自明な日常世界の崩壊を経験させる或る〝力〟の発現に他ならない。

私たちが注目したいのは、まず、この「卓越した語り」が、何について、何を、いかに語るのかという点に関して、ハイデガーが述べていることである。彼は、これらを《世界的》な無規定性において特徴づけている。三重の仕方で、《世界的》な規定性・被解釈性の彼岸において現象してくるのが、「卓越した語り」としての良心の呼び声なのである。

第一に呼び声は、現存在自身に呼びかけるという仕方で、現存在の自己自身について語る語りである。だが、この呼びかけにおいて、「世界的に了解された」現存在は「無視される」とハイデガーは強調する(273)。現存在は、日常的に世界内部的存在者に関わり、これを配慮するなかで、差し当たり大抵、《ひと》によって公共的に解釈された《世界》の方からおのれ自身を了解してしまっているが、そのような現存在の《世界的》自己了解には一顧だにしない仕方で、呼び声は現存在に呼びかけ、現存在について語るというのだ。「良心」の呼び声とはいっても、ハイデガーの問題にするそれは、《世界的》な尺度によって〝罪深い〟と解釈されるような行為をなしつつあるような現存在について語るのではない。また、《世界的》にどれほど価値のあることを成し遂げ、《ひと》の賞賛を浴びるところとなろうとも、現存在は、この呼びかけを免れることはできないのである。

では、呼び声は、《世界的》な善悪の尺度の彼岸における現存在について何を語るというのだろうか。ハイデガーは、それは何も語らないと言う。「呼び声は世界の出来事についてはいかなる情報も与えない」(273)のである。それは、〝……すべし〟という命法でもなく、〝……すべからず〟という禁止の声でもない。それは、公共的に《ひと》によって解釈された《世界》に関しては物語るべき何物をも持たないのであり、《世界》における私たちの身の処し方について、具体的な〝教え〟を垂れる声などではましてない。

そして第三に、これは、いわゆる〝声〟ですらない「沈黙の様態」(ibid.)において語る。「言葉による定式化の欠如」(ibid.)において特徴づけられ、「あらゆる発声を欠いている」(ibid.)とされる、声ならざる声としての呼びかけは、したがって、先に私たちが顧みた《世界的》な存在様式をとる「言語」の対極に位置づけられる「語り」なのである。

ハイデガーが、いわゆる「良心の呼び声」を「卓越した語り」として特徴づける際の視点は、このように「何について」「何を」「いかに」語るのかという三重の観点での《世界的》な無規定性に据えられていると言えるだろう。それは、《世界的》存在様式をもって流通される《ひと》の言葉による規制をかいくぐる特権的な性格において、「卓越した語り」としての力能を認められているのである。私たちは、こうした三重の観点における《世界的》無規定性の起源を、呼び声を呼ぶのは「誰であるのか」(274)という問いをめぐるハイデガーの考察に即して考えてみることにしよう。

いったい誰が呼んでいるのか？　この問いに対して、ハイデガーは、まずは再び、呼び声を呼んでいる者の《世界的》無規定性、規定不能性を強調することによって応じる。「彼を《世界的》に定位した現存在理解にとって馴染みのものにしうる可能性」(ibid.)は寸毫も与えられていない、とハイデガーは書いている。私たちはこれを、ひとまずこう受けとめることができるだろう。呼び声の生起を、私たちは、その前提条件たる何らかの《世界的》な秩序の存立へと遡って因果的に説明することはできない、と。なるほど、しかるべき地域コミュニティーや家庭環境、躾、学校教育、あるいは経済的安定等々といった《世界的》な根拠にもとづいて《ひと》は、善悪の分別や正義感、社会的な責任意識を身につけ、それらを〝良心〟として内面化するのでもあろう。だが、そうした説明図式は、ハイデガーが言い当てようとしている「呼び声」の解釈にとっては一切無効である。《世界的》な観点においてしかるべき仕方で教育された私たちの〝心〟が、呼び声を呼んでいるのではなく、また、内面化された社会的モラルが呼ぶのでもない。

では、誰が呼んでいるのだろうか？

ハイデガーは、端的に、「それ」が呼ぶのだ(275)と述べている。「それ」とは何であろう。ドイツ語の中性人称代名詞エスによって仮に名指されたこの謎めいた審級を、私たちは明らかにしなければならない。ハイデガーの叙述を見てみよう。

「呼び声は、私たち自身によって計画されたり、準備されたり意志的に遂行されたりするものでは全くない。〝それ〟が呼ぶのである(»Es« ruft)。期待に反して、それどころか意志に反してすら呼ぶのである。〔…〕呼び声は、私のなかからやって来るのだが、しかもそれでいて私のうえへと襲ってくる」(275)。

このように、呼び声を呼ぶ者を、「それ」という、現存在の意図的・恣意的な計らいから自立した審級に委ねて記述することは、呼び声の語り手を、主意主義的・主知主義的に理解された人間解釈の舞台から、限りなく遠ざけることを意味していよう。あるいはそれは、私たちのあらゆる志向的行為の脈絡にも回収しえない〝神的〟な次元について論ずることに近似しているとも言えるだろう。だが、『存在と時間』におけるハイデガーは、ここで「神」というような名前を持ち出してくることは「現象的実状を性急に飛び越える」(275)解釈傾向に過ぎないと述べ、私たち現存在の世界内存在の様相のうちに呼び声の起源を探索しつづけることを試みている。ハイデガーが着目するのは、呼び声が意志的に遂行されるものではないという実状と、現存在が既に常に《世界》のただ中に委ねられてしまっているという被投的な現事実との間に認められる響き合いである。自分がいったい「何処から」来、「何処へ」行くのか、そもそも「何故」今ここに存在するのかということについては全く遮蔽されながらも、自分は「存在しているし、また存在せざるをえない」という厳然たる事実は示されているという、現存在の世界内存在の被投性(vgl. 276, 134f.)、これは実は、先に見た公共的被解釈性の問題次元において指摘されていた「現存在は、公共的な被解釈性から決して抜け出ることはできない」という事実の含意するところでもあったわけだが、この「抜け出ることはできない」という被投的現事実の拘束力が、今や、公共的な解釈を決して受けつけない「卓越した語り」の起源として引き合いに出されるのである。

ハイデガーは、結局、「何故」ともなく《世界》のただ中に投げ出され、その「何故」をついに解き明かせぬまま肉体とともに滅びゆく単独者としておのれを見出さざるをえない現存在の「無気味さ(Unheimlichkeit)」のうちに、呼び声の語り手を突き止めている。《世界》がいかにあるかということについて、現存在は、《ひと》による公共的な解釈に導かれつつ、さまざまに述べ立てるが、しかし、そのような《世界》がそもそも存在し、そのただ中に《私》という存在者が存在しているという事実そのものについては、《ひと》の言葉はいつでも遅れてしまわざるをえず、そして、「何故」の問いを本質的に封じ込んでしまうこの事実の生々しい無気味さを前にしては、《ひと》の言葉は黙するほかない[7]。ハイデガーは、そのように《ひと》の言葉が沈黙するさなか、けれどもいかにも確かに現存在自身を揺さぶる「卓越した語り」としての無気味な「呼び声」のうちに、「語り」の世界における跳躍点を見出そうとしているのである。

本節の第二の結論を、暫定的に次のようにまとめておくことができるだろう。

公共的にそして平均的に解釈されつくした《世界》のただ中に投げ出されているという逃れがたい現存在の現実を提示しつつ、ハイデガーは、まさにそのいかんともしえない逃れがたさを根拠にこの現実のうちに秘められている《語りの主体の変様》の可能性を指し示している。つまり、《ひと》という匿名の語り手によって隈なく解釈されつくした《世界》のただ中で、かつて《ひと》によって解釈されたことのない無名の者が呼ぶという無気味な出来事、そのような《語り手の変様》の可能性をハイデガーは指し示しているのである、と。

この《語りの主体の変様》が、いったいどのような「言語」の変様をもたらしうるのか、たとえば、私たちが経験する詩的言語の異様な力について、この問題連関のなかでどのようなことが言いうるのか、ということについては、『存在と時間』は、主題的に展開していない。しかし、「情状性の実存論的諸可能性の伝達」が、「〝詩作する〟語りに固有の目標となりうる」(162)というテーゼの可能性を、ここに結びつけて展開し、ハイデガーは実はこの無気味な出来事の奥底に詩的言語誕生の可能性を見ていたのだ、と解釈することは、おそらく可能であろう。そして、事実、一九三〇年代中葉以降のハイデガー言語論は、そのように展開していったのである。第三章における私たちの着眼を先取りして述べるならば、例えば一九三五年から三六年にかけての連続講演に由来する『芸術作品の根源』という論考は、『存在と時間』が見定めた「良心の呼び声」の「衝撃(Stoß)」を、創作された芸術作品の異様な存在感のうちへと、いわば転移させる発想を示すものであり、また、同時期に本格的に開始された詩的言語論のうちには、『存在と時間』における「良心」論を継承する着眼が多数見られる。だが、一九三四年以降長年にわたって取り組まれたヘルダーリンの詩作の解明を経て結実するハイデガーの後年の言語論が、『存在と時間』の言語論といかなる関係にあるのかについて見極めるためには、しかし私たちは、なお多くの問題点を、『存在と時間』期のテキストに即して追跡しておかねばならない。

次節において私たちが検討するのは、『存在と時間』におけるハイデガーの思考の全体を統制している「解釈学的現象学(hermeneutische Phänomenologie)」という方法理念である。私たちは、この方法理念の内にこめられたハイデガーのロゴス(λόγος)理解が、「現存在の存在の意味」そして「存在一般の意味」を問うという彼の根本問題にとって、ある決定的な役割を演じていることを見ることになるだろう。言語、語り、そしてロゴスに関する論考は、ハイデガーの思惟にとって、決して、哲学的人間学の周辺的各論のひとつといったものではない。存在論の哲学者であるハイデガーが、そもそも何故、「言語」を問題にしなければならなかったのかが、明らかにされなければならない。

第2節　存在論の方法と「言語」の問題

2-1　「存在への問い」を動機づけるもの

「およそ哲学というものには、他の諸学問のもつ次のような特長が欠如している。すなわち、通常の学問は、自らの〝対象〟を、表象によって直接的に与えられたものとして〝前提〟することができ、また、認識が開始し進行していくための〝方法〟を、既に受容されたものとして〝前提〟することができるが、哲学においては、そうしたことは不可能なのである(8)」。

『エンチクロペディー』冒頭に記されたヘーゲルのこの言葉は、おそらく、ハイデガーの方法論的省察の根幹をも照射しうるものだろう。ハイデガー哲学は「存在への問い」を追究した思索であり、彼の主著『存在と時間』が、「存在の意味への問い」を仕上げることを課題としたのは、周知の事実ではあるが、ハイデガーは単に伝統的・古典的な問題をそこで改めて取り上げたに過ぎないと私たちが考えるならば、それは全くの短慮と言うほかない。いったい「存在の意味を問う」とはそもそも何事を意味しているのか、あるいは、何事を意味しうるのか、それは、およそ自明の事柄ではなく、またおそらくは、「存在の意味を問うこと」にとって最も重要であるのは、そもそもそのような問いを設定するにいたる道を吟味することなのである。問われている「存在」とは、ヘーゲルの言にもあるとおり、それ自身は決して「表象によって直接的に与えられた対象」などではない。むしろそれは、対象が「与えられていること」それ自体を純粋に形式化した表現とでも言うべきものであり、また、これを問うことは、或る「対象」をそもそも私たちが何らかの「対象」として見出す根拠の創設へと遡及的にかかわることなのだろう。だが、そのような問いを、私たちは、一体いかなる動機から、設定するにいたるのか？

『存在と時間』において展開された全思考を方法論的に統制する「解釈学的現象学」の概念のうちには、こうした存在論的思惟の動機に関するハイデガーの理解が示されている。ハイデガーの言語哲学を検討しようとする私たちが注目すべきは、彼が、この動機の中核を、他でもない「語り」の現象との相即において概念化しているということである。この点に着目することによって、私たちは、ハイデガーにおける言語論と存在論の内的連関に関する一つの洞察を得、かつは、前節において概観した彼の言語論の存在論的な意義を理解しうるようになるだろう。存在への問いが提起される一つの典型的なスタイルである「形式存在論」とのコントラストという観点において、「解釈学的現象学」概念の存在論的な意義を検討することから、考察を開始しよう。

2-1-1　学問的意識の一般的構造の反省から「形式存在論」へ

存在の意味を問う一つの可能的様式として、即座に想到されるのは、いわゆる「形式存在論」の問題設定であろう。「対象（の対象性）一般」、「或るもの一般」、つまりは「存在者一般」を主題化する形式存在論の問題圏のうちに、私たちは、例えば、「全ての学問は、形式的に何を前提しているのか？」という反省的な問いを設定することによって歩み入ることができる。[9] かかる反省が形式存在論的な問題圏を構成していくさまを、私たちは、次のように再構成することができるだろう。

およそ学問的な思考とは、それが自然科学的なものであれ人文科学的なものであれ、まずもって、意識の態度の一様式である。無論、それは、私たち人間の「日常的」な意識形態ではなかろうが、およそ「意識」なるものが一般に「何らかの対象へと態度をとること(Sich-zu-etwas-verhalten)」であるという形式的構造は、あらゆる学問的な思考においても看取されうるものであり、それは、〃何か或るものについての意識〃として構成されているものと見なすことができるだろう。学問的思考の一般的構造を、いわゆる「志向性」概念によって解釈する道がここに開かれてくる。周知のようにブレンターノはスコラ哲学の遺産の内から「志向(intentio)」という概念を再発掘するにあたり、いわゆる「心的現象」一般を「物理的現象」から区別する本質的な徴標としての意義をこれに負わせたのであったが、[10]さまざまな事象領域を主題的対象として狙いながら遂行される学問的思考もまた「心的現象」の一様式である以上、その根幹において「志向的体験」としての徴標に刻印されていると考えられるのである。そこで、個々の学問的思考は、それがどのような対象領域・主題領域へと理論的に関わっていくものであるのかという点に応じて、あるいは数学、あるいは物理学、あるいは生物学等々として種別化され、また逆に、「ある学問の統一性を本質的に規定しているのは、この学問の対象領域における同種の存在者の統一連関である」(E・フィンク)[11]と言われうることになる。あらゆる学問的思考は、それが「個別科学」として遂行されるかぎりにおいて、何らか特定の対象領域への先行的な関わりを前提せざるをえないのである。別言すれば、それが〃何か或る特定のものへの関わり〃であるかぎりにおいて、私たちの思考は、自己がそこへと学問的・理論的に関わっていくことのできる〃何か或る特定の領域〃の先行的な所与を前提せざるをえないのだ。例えば、「歴史学」という学問は、私たちがそもそも一体、何をもって「歴史的なもの」と考えているかという点に関する先行了解を前提しているであろうし、「歴史的なものとは何か」という了解における深刻な変動は、「歴史学」という学問の出発点を揺るがす危機として経験されることになるだろう。[12]学問的思考は、おのれの主題領域の先行的な所与を基点として開始されざるをえない。

学問的思考の出発点が、このような志向的構造によって刻印されているという事実の理解は、ついで私たちを、こうした〝何か或るものへの関わり〟の一般的な意味を反省的に吟味する道へと動機づけるであろう。無論、私たちの思考は、自分自身の志向的構造を廃棄しうるものではないが、私たちの思考には、思考それ自身の志向的構造を総じて一般的に反省し主題化する可能性が与えられている。この反省的思考の可能性にしたがって、「私たちの意識に、その志向的な相関者としての何か或るものが与えられているということは、そもそも何を意味しているのか？」という問いがここに設定されうるのである。私たちには、私たちがその都度それへと関わっていくところの何か或るものが、常に既に与えられている。だが、この「或るもの一般」の先行的所与の事態とは、そもそも何を意味しているのか？　意識の志向的な相関者は、こうした反省的問題設定のうちで、最高度の形式化を蒙ることになるだろう。今や、私たちの問いは、通常の個別科学のように、あれこれの特定の対象領域へと関わることをやめ、「或るもの一般」という概念を反省的に定立するのである。こうした反省的な形式化を遂行する問いは、存在論の一様式と呼びうるものである。問われているのは、あれこれの特定の存在者ではなく、問いの遂行は、もはやいかなる個別科学的思考にも分類されえない。存在者一般の意味を問う形式存在論が、こうして成立する。

こうした問いの様式は、ハイデガーの存在論的思考においてもまた、一定の意義を有するものであった。例えば、私たちは『存在と時間』第三節が「存在への問いの存在論的優位」を証示しようとする際の論証構成のうちに、それを確かめることができる(13)。しかしながら、学問的意識の構造を形式化することによって存在への問いに至る道は、ハイデガーの存在論にとって、あくまで副次的な意義を有するものにすぎない。ハイデガーにとってより重要な課題は、むしろ、存在論を「脱形式化」する道の発見だったのである。『存在と時間』公刊八年前の一九一九年になされた、いわゆる戦時緊急学期講義『哲学の理念と世界観問題』(GA56/57)は、存在論の脱形式化の最初期の試みを伝えるものである。

2-1-2　存在論の脱形式化と「根源学」のプログラム

「或るものなど、あるのだろうか(Gibt es Etwas ?)」。当時満二十九歳の若きハイデガーは、そのような異様な問いを提起しながら、一九一九年戦時緊急学期講義『哲学の理念と世界観問題』において、形式存在論的問題設定の動機を、「周囲世界体験」との対照関係において批判的に検討することを企てた。まずハイデガーは、生活世界に即して「直接的」に出会われてくるものはいつでも「意味を帯びたもの(das Bedeutsame)」であることを指摘し、次のように述べている。

「周囲世界のうちで生活している私にとっては、至る所で常に、意味が生じているのであり、全てが、世界を纏っている(welthaft)のである。つまり、世界が生じているのだ(»es weltet«)」(GA56/57, 73)。

そして、このような「周囲世界体験」との対比において、形式存在論的な思考の能作が定立する「或るもの一般」についてては、こう言われるのである。「それの〝所与〟が問われている或るもの一般は、世界化しない(Das Etwas überhaupt, nach dessen »es geben« gefragt ist, weltet nicht.)」(ibid.)。若きハイデガーがここで主張しようとしているのは、形式存在論的な思考の措定する「或るもの一般」へと向けられた問いの体験は、身近な周囲世界の〝脱世界化(Entweltlichung)〟[14]によってはじめて可能になるということである。形式存在論は、真正の世界体験ではなく、ある種の「脱体験化(Ent-leben)」(74)に基づけられている、と言うのである。

「事象への純然たる専心を通じて、事象領域そのものに迫ること」(61)。それがこの講義の提示する「根源学(Urwissenschaft)」のプログラムであるが、それは結局のところ、事象を対象化・物象化してしまうあらゆる理論的思考の「脱体験化」傾向に抗して、周囲世界体験それ自身を思考するという課題の宣言であったと言ってよい。そして、若きハイデガーは、師フッサールの提起する「原的に与える直観」の原理[15]を変奏しつつ、「体験それ自身と同一的な生の共感」(110)を「解釈学的直観」(117)によって発掘するという方法理念を、ここに見出すのだ。

或るもの一般の所与ではなく、身近な周囲世界の世界化へと向かう「根源学」の着想のうちに、私たちは、ハイデガーによって試みられた存在論の脱形式化の最初期の形態を見て取ることができるだろう。当該の講義中において、表立って「存在への問い」というような言葉が語られることはないが、「或るもの一般」を問う哲学理論の「脱体験化」モチーフを批判するハイデガーの叙述は、明らかに、形式存在論的問題設定の批判として解釈することができるものである。そのかぎりにおいて、私たちは、「根源学」のプログラムのうちに、存在への問いに至る道を、形式化する反省の能作とは別の場所に切り開こうとする試みを見出しうることだろう。そして、容易に看取されるように、この一九一九年講義において語られた、身近な周囲世界の「世界化現象(es weltet)」へと向けられる根源学的な問いというモチーフは、「現存在の最も身近な存在様式としての平均的日常性」(SZ, 66)の実存論的分析という『存在と時間』の企図のうちへと受け継がれていくのである。

さりとて、『存在と時間』の方法理念は、一九一九年当時の「根源学」を直接的に継承しているわけではない、と言うべきだろう。若きハイデガーは、身近な周囲世界体験の「根源学」は、言うところの「生との共感(Lebens-sympathie)」によって導かれるべきであると述べているが、はたして、そのような「共感」なるものによって私たちは「学」を開始することができるのだろうか。まずもって、この点が問題視されるべきであり、私たちの見るところ、『存在と時間』は、この「共感」という方法の素朴性を、さらに乗り越え、形式存在論的な「反省」の方法からは二重の距離を取ることのなかで構想されているのである。

　別段、私たちはここで、「共感」という言葉の使用がともすれば陥りがちな恣意性を指弾したいのではない。哲学の思惟において、ひとが、このような言葉をどうしても用いざるをえなくなるような場面が存在するということ、そのこと自体には、むしろ異論はないのである。例えばベルグソンの哲学的努力を想起してみよう。既存の哲学理論の概念を何一つとして前提しない「哲学的エポケー[16]」を断行しようとしたフッサールと同じく、彼もまた、「概念を越える」ことを目指した。あるいは少なくとも、「硬直した概念から解放されて、私たちが習慣的に取り扱っている概念とはまるで違った概念を創り出す[17]」ことこそが形而上学の面目であると、彼は考えたのであった。乗り越えられるべき概念的思考の根底にベルグソンが見出したのが、「対象を既知の諸要素に還元する操作、つまり、この対象と別の諸対象に共通している要素へと還元する操作[18]」としての「分析」であり、また、そのような「分析」の操作とは厳密に区別されるべき「直観」こそが、彼の選んだ思惟の方法であったことは、よく知られていよう。しかも、ベルグソンの言う「直観」とは、対象との「共感」のことであると言われている。この共感によって、私たちが「みずからを対象の内部へと移し入れ、この対象のもつ単一的なものと一致[19]」するならば、私たちは分析的思考の魔手から解放されるに違いないと、ベルグソンは語るのである。

　このようなベルグソン哲学に精通する者であれば、おそらく、「体験それ自身と同一的な生の共感」を「解釈学的直観」によって把捉しようとする若きハイデガーの哲学的企図を見て、何らかの、両者の間の影響関係を予想したくもなるだろう。あるいは、ひとによっては、二〇世紀初頭の哲学革新運動全般に通底する〝生の哲学の精神〟を、ここに看取するかもしれない。「共感」としての「直観」は、周知のとおりベルグソンにとって、「持続」という哲学的対象を把捉するための方法であったが、いわゆる「実在的持続」の解明を「変化の知覚」の問題に即して試みている次のような発言を顧みることによって、なるほど私たちは、ベルグソンと若きハイデガーの問題設定の近さを明らかに認識することができるのである。「変化はある、しかし、変化の下に、変化する物はない。変化は支えを必要としない。運動はある、しかし、運動する惰性的不変化的対象はない。運動は運動体を含まない[20]」。既に述べたように、若きハイデガーは、「或るものなど、あるのだろうか(Gibt es Etwas ?)」という問いを設定することから出発し、「或るもの」という硬直した存在者概念を廃棄した場において、生きられた世界の生動する世界化作用を直観することを目指していたのであった。これは、実体概念を放棄する企て、いわば「当体措定[21]」抜きに世界化作用をそれ自身として記述することをもくろむ存在論の企てとして理解しうるものであり、その限りにおいてここには、「運動体を含まない運動」を直観するベルグソン哲学との親近性が、容易に見て取られる。本来「不可分」の現象であるはずの変化・運動・持続を、実体や基体の概念によってバラバラに寸断してしまうことを回避する方法が、対象との「共感」を謳うベルグソンの「直観」であったのと同様に、「生との共感」を謳うハイデガーの「解釈学的直観」は、「或るもの」という空虚な実体概念が措定される以前の世界化作用を発掘しようとする方法であったと言うことができるだろう。

しかしながら、ここで私たちの問いは、先に述べた哲学の開始状況に関する問題を顧慮しつつ、転回せざるを得ないのである。いったい哲学的な思惟は、本当に、言うところの「共感」のみによって開始されうるものなのだろうか。世界化作用への問いがそもそも作動するためには、むしろ、この世界化作用を生きる私たちの意識生の内部に何らかの亀裂ないし断層が、あらかじめ生じていなければならないのではないだろうか。私たちが、ベルグソンと若きハイデガーとの表面的比較を越えて、今や問わなければならないのは、この断層をめぐる問いではなかろうか。一九二七年に公刊された『存在と時間』が提示しているのは、まさに、私たちの実存の内部に生起する本質的な抗争現象(Antagonismus)に定位しつつ存在論の脱形式化を敢行しようとする新たな試みであると言えよう。『存在と時間』における「解釈学的現象学」という方法理念は、自己を開示すると同時に隠蔽する人間的現存在に内在する断層に即した存在論の脱形式化の試みと密接に連関している。「形式的な現象概念」の「脱形式化」(SZ, 35)を企てる『存在と時間』第七節の方法論的考察を、以下において詳細に検討することにしたい。

2-2　解釈学的現象学のプログラムとロゴス概念

2-2-1　「形式的な現象概念」を「脱形式化」するということ

準備的考察——形式的な現象概念について

「現象」とはそもそも何であるのか。形式的に捉えるならば、それは、「おのれ自身に即して、自己を呈示するもの(das Sich-an-ihm-selbst-zeigende)」(SZ, 28, 31)のことであると、『存在と時間』第七節A部においてハイデガーは述べている。この定義において、わざわざ「おのれ自身に即して(an-ihm-selbst)」という言い方がなされているのは、「現象(Phänomen)」概念が、「仮象(Schein)」や「現出(Erscheinung)」の概念と混同されるのを防ぐためである。ハイデガーによれば、「仮象」とは、存在者が「おのれではないものとして」(29, vgl. 28)自己を呈示するということであり、「現出」とは、「自己を呈示しない或るものが、自己を呈示する或るものを通じて、自己を通達(melden)すること」(29, 強調引用者)であるとされ、両者ともに、それぞれ異なる仕方においてではあるが、何らかの否定的な性格において特徴づけられている。「仮象」とは、存在者が自己を本来の自己自身ではない偽りの姿において呈示することであり、また、「現出」において「自己を通達して」いる現出者それ自身は、現出の背後に見えないものとして留まっている、というのである。そしてハイデガーは、これらの否定的なヴァリアントとの差異において、本来の「現象」概念を、「おのれ自身に即して」自己を呈示するという肯定的特徴によって確保しようとするのである。

それればかりではない。さらにハイデガーは、このような「おのれ自身に即して、自己を呈示するもの」としての現象概念こそが、「仮象」や「現出」概念をそもそも可能にする基礎概念であると述べている(vgl. 29, 31)。見えないものが見えるものを通じて自己を通達するという仕方で存在者相互の「指示関係」(31)を構成する「現出」といった事柄が、そもそも「現象」という概念なしには成立しえないということは、言うまでもなかろう。背後に隠れている何か(たとえば病因)を指示するインデックスとして機能する或るもの(たとえば症状)が、そもそもおのれ自身に即して自己を呈示していることを前提することなしには、私たちは「現出」(病気の現われ)についても語りえないからである。別の角度から述べるならば、例えば嘔吐と発熱という症状を食中毒の「現出」と見なすことは、これらの症状の「自己呈示」を前にした者(医師あるいは患者自身)が最初に立てた〝いったい何がこれらの原因なのか〟とか〝これらは何を意味しているのか〟などといった問いに対する解答の仕方であると言えることに、私たちは注目してよい。私たちの解釈を要求する問いの現前がはじめにあって、その問いに対する私たちの解答を定式化する際に要請されるのが「現出」という概念なのである。たしかに、或るものを或るものの現出として解釈する私たちの知がほとんど自動化している場合(例えば、ある人が白いネクタイを着けているのを見て、即座に、〝結婚式からの帰りであろう〟と判断してしまうような場合)もあるだろう。しかし、そのような自動化した知も、元来は、〝あの白いネクタイは何を表しているのか〟という先行的な問いに対する私たちの習慣化した解答なのである。〝問い〟としての性格に濃淡はあろうが、いずれにせよ、前景に現前している或るものが、私たちの解釈を要求する或るものとして「自己を呈示する」ことに、あらゆる「現出」概念の生成は基づいていると言うことができる。私たちが、単なる〝Xの X自身に即しての自己呈示（XとしてのX）〟には満足できずに、背後にあるYを「指示」するものとしてXを解釈しようとするとき、そこに〝Yの現出としてのX〟という概念が成立してくるわけであるが、そうした解釈の運動は、あくまで〝XがXとして（嘔吐が嘔吐として、白ネクタイが白ネクタイとして）〟自己を呈示する現場から出発するのである。〝或るものが、それ自身に即して、自己を呈示する〟という「現象」概念は、そうした意味において、ハイデガーの言うとおり「現出」概念成立の基礎である。たとえ、その「現象」を〝そのまま（それ自身として）〟受容するだけでは完結し得ない私たちの解釈の運動が、「現出」という概念を呼び寄せるのだとしても、そうした運動は、まずは「現象」をそれとして受容することから始まる。

では他方、現象概念は「仮象」概念の基礎でもあるという主張はどうであろうか。自己の姿を偽って呈示してくるものとしての「仮象」とは、ハイデガーによれば、現象概念の「欠性的な変様」(29)であって、やはり積極的な「現象」概念によって基礎づけられている。「仮象」は、自らを「現象」であるものとして僭称しながら自己呈示する。たとえそれが偽りの「僭称(prätendieren)」(ibid.)であったとしても、このことが可能になるためには、「自己呈示」という「現象」の概念が基底に前提されていなければならない、と主張されるのである。こちらについては、次のように(やはりハイデガーの記述を大幅に敷衍しつつ)理解しておくことができるだろう。

枯れ尾花が幽霊のように見えるといった「仮象」について考えてみよう。私たちが見落としてはならないのは、「仮象」とは、それが現在まさに成立している際には、「仮象」としては理解されておらず、逆に、それが「仮象」として理解されるときには、もはや「仮象」は過去のものになっているという単純な事実である。それが枯れ尾花であることを知った後の《私》にとっては、もはや「仮象」は成立していない。「仮象」が成立するのは、あくまでも、それが枯れ尾花にすぎないことも知らずに怨霊の現前に慄いている《私》にとって、なのである。私たちは次のように言わなければならないであろう。或る「現象」との出会いと思われたもの（「幽霊だ！」）が、〝幻滅〟の経験を経たのちに抹消され、別の「現象」との出会い（「なんだ、ただの枯れ尾花じゃないか」）によって代替されるというプロセスを、回顧的に記述する際に要請されるのが、「仮象」という概念である、と。先に述べた「現出」とは異なって、「仮象」の方は、それ自身の〝背後〟の想定とは関わりなく成立しうるものである。なるほど、現前している幽霊（本当は、枯れ尾花）をさらに私たちが解釈して、〝十年前の悲惨な事故〟との因果関係をそこに読み込むなどしたならば、幽霊の現前は、そうした悲惨な背景を指示しつつ「現出しているもの」と見なされることにもなろう。だが、「仮象」という概念の出番は、そのような解釈を呼び寄せた発端の問い（〝ここに現前する幽霊は何の現われなのか？〟という問い）が、そもそもナンセンスな擬似問題（Scheinproblem）であったことが判明する場面なのである。ただの枯れ尾花にすぎないことが明らかになった〝これ〟を前にして、私たちは、〝なんだ、さっきの幽霊は、ただの「仮象（見せかけ）」だったのか〟と回顧的に記述する。現前する幽霊の〝背後〟や〝背景〟にある諸事情をめぐる解釈が訂正されたのではない。解釈の運動のそもそもの出発点をなした問いが突き崩され、問いそのものが消失するか、或いは、別の問いに置き換えられるかしたのである。「現出」概念が、或る問いの正当性を前提した上に構築される私たちの解釈的知性が用いるカテゴリーであるのに対して、「仮象」概念の方は、発端の問いそのものの交替に関わる概念であると言うことができるだろう。

「おのれ自身に即して、自己を呈示するもの」という「現象」概念が、「仮象」概念の基礎をなしているとハイデガーが主張するとき、そこで示唆されているのは、みずからの正当な出発点をポジティヴに確保しようとする現存在の知の運動である。或るものXを別の或るものYの「現出」として解釈し、Yを更なる背後Zへと遡りながら探究を進めていこうとする知の運動は、その出発点において〝このXは何の現われだろうか？〟と問うた問いの正当性に、最初の根拠を置いている。〃このXが確かにXであること（Xが、おのれ自身に即して自己を呈示していること）〃の前提から、それは始まるのである。この前提が維持できなくなった時点で、Xの背後を解釈しようとしたかつての知も、総じて空虚な妄想として斥けられることになろうが、そのとき現存在は、〃仮象Xが出現した場所に本当に現象しているもの〃を、みずからのポジティヴな根拠（再出発点）として選びなおしながら、自己の知を再編成しようと試みることであろう。そのような仕方で私たちが、みずからの知の出発点を「おのれ自身に即して自己を呈示するもの」という確実な根拠の上に再び置き据えようとするときに、かつての出発点、すなわち〃かつて、おのれ自身に即して自己を呈示しているように見えたもの〃が、「仮象」の名のもとに棄却されるのである。「仮象」という概念が、このような知の生まれ変わりの運動に基づいている限りにおいて、それは、おのれの出発点とすべき真の「現象」を確保しようとする現存在の知の動向に基礎づけられていると言うべきであろう。ハイデガーが、「仮象」概念は「現象」の概念に「基づけられている」と述べながら視野に入れていたであろう事柄を、私たちは、およそかくのごとく再構成することができるに違いない。

以上が、「現出」や「仮象」の概念に対する「現象」概念の優位を証示しようとする『存在と時間』第七節A部の叙述の核心である。「おのれ自身に即して、自己を呈示するもの（das Sich-an-ihm-selbst-zeigende）」という現象概念の単純な積極的内実こそが、「仮象」や「現出」といった消極的概念の消極性を基づけている根拠であることを証示すること、それが、ハイデガーによる現象概念分析の第一の成果であった。

現象概念の「脱形式化」

だが、第七節A部における現象概念の分析は、はじめに述べたように、あくまで形式的に把捉されたかぎりでの現象概念をテーマとするものにすぎない。ハイデガーによれば、こうした概念分析のみでは、「何が、現象学的に、現象のもとに理解されねばならないのか」(vgl. 31)を規定するという課題に答えることはできないのである。この課題に対する解答は、つづく第七節B部におけるロゴス概念の検討を経た第七節C部においてはじめて、現象概念の再規定という形で提出されることになる。このC部において、形式的な現象概念の形式性を取り去り、これを現象学的な現象概念へと導くという作業、すなわち現象概念の「脱形式化」がなされてはじめて、現象概念の規定は完成するのである。

テキスト第七節C部の中心にあるのは、次の問いである。「形式的な現象概念が、今や現象学的な概念へと脱形式化されるためには、いったい何が顧慮されねばならないのだろうか」(35)。ハイデガーはこの問いにこう答えている。問題の「脱形式化」は、次のようなものを顧慮することによって、すなわち「差し当たり大抵は、まさに自己を呈示しないもの、差し当たり大抵自己を呈示しているものに対して秘匿されているもの、しかし同時に、差し当たり大抵自己を呈示しているものに本質上帰属していて、しかもそのものの意味と根拠をなしているようなもの」(ibid.)を顧慮することによって遂行されねばならないと。「差し当たり大抵は、自己を呈示しないもの」こそが、「ある卓越した意味において、〃現象〃と呼ばれなければならない」(ibid.)とハイデガーは言うのである。

私たちは、ここで、「ない」という否定的な契機が、再び現象概念の規定のうちへと入り込んできていることに注意しなければならない。形式的には、「おのれ自身に即して、自己を呈示するもの」という積極的肯定的な概念が「現象」という言葉の意味であるとされ、消極的否定的な動向によって刻印された「現出」や「仮象」概念の基礎として認識されていたはずであったが、今や、「現象」概念の形式性を取り払ってみるならば、「差し当たり大抵は、自己を呈示しないもの」こそが、現象学の取り組むべき「現象学的な現象概念」であると言うのだ。私たちは、いったい、この新たな現象概念を際立たせている「ない」という否定的契機をどのように解釈すべきなのだろうか。

容易に推測されうるように、この「ない」という小辞によって、ハイデガーは、いわゆる存在論的差異を暗示している。「〝存在〟は、存在者のようなものではない」(4 強調引用者, vgl. 6, 94, 230)という定式化に見られる「ない」という否定辞は、実際、一九四九年に増補された『根拠の本質について』の前書においても印象的な仕方で反復されており、そこでは存在論的差異の問題とは、「存在と存在者の間にある〝ない〟」(GA9, 123)を考えることであるとされている。そして『存在と時間』においても、「差し当たり大抵は、自己を呈示しないもの」という脱形式化された現象概念は、結局のところ、「存在者の存在」(SZ, 35)を指示するものであると言われているのである。

だが、そうは言うものの、このような否定辞「ない」の使用は、他面、現象概念と「仮象」や「現出」概念との境界線を再び曖昧にしてしまうように思われなくもない。例えば、「差し当たり大抵、自己を呈示しているもの」の「差し当たり大抵は、自己を呈示しないもの」への関係は、「現出」概念において見出される「指示関係」から、すなわち、自己自身を呈示しない背景を指示する「現出」の存在様式から、いかに区別することができるのだろうか。こうした当然の疑念に対して、テキストは、「秘匿されていること(Verborgensein)」と「背後に隠れていること(Dahinterstehen)」との違いを強調する新たな観点を導入することによって答えている。

「存在者の存在は、〝その背後に〟なお〝現出しないもの〟が控えているといったようなものでは、断じてない。現象学の諸現象の〝背後〟には、本質上、何ら別のものは控えていないのである。けれども、現象となるべきものが、秘匿されているということはありうるだろう」(35f.)。

差し当たり大抵は自己を呈示しないものの秘匿性は、現出の向こうがわで自己を呈示しないものが「背後に隠れている」さまとは区別されなければならないと言うのである。ここに導入された秘匿性と背後性との区別のなかに、私たちは、現象学的現象概念の脱・形式性の本質を見て取らなければならない。ハイデガーは、現象概念の「脱形式化」を狙って、このような秘匿性概念を構想しているのである。私たちは、秘匿性を表現する否定辞「ない」がもつ特有な意味を明らかにするために、現象概念の「脱形式化」というプログラムを導いている〝動機〟を、テキスト第七節の論構成に即して、次に明らかにしよう。

ロゴス概念の位置価

重要なのは、現象概念の「脱形式化」の遂行において、ロゴス概念が果たしている役割を見極めることである。実は、当の「脱形式化」が、ロゴスの能作と機能に関する洞察によって動機づけられていることは、現象学(Phänomenologie)という概念の語素に忠実に叙述を展開しようとするハイデガーの語り口を素朴に振り返ってみるだけでも、明白に読み取れることである。そもそも「脱形式化」とは、形式的な現象概念を、現象学的(*phänomenologisch*)な概念へと導くことの謂いであったのだ。この見込みは、別段、言葉遊びの次元に留まるものではない。「形式的な現象概念が、現象学的な概念へと脱形式化されるためには、何が顧慮されねばならないのだろうか？」という問いを、ハイデガーが、「現象学が〝見えるようにする(sehen lassen)〟べきであるのは何なのか？」あるいは「何がその本質上、表立った明示の必然的なテーマになるのか？」(35)という問いにパラフレーズしていることに、私たちは注意しよう。「或るものを明示しつつ見えるようにすること(das aufweisende Sehenlassen von etwas)」(vgl. 33)とは、テキスト第七節B部において、アリストテレスのアポファイネスタイ(*ἀποφαίνεσθαι*＝明示すること)の概念に導かれつつ、ロゴスの根本機能として確認された働きである。ロゴスとは話題の対象を、この対象自身の方から(アポ)、見えるようにする(ファイネスタイ)作用を指示する概念であることをアリストテレスは、『命題論』(一から六章)や『形而上学』(Z巻四章)、『ニコマコス倫理学』(Z巻)において洞察していたのだと、ハイデガーは述べている。彼は、ロゴスの機能をこうした「見えるようにすること」として把捉する第七節B部の叙述に基づいて、現象学的

(phänomeno*logisch*) な現象概念とは、現象学 (Phänomeno*logie*) のロゴスがあえて「見えるようにする」必然性のあるものでなければならず、したがって、「差し当たり大抵は、自己を呈示しないもの」「秘匿されているもの」を指し示すべきであると考えたのではなかろうか。

現象学的な現象概念の規定の中に導入された否定辞「ない」とは、差し当たり、ロゴスが投入される必然性・必要性をあらわす徴標として解釈することができるだろう。そのように解釈してはじめて私たちは、「諸現象が差し当たり大抵は与えられていないからこそ、現象学 (Phänomenologie) が必要なのである」(36) というテキストを理解することができるようになる。「差し当たり大抵は、自己を呈示しないもの」が「自己を呈示する」ようにするためには「見えるようにする」現象学のロゴスが必要であると、ハイデガーはここで言おうとしているのである。

より穿った見方をするならば、ハイデガーの議論構成は当初より、「見えるようにする働きとしてのロゴス」を前提していたのだと解釈することができるだろう。ポジティヴに設定された形式的現象概念を、突如、否定辞を含んだネガティヴな概念へと「脱形式化」するハイデガーの手つきは、必ずしも、現象概念に内在的に定位するものではなく、いわば、ロゴス概念の定義に即して現象概念を再整形しようとする試みとして理解されうるのである。それは、現象学のロゴス的機能に見合うかたちへと、現象概念を重層化させる試みに他ならない。ハイデガーは、現象学の意義に相関する現象概念は、必然的に、ロゴス概念の意義に相関するそれでなければならないと考えた。そして、「見えるようにするロゴス」の働きと相関する現象概念は、見えない状態から見える状態へと転化するポテンシャリティを内に孕んだものでなければならないと考えたのではないだろうか。そのようなポテンシャリティを潜在させるものとして、現象学的な現象概念は、「差し当たり大抵は、自己を呈示しないもの」と定式化されることになる。否定辞「ない」を限定する「差し当たり大抵は」という副詞句は、来るべき自己呈示への転化のポテンシャリティが潜在する時間的な様態を表現するものであろう。それは、来るべき自己呈示に待機する秘匿的現象に内在的な力の蓄えられ方の表現であるとも言える。

ハイデガー自身は明言していないが、私たちはこれをまた、先に見た「仮象」概念と「現象」概念との連関を、現象概念自身の内に折り込んだものとしても理解しうるかもしれない。〝何がXの原因なのか〞〝Xはどんな背景を指示しているのか〞等と問うことからスタートする現存在の探求は、先述のように、その出発点において前提されていた現象Xが実のところ「仮象」にすぎなかったことを知って、全面的な再編成を余儀なくされることがある。そうした知の再編成の場面を考慮しつつ、私たちは、「仮象」概念は「現象」概念のうちに「基づけられている」と述べるハイデガーの主張を、〝おのれの出発点とすべき真の現象を確保しようとする現存在の知の動向〞に即して理解しようとしたのだった。脱形式化された現象概念とは、こうした知の動向(つまりロゴスの作用)を、現象自身の内的なポテンシャリティとして畳み込んだ形態において構想された現象概念のことではあるまいか。旧来の知が出発点としてしまっている「現象」がやがて「仮象」へと転落することが予見されつつ、真の「現象」概念とは、現象学のロゴスの新たな出発点として選びなおされるべく潜在している何かであるとされ、来るべき自己呈示に備えて待機しながら「差し当たり大抵は、自己を呈示していないもの」として構想されるに至ったのだと言えるかもしれない。

私たちは次に、秘匿された現象が顕在的な自己呈示へと転化する出来事に相関するロゴス概念を、より具体的な事象に即して、追跡することにしたい。いったい、存在者の「存在」という「差し当たり大抵は、自己を呈示しないもの」が、自己を呈示するようになるという出来事に、ロゴスの「見えるようにする」働きは、どのような仕方で参与しているというのであろうか。この点をいかに明らかにしうるかという問題は、結局のところ、私たちがいかに、ハイデガーの言う「現象学的な現象概念」に特有な否定辞「ない」の意義を、「現出の背後に隠れているもの」が自己自身を呈示しないこととの区別において明らかにしうるかという先述の問題を決定するものである。秘匿されている現象を見えるようにする働きを担うとされる現象学のロゴスは、例えば、様々な病状の背後に隠れている病因を明らかにする医学的なロゴスといかに区別されうるのだろうか？

まず私たちは、現象学のロゴスを「解釈学的(hermeneutisch)」なロゴスとして特徴づけようとするハイデガーの考察に第一の手がかりを見出しながら、現象とロゴスの事象的連関の理解を具体的に仕上げることにしたい。

2-2-2　「解釈学的」なロゴス

「現象学的記述が方法的に意味しているのは、解釈(*Auslegung*)ということである。現存在の現象学のロゴスは、解釈する(ヘルメーネウエイン *ἑρμηνεύειν*)という性格をもっているのであり、この解釈作用によって、現存在自身に帰属している存在了解に、存在の本来的な意味と、おのれに固有な存在の根本諸構造とが、告知(*kundgeben*)されるのだ。現存在の現象学は、解釈学(*Hermeneutik*)である」(37)。

現存在の存在の実存論的分析論(それこそが『存在と時間』というテキストの暫定的な課題であるのだが)は、「現存在の解釈学」に基づいてのみ遂行可能であるという見解がここには提示されている。この見解に関する理解を深めるために、『存在と時間』刊行四年前の一九二三年夏学期になされた講義『存在論(事実性の解釈学)』を一瞥しておこう[22]。注目に値するのは、「解釈学」という概念が、この講義の冒頭、はっきりと「事実性の自己解釈(Selbstauslegung der Faktizität)」(GA63, 14)という事柄と等置されていることである。「事実性」とは、「〝私たちの〟〝固有な〟現存在の存在性格」(7)を表す名称として選ばれた言葉であるのだが、ハイデガーは、そのような事実性自身のうちに本質的に帰属している「自己了解」「自己解釈」の動向を指摘し、この動向の表立った展開こそが、彼の構想する「解釈学(Hermeneutik)」なのだと述べている。つまり現存在の事実的な生のうちには、現存在が「自己自身にとって了解する者となり、また、了解する者でありつづける」(15)という「可能性」がビルト・インされており、この可能性の表立った自己展開として生起するのが「解釈学」に他ならないと主張されているのである。このような解釈学とは、言うまでもなく、もはやテキスト解釈の技術論のような学問を表示する名称ではない。解釈学とは、あくまでも「事実性の解釈学」、つまり、現存在の事実的な生の解釈である。しかも、この事実性の解釈が、当の事実性それ自身に帰属する可能性の展開である限りにおいて、解釈学とは、「事実性の自己解釈」であると言うのだ。それは、現存在の事実的生の顕現であり、「事実性の有する存在性格の可能的な卓越相」(ibid.)であると考えられている。

　このような「自己解釈」の動向としての「解釈学」こそ、おそらくハイデガーが、フッサール現象学との訣別を企てた現場であったに違いない。先に私たちが参照した一九一九年戦時緊急学期講義において、ハイデガーが、事象を〃対象〃として認識する理論的思考の「脱体験化」傾向を批判し、周囲世界体験それ自身との共感を「解釈学的直観」によって発掘する「根源学」について語っていたことを想起されたい。「解釈学的」なものを、対象措定的な理論的思考への対抗装置として顕揚するという着想は、一九二三年講義においても変わっておらず、「解釈学と事実性との関係は、対象把握と把握された対象との関係ではない」(ibid.)と明言されている。そればかりではなく、自己自身を解釈する現存在の事実的な生のうちに醸成される「了解」は、「およそいかなる〃……へと関わる態度(Sichverhalten zu...)〃(志向性)でもない」(ibid., 強調引用者)というフッサール批判が表明されているのである。これらの行文から再構成されうるハイデガーのフッサール批判は、次のようなものであろう。すなわち、意識生が自己自身へと振り返って、自己自身の能作を志向的な対象として把捉しようとする「反省」の哲学であるフッサール現象学は、現存在がおのれ自身の存在を了解する原初的な場面を、既に飛び越えてしまっているという批判である。「自己」なるものを客体化し対象化する「反省」の遂行に先立って、現存在は、おのれ自身の存在を、ある隠微な仕方において、常に既に「了解」し「解釈」してしまっているはずであると、ハイデガーは考えている。

このような事実的生の現実への「解釈学的」なアプローチを企てるモチーフが、本項冒頭に引いた『存在と時間』の方法論的言明のうちには受け継がれている。「告知(kundgeben)」という概念を導入しながら、ハイデガーが、そこで再確認しようとしているのは、反省的な自己観察とは異質な仕方によって、自己の存在が現存在自身に了解される事実的な生の動性である。反省的な観察者となった私たちによって現存在が分析されるのではなく、現存在自身が、自己の情状的了解の内部においておのれに触れ、情状的な自己触発としての自己了解を抱懐するという、その動向を彼は、現存在の存在の自己自身への「告知」と呼ぶのである。『存在と時間』において現象学的に仕上げられようとする存在への問いが、おのれの全企図を、現存在の現(Da des Daseins)において表立たず(unausdrücklich)生起している事柄の表立った追遂行(ausdrücklicher Nachvollzug)として理解しているのは、このためである。「存在への問いとは、現存在自身に属している本質上の存在傾向を根本徹底化すること、すなわち前存在論的な存在了解を根本徹底化することに他ならない」(SZ, 15)とハイデガーは述べている。現存在とは、存在への問いにおいて問われているものへと、表立たない仕方ではあるが、常に既に関わっている存在者なのである。別言するならば、ハイデガーの実存論的分析論は、現存在が自己の存在において、おのずから、自己自身に対して開示されているという事実を〝前提〟している。そして、まさに、この現存在の事実的な根本動向こそが、「解釈学的なもの」の核心をなすものなのである。存在への問いは、〝無前提〟に遂行しうるものではなく、問いの遂行は、本質上、かかる「解釈学的なもの」に、すなわち、現存在の開示性の内部における存在の事実的自己告知へと不断に遡行しながら、そこに繋留されつづける

のだ。(23)

私たちは、現象学のロゴスを、その「解釈学的」性格に応じて、現存在の開示性における自己告知が生起するための媒体として理解しなければならない。「差し当たり大抵は、自己を呈示しないもの」の自己呈示とは、かかる自己告知の出来事のことではないだろうか。つまり現象学のロゴスが、差し当たり大抵は秘匿されているものを「見えるようにする」とは、実は、この秘匿されているもの自身が、解釈学的なロゴスのうちで自己を告知するということではないのか、という推理が、ここで私たちの念頭に浮かばざるをえない。前項において見たように、ハイデガーは、現象と相関するロゴスの能作を、現象概念自身の内に畳み込まれた内的ポテンシャリティとして理解することによって、「差し当たり大抵は、自己を呈示しないもの」という現象学的現象概念を構想したように思われるのであるが、現存在の自己告知の動向に定位する解釈学的現象学は、この構想を徹底化して、ロゴスと現象の連関を、いわゆる認識主観とその対象の関係として理解する常識的見解を放棄しようとしているのではないだろうか。私たちはここに、現象の自己呈示と「見えるようにするロゴス」の働きとの全き連動と呼応関係を見出したいと思う。おそらく、現象がおのれ自身に即して自己を呈示する限りにおいてのみ、ロゴスは、この現象を見えるようにすることができるのである。もしも、現象の自己呈示が生起しないならば、ロゴスはこの現象をそれ自身のほうから見えるようにすることなどできないであろう。ロゴスは、決して万能ではなく、ただ現象の自己呈示を受容し、これに応じることができるのみなのではなかろうか。ハイデガーのロゴス概念は、その現象学的・解釈学的な能作において、かかる受容的性格を刻印されていると、私たちは解釈できるのではないか。

私たちの問いは、以上に記したような事柄への先視に導かれつつ、今後しばらく、ロゴス概念の受容性格に狙いを定めなければならない。しかしながら、恐らく、このような私たちの解釈路線に対しては、実存論的分析の「力づくという性格」というハイデガーの言葉に威を借りた反論が予想されるので、私たちは、あらかじめ、そのような可能的反論を牽制しておくことにしようと思う。それによって、次々項以降の議論に対する拒否反応を、形式的に予防しておきたいと考えるのである。

2-2-3　ロゴスの受容的性格

ハイデガーは「実存論的な分析は、日常的解釈のかかげる諸要求や、その自足感、安心しきった自明性にとっては、常に、力づく(*Gewaltsamkeit*)という性格を持っている」(SZ, 311)と確かに述べている。このパッセージのうちに、ハイデガーの目指す実存論的分析論の能動的・戦闘的性格のマニフェストを読み取ろうとする者にとっては、私たちの語ろうとするロゴス概念の受容的性格は、理解しがたいものと映るかもしれない。事実、ここでハイデガーは、現存在の日常的な自己解釈の「隠蔽傾向(Verdeckungstendenz)」(ibid.)に抗して、この存在者の存在を「簒奪(erobern)」すべき分析論について語っているのであり、そのような仕方で、おのれの敵とすべきもの(現存在の隠蔽傾向)を明白に認識している分析論のロゴスが、いったい、いかなる意味において受容的ないしは受動的でありうるのか、にわかには理解しがたいように思われても仕方あるまい。

だが、これを理解しがたいと考える解釈者は、実のところ、深い自己欺瞞に陥っているのである。少なくともハイデガーにとって、本当に問題であるのは、おのれの敵とすべきものを見極めつつある分析者が、そのとき、誰であるのかということであったのだ。敵とすべき「隠蔽傾向」は、現存在自身の存在に帰属している。「私たちに対して、私たちは決して〝認識者〟ではないのだ[24]」と『道徳の系譜学』序論に記したニーチェの洞察を、私たちは想い起こそう。「私たちはいつまでも、自分にとって必然的に他者でありつづけるのである。私たちは私たちを理解せず、私たちは私たちを取り違えざるをえない。私たちに対しては、〝各人は自分自身にとって最も遠い者である〟という文が永遠にあてはまるのだ」[25]と、ニーチェはそこで書いているが、現存在自身の存在に帰属する「隠蔽傾向」を語るハイデガーの思惟もまた、同一の解釈学的状況をめぐるものであった。ハイデガーもまた、「私たち自身がそれであるところの存在者は、存在論的に最も遠いものである」(vgl. SZ, 15, 43, 311) と繰り返し述べ、かかる遠さを招来する「根拠」(311) が私たちの存在自身のうちにあることを強調している。くだんの「隠蔽傾向」という表現は、現存在自身にとっての現存在の遠さを言い当てようとするものなのである。それは要するに、実存論的分析論の〝敵〟が、この実存論的分析論を遂行する現存在自身のうちにあるという事実の発見であった。歩まれるべき実存論的分析論のプロセスを現存在の「実存変様」の出来事に委ねるという思想へと、ハイデガーを促したのは、他ならぬこの事実の発見である。

何故「私たち自身がそれであるところの存在者は、存在論的に最も遠いものであるのか」という根拠は、この存在者自身のうちにある。そこでハイデガーは、かかる隠蔽傾向に抗して戦われる解釈学的な分析論のための唯一の根拠地もまた、この存在者自身の実存変様からのみ勝ち取られるはずであると考えたのである。日常性の隠蔽傾向に対抗する「力づく」のロゴスという言い方がなされるとき、語られているのは、ただ一つ、私たちの実存の内なる抗争現象 (Antagonismus) なのだ。

「現存在の〝本来的〟実存をなすものは、何に即して、察知されうるべきであるのか？」(312) という問いをうけて、ハイデガーは、「実存的了解なくしては、実存論的なもののあらゆる分析が地盤を欠いたままになってしまう」(ibid.) と述べる。「本来的」実存なるものを、現存在の実存的な自己隠蔽に抗して闘い獲るべき実存論的な分析論は、これはこれで、何らかの実存的地盤によって基礎づけられなければならない、と言うのである。このような洞察に基づくならば、ハイデガーの掲げる次のような修辞疑問文が、当然、肯定的に答えられるべきものであることは明らかである。「実存論的な解釈は、それが存在論的解釈に存在者的地盤を与えるために用いる実存的な諸可能性に関して、自己自身を正当化する必要があるのではないか？」(312)。現象学の「見えるようにするロゴス」の能作が、現存在の隠蔽傾向に抵抗して所期の目標を達成するためには、結局のところ、かの差し当たり大抵は秘匿されているものの事実的な自己呈示という現象的な地盤を必要としているのである。そうして、差し当たり大抵は自己を呈示しないものの解釈学的な自己告知こそが、かかる現象的地盤を、現象学のロゴスに対して贈与するのである。現象学の仕事とは、この自己告知に応答することに他ならない。そのような意味において、ロゴスは、根源的な受容的性格において特徴づけられるべきなのである。無論、このことは、ロゴスが人間的現存在の日常的自己解釈に充足してしまうことを意味したりはしない。ハイデガーに従うならば、受容されるべき自己告知は、むしろ、現存在の日常性にとって無気味なものなのである。

日常世界の折り目正しい秩序からすれば無気味なものとして自己を告知してくる、ある未聞の実存的・存在者的地盤に、実存論的・存在論的企投の全体を繋留すること、これが、ハイデガーの解釈学的思考の核心をなす動向である。しばしば指摘されるように[26]、「存在論の存在者的基礎づけ」(vgl. 436)は、『存在と時間』の理路全体に関わる究極的な問題性を構成しているが、上に私たちが見たような解釈学的なロゴスの動向を見定めないかぎり、何故「存在論の固有な可能化は、ある存在者、つまり、ある存在者的(ontisch)なものへと差し戻される」(GA24, 26)のか、何故「存在論は存在者的な基礎を必要とする」(ibid.)のかという問いに、適切な仕方で向き合うことはできないだろう[27]。例えば、細川亮一氏は、この問いに関して、「《存在論が存在論的に基礎づけられない》のは《何故存在者が開蔽(entdecken)されているべきか、何故真理と現存在が存在しなければならないのか》(SZ, 228)が決して洞察されないからである[28]」

と書いているが、原則的に全く正当なこのような解答も、ハイデガーのロゴス概念の根本動向を決定する解釈学的本質への洞察によって基づけられないかぎり、哲学的には不毛なのではないか？　細川氏の引証する『存在と時間』のテキストは、まさに、「私たちは真理を前提せざるをえない。真理は現存在の開示性として、存在しなければならないのである」(SZ, 228)という、現象学のロゴスにとっての究極的「前提」を問題にする箇所に続くものである。実存の分析論として着手される現象学的存在論を〝常に既に〟規定しているところの究極のアプリオリが、現存在の開示性なのである。現象学的な問いは、問うている自分の存在が〝常に既に〟自分自身へと開示されていることを、その着手状況において既に「前提」してしまっているという仕方において、自分自身の知の限界を超え出たおのれの根拠へと繋留されつづけている。おのれが開始される場所の根源的な贈与へと不断に遡行しつづけながらも、決してこの始まりを意のままにはできないという問いの本質こそ、繰り返して述べるように、「解釈学的」と呼ばれるべきものである。[29]『存在と時間』におけるハイデガーは、こうした問題を「被投性」概念に結びつけている。「私たちが真理を前提せざるをえず」、「何故存在者が露呈されるべきであるのか、何故真理と現存在が存在しなければならないのかは、〝即自的〟には決して洞察されない」ということ、こうした事柄は、「世界の内へと現存在が、本質上、投げられていること」のなかに内含されていると、ハイデガーは考えるのである(ibid.)。

どんな困難な問題も最後は「被投性」の一言で片づけられてしまう、などと嘆息するのは早計である。ここには、実は密かに、ハイデガーの解釈学的現象学の方法にとっての「語り」概念の意義が予示されている。「何故」という、「根拠」への問いに答えることができない根源的「前提」、根源的贈与の問題は、『存在と時間』の叙述において、かの「良心の呼び声」という「卓越した語り」を現象的に確定するという課題のうちに流入していくのだ。次項において私たちは、前節において既に一瞥した「良心の呼び声」のハイデガー的解釈を再び取り上げることにしよう。《無気味な語り》としての呼び声の卓越性をめぐる叙述のうちに、私たちは、ハイデガーの現象概念とロゴス概念の緊密な連動を、より明晰に見定めることができるに違いない。

2-2-4 「良心の呼び声」の方法論的意義

ハイデガーによる「良心の呼び声」の解釈は、彼の「解釈学的現象学」という方法にとって、どのような位置価を有しているのだろうか。これを明らかにするために私たちは、先ずもって、問題の「呼び声」が、「現存在の卓越した語り(eine ausgezeichnete *Rede* des Daseins)」(277 強調引用者)と特徴づけられていることに注意しなければならない。ハイデガーによる現存在の実存論的分析は、周知のとおり、いわゆる本来的実存としての「決意性(Entschlossenheit)」の分析のうちにその頂点を見出しているが、この分析に「現象的な地盤」(267)を与えるとされるのが、「卓越した語り」としての良心の呼び声である。こうした叙述の流れを方法論的に捉え返してみるならば、ハイデガーが、この卓越した「語り」と命名するもののうちに実存論的分析のクライマックスを設定したことには、私たちが是非とも考慮すべき問題が提示されているように思われる。というのも、私たちが既に簡単に言及した『存在と時間』第七節のB部においてハイデガーは、「ロゴスの根本意義は語り(Rede)である」(32)と述べていたのである。現象学的・解釈学的に実践された実存論的分析の頂点を飾る「決意性」の分析が、「卓越した語り」の現象によって基礎づけられていることは、いったい、解釈学的現象学のロゴスにとって何を意味しているのだろうか?

私たちは、前節において既に概観したハイデガーの良心論を、ここで再び詳細に振り返ろうとは思わない。目下の方法論的問題関心にとって重要なのは、ただ一つ、次のような循環のうちに賭けられた方法的決断を確認することである。ハイデガーによれば、人間的現存在を〝差し当たり大抵は、隠蔽されている〟おのれの最も固有な存在可能へすなわち、差し当たり大抵は秘匿されているもの自身が、差し当たり大抵は秘匿されている現存在の存在様式を開示するであろうとされているのだ。これは、〃賭け〃以外の何ものでもない。

ハイデガーは、呼び声を呼んでいるのは、端的に言って、「おのれの無気味さにおける現存在、居心地の悪さとしての根源的な被投的世界内存在、すなわち、世界の無における裸形の〃事実〃」(276f.)であると述べていた。世俗的に誰であるのかとか、社会的にどのような仕方で承認されているのかといった事情がどうあれ、ともかく、各々の《私》として個別化された《この現存在》が存在してしまっているという「事実」そのものの開示こそが、呼び声の源泉である。「現存在が事実的に存在しているということ、それは何故なのかという点については秘匿されているものの、このことそれ自身(das »Daß« *selbst*)は、現存在に開示されている」(276)とハイデガーは記述しているが、このような被投的事実の開示の根底に潜む無気味さが、良心の異他的な声のうちで呼んでいると言うのである。かかる事実の開示は、しかし、差し当たり大抵は「世界内存在の隠蔽された根本様式」(277)として秘匿されている。ハイデガーが、実存論的分析の最も枢要な箇所において良心の呼び声を取り上げるのは、「卓越した語り」としての呼び声が、現存在に「おのれ自身をおのれの最も固有な存在可能へと企投することを初めて可能にする」(ibid.)と考えられているからであり、つまり、この「卓越した語り」こそが、差し当たり大抵は隠蔽されている存在可能をはじめて証言(bezeugen)し、表立った自己呈示へと召喚すると思考されているからに他ならない。

私たちが先に〃循環に賭ける方法的決断〃と述べたのは、差し当たり大抵は隠蔽されているものが、差し当たり大抵は秘匿されているものを証言する瞬間(それが偶然の恩寵でなくて何であろうか)に、実存論的分析の頂点を築こうとするこうしたハイデガーの思考態度のことである。『存在と時間』第五十四節以下の良心論の現象的内実を先取りする第四十節の「不安」論では、「開示作用と開示されるものとの実存論的自同性(existenziale Selbigkeit des Erschließens mit dem Erschlossenen)」(188)という表現が用いられているが、良心論において指示されている事態も、同一の表現をもって言い表すことができるだろう。世界内存在の根本様式としての不安が、この世界内存在自身を開示するものとして分析されているように、ハイデガーは、良心の呼び声を、世界内存在の根底から発しつつ〝それが私を呼ぶ〟という各私的様態において世界内存在自身を開示する語りとして解釈している。卓越した語りとしての呼び声において生起しているのは、差し当たり大抵は秘匿されているものの自己開示であると言ってよいだろう。見えるようにするものと見えるようにさせられるものが、ここでは同一なのである。

今や私たちは、前々項において現象学的現象の解釈学的自己告知として方法論的に輪郭づけられた事柄が、現存在の開示性のうちで実際何を意味しているのかを言うことができる。ハイデガーがロゴスの「解釈学的」性格という表現で示唆していた事象が、今や明瞭な仕方で、私たちの視野のうちに入ってきたのである。自己を差し当たり大抵は呈示しないものの解釈学的な自己告知(その媒質として機能するロゴスの根本意義は「語り」であるとされていた)とは、世界内存在の無気味な自己開示である「卓越した語り」としての良心の呼び声という出来事なのである。ハイデガーの解釈学的現象学は、この出来事のうちにみずからを繋留することによって、ロゴス概念と現象概念との事象的連関を確保しようとしているのだ。現象を見えるようにするロゴスの能作は、見えるようにされるべき現象自身の自己呈示の出来事から発源しなければならないというテーゼは、前々項においては単に形式的に推理された主張にすぎなかったが、今や私たちは、ハイデガー自身が「語り」現象の特異点として記述する「卓越した語り」のうちに、このテーゼの裏づけを見出すことができる。現存在の差し当たり大抵は秘匿されている存在可能を見えるようにしようとする現象学の語り(ロゴス)は、良心の卓越した語りが自己を呈示するという特異な出来事のうちに、自己を基礎づけているのだ。『存在と時間』第七節のB部における「ロゴスの根本意義は語りである」という規定は、テキスト第五十四節以降で「語り」現象の特異点として解釈される良心の呼び声との連関において考察されてこそ、その方法論的意義の十全な解明を得ることができるだろう。

だが、これで全ての方法論的問題が片付いたわけではない。現象学のロゴスと上述の「卓越した語り」とを同一視することなどできないのは、ほとんど自明であるように思われるからである。大雑把に言って、現象学者であることと「良心の呼び声」を聴くこととは、相当異質な事柄であるように見える。また、たとえ私たちが、かかる呼び声を現象学的に記述したり分析したりしようと企てたとしても、現実の現象学は、一連の言明文において発話され、あるいは書き止められるのであって、沈黙の呼び声として遂行されるわけではない。にもかかわらず、ハイデガーが解釈学的ロゴスの現象的地盤を呼び声のうちに求めるのであるとすれば、そこには、「語り（Rede）」と「言明（Aussage）」との関わりをめぐる更なる方法論的省察が不可欠であるはずである。この点に関する彼の見解を、次に整理しておきたい。私たちは、もはや縷説するまでもない常識的な哲学観を、今一度、ハイデガーの解釈学的現象学の概念に即して再確認しつつ、通常の哲学理解とハイデガーの哲学観とのズレを徐々に明らかにして行こうと思う。

2－3　哲学的言説のスタイルをめぐって

2－3－1　言明文としてのロゴスと語りとしてのロゴス

「解釈の派生的様態としての言明」と標題された『存在と時間』第三十三節において、ハイデガーは、「言明（Aussage）」という概念の第一の意義は、「明示すること（Aufzeigung）」ないしは、「存在者をそれ自身のほうから見えるようにする」ロゴスという概念のうちに見出されるとしている(154)。この「明示すること」「見えるようにすること」という能作を核心に見定められながら、「言明」は、「伝達しつつ、述定的に規定する明示」(vgl. 156)として定義されるのである。私たちの目下の関心にとって重要なのは、テキスト第三十三節が、明示して見えるようにするロゴスをとりわけ「述定する言明」の能作として把捉している点であり、また、この述定する言明が「解釈の派生的遂行形式」(154)と捉えられ、それ自身、前述定的な解釈のうちに基礎をもつものと考えられている点である。前述定的な解釈と述定的言明(言明文としてのロゴス)という二項からなる基礎づけ連関が、そこでは提示されている。また他方、テキスト第七節B部がすでに「ロゴスの根本意義」として提示していたところの「語り(Rede)」については、テキスト第三十四節において、これは「〝世界的〟な存在様式」をもって出来する「言語」の基礎にある「了解可能性の分節化」(161)であり、「解釈や言明の根底に既に横たわっている」(ibid.)ものであると言われている。「解釈」の形成に先んじて既に常に生じている分節化がそこで問題となっている以上、了解の分節化(あるいは分節化された了解)としての「語り」もまた、前述定的な態様において生じるものとして考えられているに違いない。

多様な概念が錯綜するため事柄が見えにくくなっているが、要約すれば、①「述定的言明としてのロゴス」には②「前述定的な解釈」が先立っており、この②「前述定的な解釈」には、さらに、③「(前述定的な)了解作用の分節化としての語り」が先立っているという、三項からなる基礎づけ連関をハイデガーは提示しているのである。言明文としてのロゴスは、前述定的分節化作用としての語りと同一視などされておらず、むしろ両者は、最表層に現われたものの①と最深層に潜む働き③として区別されながら位置づけられているのである。テキスト第三十二節には、「〝或るものとしての或るもの〟を導きの糸として存在者を解釈的に近づける際に生じている了解されたものの分節化は、このものについての主題的言明に先立つものである」(149, 強調引用者)とあって、両者の位階秩序が明言されている。そこで、暫定的には、私たちは次のように言わざるをえないのである。現象学のロゴスもまた、それが他ならぬ主題的・述定的な言明の連鎖という形姿において遂行されるかぎり、ハイデガーのいう「語り」現象の次元(「良心の呼び声」をも含むそれ)のうちに融解されてしまうべきではなく、ただ、この前述定的な分節化のうちに基礎づけられるのみである、と。

これは全く穏当なテーゼであって、私たちは、『存在と時間』の他の節における叙述を手がかりに、これを確証し、また補強することさえできるように思われる。例えば、「根本情状性」としての不安現象の方法的意義に言及する箇所において、ハイデガーが次のように書いていることが注目されよう。「情状的了解の内部において、解釈しつつこれに同行し追跡しながら、現存在の存在に迫っていく可能性は、開示する情状性として方法的に機能する現象が根源的であればあるほど、高まっていく」(185, 強調引用者)。情状性と了解の両者と実存論的に「等根源的」(161)であると記述されるハイデガーの「語り」概念は、単に「了解可能性の分節化」であるばかりではなく、「世界内存在の情状的な了解可能性の分節化」(162, 強調引用者)であると捉えられているが、そうであれば、「開示する情状性」の方法的意義について述べられた上の引用文は、語り現象の方法的機能についても妥当する内容を主張しているはずである。ハイデガーの見解を私たちの流儀でパラフレーズすれば、〝現象学的解釈のロゴスの課題は、情状的な了解内容の分節化としての「語り」の内部において、これに同行し、またこれを追跡しながら、現存在の存在に迫っていくことであり、こうした課題は、当の「語り」現象がその情状的モメントにおいて根源的であればあるほど、先鋭的な仕方で仕上げられうるようになる〟と、このように表現することができるだろう。前項において既に見たように、実際ハイデガーは、無気味さの根底から呼びかけてくる良心の声に、かくのごとき根源的語りの役を演じさせているのであり、実存論的分析を展開するロゴスは、この呼び声を述定的な仕方で追跡せんと企てているのである。現象学のロゴスと、これに先立つ語り現象との関係については、差し当たり以上のように整理しておくことが許されるだろう。現象学者は、根源的語りに「同行」し、これを「追跡」するだけであって、別段、この語りの内部に自己を消し去ることが求められているわけではない、と思われるのである。

だが、それにしても何故、ハイデガーはテキスト第七節B部において、ロゴス概念の根本意義は「語り」のうちにあるなどというミスリーディングな記述を行い、あたかも現象学のロゴスが前述定的な語りの分節化と同一視されてしまうような書き方をしたのであろうか。この未だ完全には解消されていない疑念に応じるハイデガーの言語哲学を、私たちは、次の文章のうちに見出すことができる。

「ギリシア人たちは、〝言語(Sprache)〟に対応するような言葉を持っていない。彼らはこの現象を〝差し当たり〟は〝語り(Rede)〟として理解したのである。けれども、このロゴスは、哲学的省察にとって、主として〝言明(Aussage)〟として視界に入ってきたので、語りの諸形式や成素諸部分の根本構造を仕上げていく仕事は、かくのごとき〔言明としての〕ロゴスを導きの糸として遂行されたのであった」(165, vgl. 159 補注引用者)。

ギリシア的なロゴス理解に関するこの簡潔な指摘においてハイデガーが試みているのは、言明文として物象化されたロゴスから、より根源的な語りとしてのロゴスを区別し確保することである。これら両者の区別にもとづいて、ハイデガーはまた、「ロゴスを持つ動物(ゾーィオン・ロゴン・エコン ζῷον λόγον ἔχον)」という人間規定が本来第一義的に意図しているのは、人間が、語る存在者として自己を呈示するということであって、「音声をもって発話する可能性が人間にそなわっている」(165)ことなどではないとも述べることができた。音声言語の成立という表層に引きずられたロゴス理解が生じるのは、あたかも「物のように」(165)知覚される言明文に定位する思考をつうじて、語りの作用としてのロゴスの根本意義が忘却されてしまったからにほかならず、人間が「語っている」ということと、音声をもって発話することとは同一の事態ではないと考えられているのである。

人間が「ロゴスをもつ動物」であるとは、アリストテレスの『政治学』第一巻第二章の記述において、「人間は自然的本性からしてポリス的な動物である」(1253a2-3)というテーゼを補強するために引き合いに出された現象であった。ポリスという共同体を形成する人間の本性をめぐって、当のロゴスが問題にされるのだとすれば、それは、ポリス的動物としての人間たち相互のコミュニケーションを円滑ならしめるための機関ないしは道具として考えられているように思われ、ある種の規約主義的な言語観さえ、ここに垣間みえてくるほどである。だがハイデガーは、そのように浅薄な解釈を採用しない。「自然は何ものをも無駄に作りはしないのに、動物のうちでロゴスをもっているのはただ人間だけである」(1253a9-10)というアリストテレスの主張は、そもそも、人間が何故「すべての蜜蜂やすべての群居動物よりも一層ポリス的である」(1253a7-8)と言われるべきなのかという問いに対する答えであり、さらには、ここにいわれるロゴスを、アリストテレスは、快・苦を示す記号としての「声(フォーネー φωνή)」(1253a10)(これは他の動物もまた持っている、と言われている)から区別することによって人間の固有性を明示しようとしていたのであったが、ハイデガーは、このような人間の存在者的優位に関するアリストテレスの主張を厳密に継承することによって、ロゴスの根本意義を確保しようとしているのである。アリストテレスは、「ロゴスは有利なものや有害なもの、正しいものや不正なものを明らかにする(デールーン δηλοῦν)ために存する」(1253a14-15)と言う。そしてハイデガーは、単なる快・苦の記号としての「声」からは区別された明らかにするロゴスの意義を、彼自身の「露呈(Entdecken)」概念によって救おうとするのである。人間が「ロゴスをもつ動物」であり、語りつつある存在者であるとは、換言すれば、「この存在者が、世界と現存在自身とを露呈するという仕方において存在しているということ」(SZ, 165)を意味しているのだと、彼は述べている。

アリストテレスの（したがってギリシア的な）ロゴス概念が第一義的に表示しているのは、ハイデガーによれば、「露呈」という現存在の作用であって、それが外へと言表されることによって生成する「言語」ではない。つまり、言葉の接合によって表明される「言明文」ではないのである。このことを敷衍してテキスト第四十四節では、「アポファンシス ἀπόφανσις〔＝言明文〕としてのロゴスが真であるとは、アポファイネスタイ ἀποφαίνεσθαι〔＝明示する〕という仕方におけるアレーテウエイン ἀληθεύειν〔＝真を言うこと〕のことである。つまり、存在者を、秘匿性から引き出しつつ、それの非秘匿性（被露呈性）のうちで見えるようにすることである」（219, vgl. 33 補注引用者）と言われるが、これは、『命題論』第四章における所謂ロゴス・アポファンティコス λόγος ἀποφαντικός〔＝言明的なロゴス〕に関するアリストテレスの見解を解釈したものであると了解することができるだろう。さまざまなロゴスのなかで、ただロゴス・アポファンティコスだけが真または偽であることを述べるものと普通解釈されている、かの有名な一節（De interpretatione 4, 17a2-3）を、ハイデガーは、一九二五／二六年のLogik講義において、次のように翻訳している。「明示しつつ見えるようにする（言明である）のは、露呈と隠蔽が語り本来の意図を担い規定しているような語りの作用のみである」（GA21, 133）と。重要なのは、このような解釈においてハイデガーが、ある言明の真偽という事柄を、ある言明文に帰属する属性としてではなく[30]、この言明を遂行する現存在の「露呈」または「隠蔽」の作用として理解しようとしていることである。ある言明が「真であること（Wahrsein）」とは、したがって、「露呈を行っていること（Entdeckend-sein）」（SZ, 219）として理解されねばならないのであり、ロゴスの真理の本来的な意義は、世界と自己自身を開示する「露呈」の作用のうちに見出されるべきなのだ。ロゴスのうちで作動している開示・露呈の作用を、この作用の所産としての言明から区別することが、これらの洞察の主眼であると言ってよいであろう。

ここで私たちはもう一度問うてみよう。現象学のロゴスとは何であるのか、と。

先の暫定的解答において私たちは、現象学のロゴスもまた、それが主題的に述定する言明文の連鎖という形姿において遂行されるかぎり、ハイデガーによれば、これらに先行する前述定的な語りの分節化のうちに基礎づけられているにすぎないことになるだろう、と考えた。だが、そもそもハイデガーが、現象学のロゴスの本来的意義を、その露呈作用のうちに見出しており、言明文の連鎖(例えば書物や論文、講義などというもの)は、その外面的な所産にすぎないと考えていたのであったとしたら、どうであろうか。私たちは、ハイデガーによる「学問」の規定を想い起こしてみよう。

「学問は一般に、真なる諸命題のある根拠づけの連関の全体として規定されうるだろうが、こうした定義は、完全なものでもなければ、学問をその意味において言い当てるものでもない。諸々の学問は、人間のとる諸々の態度・ふるまい(Verhaltungen)として、人間というこの存在者の存在様式(という意味)を持っている」(11)。

現象学もまた一つの学問であるとすれば、これもまた第一義的には、世界および自己の世界内存在に対する現存在の態度・ふるまいとしての存在様式として理解されるべきであろう。現象学は、ただ単に、可能的に真である諸言明の根拠づけ連関として眼前に見出されるようなものではない。少なくとも、ハイデガーの現象学のロゴスは、ある現存在の存在様式としての「露呈」作用という遂行的な本質において、自己を理解しているのである。「可能性は現実性よりも高次にある。現象学の理解は、ひとえに、可能性としての現象学を摑み取ることのうちに存する」(38)。たとえ現象学が、その諸々の現実態において、言明文の連鎖として提示されていようとも、現象学の遂行意味は、そのような現実のうちに汲み尽くされるものではない。このような洞察にもとづいてこそ、ハイデガーは、例えば『カントと形而上学の問題』において、「あらゆる哲学的認識において決定的な事柄とならねばならないのは、それが言表された諸命題のうちで何を言っているかということではなく、それが何を、まだ言われていないものとして、言われたことを通じて眼前にもたらしているか、ということである」(GA3, 201)と述べることができたのである。「カントが何を言ったのか」という現実性よりも、「カントが何を〝言おうと欲していたのか〟」(ibid.)という可能性を抉り出すことのほうが、はるかに高次の問題であると、ハイデガーは言う。無論、現象学それ自身は、事実上(現実的には)、沈黙の呼び声ではないと、私たちは今のところ言わざるをえない。しかしながら、呼び声のうちに生起する、差し当たり大抵は自己を呈示しないものの自己告知の出来事にみずからの根拠を見出そうとする現象学は、おそらく、ある「黙示学(Sigetik)」(GA65, 78)の可能性をも模索しているのである。そもそも思考は、無気味な呼び声のうちに告知される沈黙の秘密に対していかなる態度をとることができるのか、という問いが、ハイデガーの現象学にとっての第一級の問題となるのだ。思考の事柄がそこで要求しているのは、「黙示(Er-schweigen, シガーン *σιγᾶν*)」(78ff.)としての語りを樹立することである。『存在と時間』の公刊から十年を経た一九三七年、ハイデガーは、いわゆるニーチェ講義の一つにおいて次のように述べている。

「最高次の思考の語り(das höchste denkerische Sagen)は、語ることのなかで、本来語られるべきことを単に黙秘(verschweigen)することのうちに存するのではなく、むしろ、本来語られるべきことが、語らないこと(Nichtsagen)のなかで名指されるという仕方において語ること、そのうちに存するのだ。黙示すること(*Erschweigen*)として語ること、である。このような語りは、言語の最深の本質に発源するものでもある。言語は、沈黙のうちに自己の根源をもっているのだ」(GA44, 233, vgl. GA6.1, 423, NI, 471, GA65, 408)。

2-3-2 哲学的言説の「正当化」の問題

『存在と時間』におけるハイデガーの思考とその叙述を導く「解釈学的現象学」に関する本節の考察は、私たちを、常識的な「学問」の概念からはおよそ懸け離れた場所へと誘うことになった。「現象学の理解は、ひとえに、可能性としての現象学を摑み取ることのうちに存する」(SZ, 38)という言明は、たしかに、これを『存在と時間』後半における現存在解釈(良心の沈黙する呼びかけへの応答としてのそれ)に連関させて読むかぎり、ある〝黙示学の可能性〟をも示唆しているように思われるが、そのような「黙示学」が、通常の意味における「学問」ではありえないことは明らかだろう。ハイデガーの方法論は、ここに及んで益々、「自己正当化」への責任を放棄する神秘的・秘教的言説への傾向を露呈しているように思われるのである。

解釈学的現象学の方法は、本質的に、「自己正当化」の危機に曝されている。それは、私たちの公共的言語の容喙を拒む出来事の特異性(各私的現存在の特異性)からの呼びかけに応えようとするが、この応答の成果を語る言明には、いわゆる真偽を弁別するための基準が欠如しているように思われるだろう。解釈学的現象学は、何らかの仕方で「正当化」されうる「学問的真理」を言明するものであるのか、それとも単なる私的な体験を概念的に綴る哲学的随想にすぎないのか、それを裁断するための尺度を、私たちはどこに求めればよいのだろう。

『存在と時間』は、「正当化」の問題を完全に棄却するものではない。私たちは、たしかに『存在と時間』中の少なくとも二つの箇所を、ハイデガーの「正当化」論として引証することができるであろう。第一の箇所は、現象学的な真理論の一環として、言明の「証明(Ausweisung)」「検証(Bewährung)」(217f.)の問題を扱う第四十四節である。だが、考察の対象とされている「言明」とは、この場合、世界内部的な存在者の地平において成り立つ多様な事態を志向する〝経験的〟言明であり、そうした存在者を私たちがそもそも何らかの仕方で露呈しうることの根拠を明らかにする〝超越論的〟な言明の領域は、考察の外に置かれている。「世界内部的な存在者の被露呈性は、世界の開示性に根拠づけられている」(220)と主張するハイデガーは、この「開示性」の次元こそが「真理の最も根源的な現象」(220f.)であると述べるが、この次元に言及する超越論的現象学のロゴスが、果たしてどのような「証明」や「検証」の手続きに委ねられるべきであるのかについては語らないのである。

「正当化」の問題に触れる第二の箇所としては、いわゆる「先駆的決意性」の現象の解釈に基づいて「現存在の存在意味」としての時間性の論述に向かおうとする一歩手前で、今一度「実存論的分析論一般の方法的性格」(310)を点検する第六十三節が挙げられるであろう。私たちが既に(四六ページ参照)検討を試みた実存論的分析の「力づく」という性格をめぐる省察が展開されているのも、まさにこの節なのだが、ハイデガーはそこで、次のように述べている。

「何が現存在の〝本来的〟な実存をなすのかということは、何に即して察知されるべきなのだろう。実存論的なものの一切の分析は、実存的な了解なくしては、やはり地盤を欠いたままである。〔…〕実存論的な解釈は、決して、諸々の実存的な可能性や拘束性に関する権威ある宣告者を任じようと欲したりはしまい。しかしながら、実存論的解釈は、自らが存在論的な解釈に存在者的な地盤を付与するために用いる実存的な諸可能性に関して、おのれ自身を正当化(sich selbst rechtfertigen)しなければならないのではないか？」(312)

『存在と時間』に展開されている諸々の実存論的な学的解釈は、現存在の具体的な実存の諸相による裏書(=実存的な地盤)を欠いた「恣意的な構築」(260, 303)であってはならないし、実際、そうではない、とハイデガーは主張するのである。遂行されている実存論的分析論は、決して「任意のもの」(313)ではありえない実存的可能性の地盤に立脚しており、この地盤に自己吟味の尺度を求めながら、実存的・実存論的な自己正当化を行う、と言うのだ。いうなれば、これは、解釈学的現象学を、超越論的経験論であるものとして特徴づける宣言として理解しうるものであろう。

しかしながら、このようなハイデガーの自己正当化の議論は、やはり通常の意味におけるそれとは区別されるべきであると考えられる。ある学問理論の正当化とは、通常、何らかの〝学問共同体〟へのアピールという性格づけを帯びているものではないだろうか。それは、可能的な検証ないしは反証の手続きを明確化することによって確保される〝社会〟への開放性を前提としており、あるいは少なくとも、他者との〝対話〟の可能性へと開かれていることを前提しているはずである。だが、「解釈学的現象学」が、おのれの「実存的基礎」として引き合いに出すのは、要するに、ある「単独化(Vereinzelung)」の経験であり、そこにおいては、公共的な社会について論じる公共的な言語が無効化すると考えられているのである。考察の照準は、各々の現存在にとっての「最も固有な存在可能」に絞られている。そして、「解釈学的現象学」の方法を開陳する『存在と時間』第七節の末尾には、さらに、「存在者について物語りつつ報告することと、存在者をその存在において把捉することとは別のことである。後者の課題のためには、多くの場合、語彙が欠けているばかりではなく、何よりも〝文法〟が欠けているのである」(39)とすら述べられているのである。公共的な社会の他の成員たち(市民)に宛てて自己の学説を「正当化」してみせる媒体としての「言語」の妥当性について、ハイデガーは、徹底的な懐疑主義者の態度を崩さない。ハイデガーの語る意味における「正当化」を、それでも敢えて、学問的言説の公共的・共同体的な意義と責任という問題に連関させるとするならば、私たちは、ハイデガーの目指していたのは、私たちを既存の共同体の思考文法から離脱させ、別の思考文法へと差し向けることであったと言わざるをえなくなるだろう[31]。いわゆる「ロゴン・ディドナイ λόγον διδόναι」の意義の解釈をめぐって提出された周知のハイデガー批判もまた、「正当化」をめぐる上記の問題との連関において再吟味されなければならないと思われる。

　ロゴン・ディドナイ、すなわち「ロゴスを与える」という言葉[32]は、ソクラテスによって対話的に遂行された哲学的思惟の基本性格を言い当てる表現として、しばしば引用されるものである。ある人が例えば「徳とは何か」「美とは何か」といった事柄について持っていると信じている知が、単に《私》にそう思われているだけのドクサ（臆断）に過ぎないのか、それとも真のエピステーメー（知識）と呼べるものであるかは、彼が、この知に「ロゴス」すなわち「論拠（あるいは定義）」を与えて説明することができるか否かによって吟味されうるし、また、「知恵を愛する」者は、そのような吟味を不断に試みていくべきであるとする考えが、対話の哲学を導く理念としてプラトンの著作において繰り返し語られている。なるほどたしかに、『ラケス』篇において典型的に見られるような「自分自身について語ること（ディドナイ・ペリ・ハウトゥー・ロゴン *διδόναι περὶ αὑτοῦ λόγον*）」（187e10）、つまり、「自分が現在いかに生きており、またこれまでどのように生きてきたのかについて語る」こととしてのロゴン・ディドナイと、プラトン独自のイデア論・エピステーメー論と結びついた文脈において問題とされるロゴン・ディドナイとを一括して論じることは、いささか粗雑な概念整理の仕方であるのかもしれない。だが、そこをあえて一般化するならば、「ロゴスを与え」ようとする試みによって《私》の想念を他者による可能的な論駁の場へと開きながら、自分たちが何を知り、何を知らないかをめぐる対話的な吟味をおこなうこと、それこそが、「知恵を愛すること」としてギリシア的に「哲学する」ことの原点であったと言えるのであろう。少なくともハイデガーを批判する幾人かのドイツ人たちは、このロゴン・ディドナイを Rechenschaft geben（釈明する）と翻訳しつつ、アテナイのポリスの市民たちが相互に行った Rechenschaftsabgabe の行為のうちに責任ある哲学的ディスクールの原型を見出し[33]、この哲学の原点を根拠地に、ハイデガーの論述スタイルの欠陥を指弾しようとするのである。彼らは、一九五五／五六の冬学期講義『根拠律』に見られるハイデガーのロゴン・ディドナイ解釈の素朴さ、あるいは倫理的なセンスの欠如を指摘することによって、ありうべき哲学的言説のスタイルを逆証しようとしたのだった。発火点となったのは、『根拠律』中の次のような言明である。

「(ロゴン・ディドナイという)このギリシア語の言いまわしを、たしかにひとは、〝釈明する(Rechenschaft ablegen)〟、〝論拠を提示する(Grund angeben)〟などと、正しく翻訳することができよう。けれどもそのような翻訳では、ひとは本来のギリシア的な仕方で思考しているとは言えないのである」(GA10, 162)。

ハイデガーは、こうした「正しい翻訳」の浅薄さを批判しながら、「或る現存するものを、それがもつ然々の現存と現前とにおいて提示すること、つまり、取り集める認取において提示すること(etwas Anwesendes in seinem so und so Anwesen und Vorliegen darbieten, nämlich dem versammelnden Vernehmen)」(ibid.)こそがロゴン・ディドナイの深層の意味なのであると述べ、彼独特の晦渋な表現を駆使した改訳案を提示して読者を考え込ませるのである。これに対して、まずE・トゥーゲントハットが、「そうであればソクラテスはギリシア的に思考していなかったことになってしまうだろう(34)」と鋭い言葉を投げつけながら、ハイデガー哲学全体を蝕んでいる「証明への要求を遮断する傾向(35)」をあげつらい、さらに、「批判的責任性(36)」によって導かれるべき哲学の理念の放棄を指摘しようと試みたのであったが、この着眼を継承したK・ヘルトによる次のような批判を、私たちは、こうした論点をめぐるハイデガー批判の最も明確な(あるいは典型的な)達成と見なすことができるだろう。ヘルトは所謂「ゲラッセンハイト Gelassenheit (放下)」という反主意主義的概念へと尖鋭化されていくハイデガーの現象学的思考の歩み全体を視野に収めつつ、まずは次のように指摘している。「哲学することを表現するソクラテスの根本定式ロゴン・ディドナイを、〝釈明する(Rechenschaft geben)〟と正当にも翻訳することを、ハイデガーははっきりと拒否しているが、彼は、この拒否によって、くだんの翻訳のうちに聴き取られる〝意志的に引き受けられる責任(Willensverantwortlichkeit)〟という響きを彼自身の現象学から除去しようとしたのであろう(37)」と。そして次にヘルトは、ハイデガーによるロゴン・ディドナイの改訳を導いていたに違いない「倫理的次元に対する無理解」とそれがもたらしうる「ある極めて憂慮すべき帰結」について語るのである。ハイデガーが、「政治的共同体に対するヒトラーのニヒリズム的な攻撃を、たとえ短期間であろうと、彼自身の待望する新しい時代の勃興と見なし、前面に立って国家社会主義に参与することができた」ことの思想的な根拠は、「責任性という契機を軽んじたがゆえに、この契機によって基礎づけられた政治哲学の伝統への関心をハイデガーが持たなかったこと[38]」のうちにある、と。

ヘルトによれば、ロゴン・ディドナイとしての哲学の発生と、古代ギリシアにおけるポリス社会の成立との平行関係が意味している事柄こそ、まさに今日、私たちがハイデガーを越えて省察すべき課題なのである。「ギリシア人たちにおいて、世界史的にも新種な共生の形式が生じ、釈明能力の自由という点で互いに平等な市民たちが一つの共同体のうちで公共的な共生を営むようになったのは、まさに、この相互に遂行される釈明への意志に基づいてこそであった」と彼は述べ、「ロゴン・ディドナイの最もラディカルな形式としての哲学が、市民的な共同体と、つまり語の本来の意味において政治的（＝ポリス的）な共同体と同時代に生じたのは、偶然ではない[39]」と主張している。

たしかに、哲学的言説の「正当性」の問題を、既存の思考文法からの離脱と別の思考文法への移行の問題として考えようとしたハイデガーの思惟のうちには、何ほどか、国家社会主義の暴力への加担を誘引するものが潜んでいたと、私たちは言わざるをえないのかもしれない[40]。しかしながら、いかにロゴン・ディドナイという概念のうちにギリシア的なポリス社会に固有な生活背景が刻印されていようとも、哲学的な思惟の課題が、ただちにその都度の共同体の正当性を擁護しこれを保守することになるわけではないのも、また確かなことであろう。そしてヘルトのロゴン・ディドナイ論は、その尤もらしい政治的な正当さ(political correctness)の一方、あまりにも安易に、言うところの「共同体」の安定的な完結と永続を前提してしまっているようには思われないだろうか。そもそも、他者に「釈明」を要求しなければならないほどの事態が生じるのは、ある意味において、この他者との共同性に深刻な亀裂や綻びが生じたときであり、ヘルトのいう「一つの共同体のうちでの共生」が危機に曝される瞬間であるのではなかろうか。また、当の「釈明」の努力が、かえって他者との断絶を明らかにすることも稀ではない。哲学であれ、文学的創作であれ、ラディカルな言説の遂行様式にとって本質的な事態とは、既存の共同体の地盤を前提しつつ想定された「飴のような時間」を破って生起するところの、共同体の生成消滅のリズム（あるいはダイナミズム）であるとしたら、どうであろうか？

だが、性急な判断を下すことは慎しまければならない。私たちは、私たちの本当の目的地からは一歩退き、次の第二章全体を通じて、ヘルトの言う「一つの共同体のうちでの共生」を支える言語的な基盤について、徹底的に考察してみようと思う。以上の第一章の叙述を通じて、『存在と時間』におけるハイデガーの言語論が主題化した諸現象の輪郭、そして、それらの諸現象をハイデガーが論じようとする際の方法論的な企画とが、私たちには明らかになった。差し当たりの材料は出揃ったのである。私たちの次なる課題は、本章において祖述した道具立てを、私たちの問題関心において脱構築し、ハイデガーの言語哲学の存在論的な核心に迫ることである。かかる準備段階を経ることによって、私たちは、おのずから、上述の「共同体」の問題が揺さぶられるハイデガー言語哲学の跳躍点に辿り着くことになろう。

第二章　言語の志向性と存在の公共性

第3節　ロゴスの「見えるようにする」働き再考

前章における「解釈学的現象学」概念の検討を通じて、私たちが最終的に逢着したのは、言説の「正当化」の問題をめぐる、ハイデガー哲学に特有な困難であった。現存在の「自己解釈」、あるいは「自己告知」の動向に定位しつつ、諸現象の秘匿態から非秘匿態への移行のポテンシャリティを救済しようという、そのような狙いを抱懐するハイデガーの解釈学的現象学は、具体的には、沈黙の呼び声という「卓越した語り」への実存論的な「応答」というスタイルにおいて遂行されている。だが、批判者たちは、はたしてそのような言説のスタイルによってロゴン・ディドナイという哲学の(正統かつ正当な)遂行意味は充たされうるのかという、もっともな問いを提起し、私たちもまた、暫定的な仕方ではあるが、ハイデガーの哲学的言説が胚胎する共同体離脱的な傾向を予測することとなったのである。

私たちは、既存の共同体の思考文法の彼岸に跳躍して見せようとするハイデガーの誘惑的な言辞につき従うことを差し当たりは慎み、ここで一度真剣に問うてみることにしよう。ロゴン・ディドナイとは、いったい、ロゴスを「誰に」与えることであるのか、と。ハイデガーがロゴス概念の基本意義をその「見えるようにする(sehen lassen)」働きのうちに見定めたとき、そもそも彼は、それを「誰に」見えるようにすることとして理解していたのだろうか？本章における私たちの考察は、この「誰に」の問いが孕む存在論的な意味に接近することを試みる。

私たちが遂行するロゴス・アポファンティコス（言明的ロゴス）の「語る」働きは、「何かについて語ること」として対象志向的に構造化されているばかりではなく、「誰かに向けて語ること」として、本質的に対話的な構造によって刻印されていると言えるだろう。言説の志向性と対話性（あるいは公共性）という、これら二つの契機は、互いに没交渉に切り離されて把捉されてはならない。私たちは、語られるべき「何か」が「誰か」にとってもまた存在していることを予料しつつ語り、あるいはまた、「誰か」が同じように語っているのを聴くことを通じて、おのれの語りつつある「何か」の存在を確信するのではないか。語られるべき「何か」の存在は、そのような対話の流れのうちで公共的・相互主観的に構成されるのではないだろうか。

こうした問題を、ハイデガーの言語哲学のなかにあらためて発掘することを狙って、私たちは、以下、第一に、「制作」という行為に即して提示されるハイデガーのロゴス論を『芸術作品の根源』および『技術への問い』などの著作に基づいて再構成した後、そうしたロゴス論と私たちが前章において検討した『存在と時間』のロゴス論との繋がりを公共的世界という概念を導入することによって明らかにしたいと思う。そこで得られた作業仮説を手がかりにして、私たちは、『存在と時間』においては「空談」という概念と結びつきながら本質的には消極的な意義づけしか与えられていなかった伝達言語の日常的な機能を、私たちなりに位置づけ直すことを試みてみたい。そして、本章の後半（第4節および第5節）においては、さらに、こうした考察視点を尖鋭化するため、ロゴス概念の志向的統一を支える「対象」概念および「存在者」概念一般の根源的な公共性について考えてみようと思う。

3－1　テクネー概念とロゴス概念

その結論部において「芸術の本質は創作(Dichtung)である」(GA5, 63)というテーゼが提起される『芸術作品の根源』において、ハイデガーは、作品の被創造性(創造されてあること)および芸術的創造行為(Schaffen)それ自身の本質究明を試みるにあたり、ここに生じがちな「創造の本質を手仕事的な側面からとらえる」(46)考察態度を牽制すべく、ギリシア語のテクネー τέχνη(技術・技術知)の意義に関する批判的言及をおこなっている。曰く、ギリシア人たちはテクネーという同一の語を手仕事(Handwerk)の意義にも芸術(Kunst)の意義にも用いていたという皮相な指摘がしばしばなされるが、本来「テクネーとは手仕事のことでも、芸術のことでもない。まして今日的な意味での技術的なもののことなどではない。テクネーとは、およそいかなる種類の実践的働きをも意味していないのである」(ibid.)、と。ハイデガーによれば、「テクネーという語は、むしろ、知の一様式を名指している」(ibid.)のであり、さらに言えば、その知の本質は、「ギリシア的な思考にとって、アレーテイア(真理)、すなわち存在者の匿いを解くこと(Entbergung des Seienden)のうちに存している」(47)のである。

ハイデガーはおそらく、ここでひそかに、テクネーをアレーテウエイン(真理を明らかにすること)の一様式として規定する『ニコマコス倫理学』第六巻第三章(1139b15–17)におけるアリストテレスの見解を引き寄せながら、「ギリシア的に経験された知としてのテクネー」(47)を特徴づけようとしているのであろう。[41] 私たちは、しかし、こうしたテクネーの本義に関する批判的な言及がなされているのが、そもそも言語芸術のうちに頂点をもつ「創作」の本質から「芸術作品の根源」を照射しようとする試みの途上という文脈においてであったことの含蓄に鋭敏でありたいと思う。たしかに、『芸術作品』論文におけるテクネー論は、単にエピソード的に提示されているに過ぎないように一見され、それはテキストの文言によるかぎり、〝芸術家であれ手仕事をなす職人であれギリシアでは同様にテクニテースと呼ばれた〟という学識ゆえに陥りがちな芸術的創造に関する予断の牽制という目的によって消極的にしか動機づけられていない。しかしながら、上述のようにアレーテイア概念との本質連関において提示されているハイデガーのテクネー理解は、明らかに、『存在と時間』におけるロゴス概念の理解との異様な親近性を示しており、私たちはここを手がかりとして、「見えるようにするロゴス」をめぐる私たちの考察を、新しい局面にもたらすことができるように思われるのである。

存在者の露呈としてのアレーテイアにもとづく「知」としてのテクネー規定を、ハイデガーは『芸術作品の根源』において、先の引用箇所につづき、次のように敷衍している。

「テクネーは、ギリシア的に経験された知として、それが、現前するものを現前するものとして、秘匿性からこちらへと、ことさらにその外見の非秘匿性の内にもたらす仕方で、前へともたらすことである限りにおいて、存在者を制作することである」(47)。

ドイツ語の原文は、Die *τέχνη* ist als griechisch erfahrenes Wissen insofern ein Hervorbringen des Seienden, als es das Anwesende als ein solches *aus* der Verborgenheit *her* eigens *in* die Unverborgenheit seines Aussehens *vor* bringt. というものである。道具であれ芸術作品であれ、何ものかを「制作する」という意味において用いられるドイツ語の動詞 hervorbringen に相応するような作用が、もしもテクネーのうちに看取されうるとすれば、それは、「現前するもの(das Anwesende)」をまさに現前するものとして「外見(Aussehen)の非秘匿性」の内へと運び入れることとして、〝こちらへ her〟と、そして〝前に vor〟〝もたらす bringen〟という作用が、テクネーという知のうちで生じている限りであると、ハイデガーはここで考えているのである。「外見(Aussehen)」とは、いわゆるエイドス(形相)に対するハイデガーの訳語であり、彼は右記の箇所において、〝制作者の知は、未だ現前しない、制作されるべき作品の「外見（形相）」をあらかじめ「先取り」し、常にプシュケー（魂）のうちに現前させていなければならない〃(vgl. GA19, S. 42f.) とする一九二四／二五年講義『プラトン――ソフィステス』におけるテクネー理解のエッセンスを、「非秘匿性」という真理概念との連関において尖鋭化しつつ、反復しているのだと見ることができよう。テクネーという知は、制作されるべき作品を、その外見において「ことさらに」準現前化することによって、これを「秘匿性」から取り出し「非秘匿性」の内へと進めもたらすものであり、その限りにおいて、「こちらの前へともたらすこと」としての制作と見なすことができると言うのである。

さて私たちは、テクネーを、制作されるべき作品を「こちらの前へともたらす」知として解釈するハイデガーの言葉のうちに、『存在と時間』における「見えるようにする」働きとしてのロゴス規定との類似を容易に見て取ることができないだろうか。私たちも第一章第2節の考察において既に触れたが（五八ページ）、『存在と時間』においてハイデガーは、ロゴスがアレーテウエインとして「真であること」とは、このロゴスの作用が存在者を「その秘匿性のうちから取り出し (aus seiner Verborgenheit herausnehmen)、非秘匿的なものとして見えるようにすること (als Unverborgenes sehen lassen)」(SZ, 33) であると記述している。真なる言明的ロゴスも存在者の制作を導くテクネーも、ともに「何かを秘匿性から非秘匿性へともたらすこと」である点において共通していることになるのである。ロゴス的な露呈作用とテクネーという知の両者の特徴づけの間に見出されるこうした親近性は、いったい何を意味しているのだろうか。

「要するに両者は、アレーテウエインという中項によって媒介されているにすぎない。ロゴスもテクネーもアレーテウエインの一種であるということだ」といった答えがすぐさま予想される。あるいはまた、「ハイデガーがひそかに依拠しているアリストテレス『ニコマコス倫理学』もまた、テクネーを、〝真なるロゴスを備えた制作可能状態(ἕξις μετὰ λόγου ἀληθοῦς ποιητική)〟(1140a10, a20-21)と規定しているのだから、上記のような類似性が生じるのは、もっともな話である」といった、哲学史家ハイデガーの楽屋裏をあばく種明かしをしようとする論者もいるかもしれない。だが私たちは、そのような表面的解答に満足すべきではないだろう。問題は、ロゴスの働きによって(つまり語られることによって)、「非秘匿性」のうちへともたらされた存在者を、制作にかかわるテクネーによって「非秘匿性」のうちへともたらされた存在者と、同一の存在論的身分において語ることは、何を意味しているのかということである。「非秘匿性」というたった一つの真理概念によって、「言語的露呈作用」と「制作行為」の両者を包括的に(少なくとも類比的に)理解することの意味が、問われなければならない(42)。

3-2　〝公共的世界にもたらす〟ための「考量」としてのレゲイン

ここで私たちは、『技術への問い』における叙述を参照して、「制作」に関するハイデガーの哲学史的見解を簡単に整理しておくことにしよう。一九五三年になされたこの講演において、彼は再び、「アレーテウエインの一様式」(VA, 17)としてのギリシア的なテクネーの性格づけを行っているのだが、その際、ポイエーシス(制作)を導くロゴスの能作に関する明示的言及がなされている点が、注目に値する。私たちが上で見たテクネー/ポイエーシスの概念とロゴス概念との連関が、いわゆる質料因・形相因・目的因・作用因という「ローマ人たち」(12)の概念をアリストテレスによる元来の概念規定に遡って吟味しようとするハイデガー自身によって、この講演中、哲学史的に基礎づけられるのである。

「それの所為で、何か別のことが惹き起こされるところのもの(das, was ein anderes verschuldet)」としてのアイテ

ィオン αἴτιον(原因)には、アリストテレスの理解を踏まえつつ例解すると、第一に、例えば犠牲の品としての銀皿が「それから仕上げられ、それから成るところのもの」としてのヒュレー、つまり銀という材料(Stoff)、第二に、銀からできた何かが「そのうちにおいて現象するところの外見」としてのエイドス(この場合、銀の腕輪や指輪とは異なる「皿」の外見)、第三には、この銀の皿を「もとより、聖別や奉納の圏域内に限定し囲い込む」制作過程の「終局」であるとともに、この銀皿が他ならぬ犠牲の品としての存在を開始する起点でもあるテロスがある、とハイデガーは先ず述べている(12f.)。これら三様のアイティオンが、彼によれば、いわゆる質料因・形相因・目的因の本来の意味なのである。では、残る作用因はどうなのか。ハイデガーは、いわゆる作用因に相当するものは、本来のアリストテレス的な思考には存在しないのだと言う。なるほど、銀の皿を制作し、犠牲の品として提出するまでの過程には、銀細工師という第四者が「共に加担して」おり、その限りにおいて、この銀細工師の仕事のうちに、この皿が「それの所為で、惹起されるところのもの」、すなわちアイティオンを見出すことはできる。けれどもアリストテレスはこの事態を、決して、「製造行為(Machen)」の「作用」「効果」(wirken, bewirken, Effekt)といった概念によっては捉えてはいないと、ハイデガーは述べるのである(13)。彼によれば、この場合銀細工師とは、むしろ、犠牲の銀皿の完成にヒュレー、エイドス、テロスという三様の仕方で関与するものどもを「結集させ(versammeln)」つつ、「考量(überlegen)」[43]する者なのである。ハイデガーは、この「考量」の本質を次のように説明する。

「考量とは、ギリシア語ではレゲイン、ロゴスと言われる。それは、アポファイネスタイ、つまり、出現させること(zum Vorschein bringen)のうちに根ざしている」(ibid.)。

アポファイネスタイとは、先に見た、『存在と時間』における「或るものを、秘匿性から取り出して、非秘匿的なものとして見えるようにすること」としてのロゴス規定を導く際に参照されたアリストテレスの概念である(vgl. SZ,

32f.)。すると、『存在と時間』におけるロゴス概念とは、元来、制作行為を導く「考量」のありかたの内に、その原型が見出されるような「語り」の概念である、ということになるのであろうか。質料因と形相因、そして目的因の三者を「結集させ(versammeln)」つつ、制作されるべき作品をいかにして「出現させる」ことができるのかを「考量(überlegen)」する知の働き、それが、アリストテレスの制作行為理解における「ローマ的」作用因概念の欠如を埋める「ギリシア的」なロゴス概念である、と、『技術への問い』は述べている。しかし、このようなロゴス概念が、どうして『存在と時間』第七節におけるロゴス概念と同一のものでありえようかと、ひとは訝ることだろう。後者におけるロゴスとは、何はさておき「語り」としてのそれ、しかも現象学という学の基底となり得るようなそれであり、聖なる銀皿の「制作」といった事柄とはおよそ関わりのないものであろうと思われるからである。しかしながら、ここで私たちは、次のように考えてみることはできないだろうか。すなわち、「差し当たり大抵は、自己を呈示しない」(SZ, 35)ところの現象(それこそが現象学の取り組むべき「現象学的な現象概念」であると『存在と時間』は主張していたのだが)を、つまり秘匿された現象を、現存在の「隠蔽傾向」(311)に逆らい、あえて「見えるようにする(sehen lassen)」ことを狙う現象学のロゴスもまた、ある意味においてはやはり、言うところの「現象学的現象」を「出現させる(zum Vorschein bringen)」ことを目指しているのではないか、と。つまり、これもまた、広義での〝制作〟と見なしうるかもしれないのである。私たちは第一章第2節の考察において、『存在と時間』第七節における「形式的な現象概念」=「自己を呈示するもの」から「現象学的(phänomeno*logisch*)な現象概念」=「差し当たり大抵は、自己を呈示しないもの」への刷新は、ロゴスの能作を「見えるようにする」働きとして概念把握することに応じたものであり、そのようなロゴス理解との内的な連関において「差し当たり大抵は」見えないものとして秘匿されている(現象学的)現象概念が発想されることになったのではないか、との仮説を提示した。だが、こうした秘匿性と非秘匿性(真理)との対立、ロゴスの力による前者から後者への移行という思考図式の全体が、つまるところ、制作という原型的行為の解釈に先導されているのだとしたら、どうであろうか。

『技術への問い』においてハイデガーは、プラトン『饗宴』のテキスト(205b8ff.)を、「何であれ、現前しないもの(das Nicht-Anwesende)から現前(Anwesen)へと移行・前進するものにとって、その契機となるものはどれも、ポイエーシス、つまり、こちらの前へともたらすこと(Her-vor-bringen)である」と訳出しつつ、ポイエーシス＝制作という行為の意義を、「未だ現前しないものを、現前の内へと、到来させる(ankommen lassen)」(VA, 14)ことのうちに見出している。そして、このような〝制作〟は、「ギリシア的」に理解される限り、職人的な手仕事や、芸術的創作の「映現や形象の内へともたらす働き(zum-Scheinen- und ins-Bild-Bringen)」を包括しつつ、さらには、「おのずから立ち昇ること(das von-sich-her Aufgehen)」としてのフュシス(自然)、現代風に言えば、いわゆるオート・ポイエーシスとしての自然をも指し示すきわめて広義の概念であることが指摘されているのであるが(15)、このように理解するかぎり、制作概念の射程は、やはり『存在と時間』におけるロゴス概念をも包含しうるものであるように思われはしないだろうか。

制作行為が、或るものを「現前の内へと」もたらすこととして理解される際の現前性の意味を明確に把握することが、最も重要な課題である。結局のところ、ハイデガーのロゴス論の核心もまた、この現前性の意義の究明という存在論的な関心のうちに存しているのである。私たちは、ハイデガーの制作論・技術論の古層が提示されていると考えられる一九二四／二五年冬学期講義『ソフィステス』を再び参照しつつ、そこに一九二五年夏学期講義『時間概念の歴史への序説』における「製品世界(Werkwelt)」論を重ねてみよう。現前性の意義に関する簡潔な作業仮説を、私たちは、ここから取り出すことができる。

ポイエーシス概念の本質を、「以前には現存しなかったものを、存在へともたらす（εἰς οὐσίαν ἄγειν）」というプラトンの『ソフィステス』(219b4)にみられる定式に従って理解しつつ、ハイデガーは一九二四／二五年講義おいて、「存在」を「制作されてあること(Hergestelltsein)」と捉えるギリシア哲学の解釈を試みている(GA19, 269ff.)。[44] この講義によれば、ギリシア人たちが「制作」行為一般を「存在へともたらす」こととして理解したことの根底には、「存在」を「日々の使用にとって意のままになること(Verfügbarkeit)」として理解する存在論が横たわっており、彼らは、日常的な使用や配慮の対象となる「最も身近な存在者」の圏域としての「周囲世界」に即した「極めて自然な存在意味の解釈」を、「制作」行為の理解を通じて形成していったのである。ハイデガーは、ここに「ウーシア οὐσία の意味とポイエーシス ποίησις の意味の間の基礎的連関」が見て取られるべきであると言う[45]。では、制作されたものは、誰にとって「意のままになる」というのか。制作されたものを「日常的な使用や配慮」の対象とするのは、誰であるのか。ハイデガーはこれを、製品の存在性格を構成する〝他者への指示〟の問題として、一九二五年講義において次のように論じている[46]。「単純な職人的手仕事の状態にあっては、あらゆる製品(Werk)の内に、特定の将来の着用者や使用者への指示が与えられている。製品は、いわばそうした着用者や使用者の身体に合わせて裁断されているのである」(GA20, 260)。たしかに「ダース単位で大量生産される製品」においては、そのような他者への表立った指示は存在しないかのように見える。しかしながら、「そうした種類の商品の場合でも、〈他者への〉指示が欠如しているわけではない」(ibid.)。そこでは、「平均的」な使用者への関心が支配的となり、製品存在を構成する指示が「不特定の他者たち」(261, 強調引用者)に宛てられたものになっているのである。こうした分析を経て、ハイデガーは、次のように結論している。「製品世界は、〔…〕使用者や消費者がそのうちに生存しているところの世界を共現前化(appräsentieren)し、また、そのことによって、これらの他者たち自身を共現前化しているのである。こうした関わりのうちにおいて、自己の周囲世界は、自己のものでありながら同時に或る公共的な世界のうちへと組み込まれている世界として共現前化させられている。より精確に述べれば、この公共的世界が、配慮されるべき製品とともに、常に既に現存在しており、そうした公共的世界のなかから、卓越した意味において、製品世界が出会われることとなるのである」(261)と。

結局のところ、「現前のうちへと到来させること」ないしは「存在へともたらすこと」としてのポイエーシス概念において意図されている「現前」「存在」とは、ここに言われる「公共的な世界」への帰属として理解されうるのではないだろうか。制作者のプシュケー(魂)において活動する「考量」としてのレゲイン(ロゴスの作用)が、制作されるべき製品の質料因と形相因と目的因の三者を「結集」しながら目指そうとする「製品の出現(Vorschein)」もまた、つまるところ、「公共的世界」への帰属に他ならないと言えよう。(47)「こちらの前へともたらす(her-vor-bringen)」ことしての制作を行う者は、単におのれのプシュケーのうちに製品の外見を先取する状態を脱し、製品を、この「公共的世界」のうちへと出現させようと考量するのである。ハイデガーの論じるロゴス概念が、もともと、こうした制作行為を導く「考量」のありかたの内に発想の起源をもつ「語り」の概念であるとする私たちの見込みが正しいとすれば、『存在と時間』において「見えるようにする」働きとして捉えられたロゴス概念が関わる「非秘匿性」もまた、何らかの「公共的世界」における出現として捉えられるのではないだろうか。私たちは、ロゴン・ディドナイとは「見えるようにするロゴス」を「誰に」与えることであるのか、という本章冒頭の問いに対して、それは「公共的世界」に共に住まう他者(たち)に与えることであると、答えられそうである。ロゴスによって或るものが見えるようにされるとは、或るものが「公共的世界」に出現させられて、そこに住まう誰にとっても見えるようになることの謂いなのではないか。この簡潔な作業仮説の内実を、私たちは、以下、具体的な「語り」の場面に即して展開してみることにしよう。

3-3 「了解・解釈・言明」の基礎づけ連関の再検討

私たちは、先の第一章(六ページ以下および五三ページ以下)において既に検討した「了解」→「解釈」→「言明」という基礎づけ連関を、ここで再び取り上げてみることにしたい。見えるようにするロゴスの働きを、あらためて、事象を「公共的」に見えるようにすることとして理解してみようとする私たちの解釈路線の具体的な意味は、『存在と時間』における「了解」「解釈」「言明」概念の再検討を通じて充実されるに違いないのである。前項において私たちが「公共的世界」という術語を導入するに到ったのは、制作行為を導く「考量(überlegen)」としてのロゴスの働きについて語るテキストを検討する過程においてであったが、こうした「考量」としてのロゴスに極めて近い事柄を取り上げていると思われる『存在と時間』第六十九節の記述のうちに、私たちは、「了解」「解釈」「言明」概念の再検討のための重要な手がかりを見出すことができる。

「配慮されているものを配視的に解釈しながら独特の仕方で近づける働きを、われわれは、考量(Überlegung)と呼ぶことにする。この考量に特有な図式は、〝……ならば、そのときは……(wenn-so)〟というものである。つまり、しかじかのものが、例えば制作、使用、あるいは防止されるべきであるならば、そのときには、しかじかの手段、方途、状況、機会が調っている必要がある、という図式である。こうした図式にもとづく配視的な考量が、配慮された周囲世界における現存在のその都度の事実的情況を照明する」(SZ, 359, 強調引用者)。

『ニコマコス倫理学』第六巻第四章 1140a10 以下において論じられている〝あることもあらぬことも可能なものが、いかにすれば生じうるかを考究すること〟としてのテクナゼイン(技術知を働かせること)の概念を想起させるこの一節は、先に私たちが見た「銀細工師の考量」と、ほぼ同一の事柄を論じていると考えることができるであろう。実際、一九二四／二五年冬学期講義『ソフィステス』(vgl. GA19, 40)においてハイデガーは、アリストテレスのテクナゼイン概念を、やはり「考量(Überlegung)」という語によって解釈しており、私たちは、『存在と時間』のこの一節が指示している事態を、前項で検討したロゴス概念とテクネー／ポイエーシス概念との連関のなかに位置づけることができるに違いない。だが、とりわけ注目に値するのは、ここでハイデガーが「配視的な解釈」という言葉を用いていることである。

「配視(Umsicht)」とは、道具世界と交渉する私たちを導く実践的な認識のことである(vgl. SZ, 69)。つまり、手近な個々の存在者を何らかの道具としての利用可能性・有用性において「了解」しつつ実際にこれを用いることを導いている実践的な知が、ここで「配視的な解釈」と呼ばれているのだと、考えることができるだろう。そのような実践的な知が、〝……ならば……が今必要だ〟という実践的推論の遂行場面において問題化されていることに、私たちは注目したい。ハイデガーが語る「了解」からの「解釈」の形成という発生論的な見取り図(vgl. 197)が、何らかの学習、習得、あるいは知の蓄積といった事態を示唆していることに、私たちは気づくに違いない。すなわち、個々の道具的存在者の有用性の「了解」が、身の回りの存在者の「解釈」として(いわば)蓄積されながら、当該の文脈を離れても保持されつづけ、〝……が為されなければならないならば、……が今必要だ〟という実践的推論の図式にしたがって臨機応変に呼び覚まされる、といった事態が、ここでは問題になっているのである。例えばコルク栓抜きを用いてワインボトルを開封している《私》は、現にこの作業のさなか、その道具をコルク栓抜きとしての有用性において了解し、かつ、その了解を実践しつつあるわけであるが、言うまでもなく、そのような仕方で実践されている了解の内容は、別段、栓抜きの作業開始とともに発生して作業終了とともに消滅するものではない。それは、必要なときに呼び覚まされるべき実践的な知として《私》のなかに保持されつづけているのである。ハイデガーは、「了解内容を自分のものにすること(Zueignung des Verstandenen)」(160)を「解釈(Auslegung)」と呼んでいる。ここに言われる「自分のものにすること」を、私たちは、上述のような実践的な知の保持という事柄として把握することができるのではないか。私たちは、必要に迫られた行為の文脈の外においても様々な実践的な知を保持しつづけており、「これは何？　何をするための道具？」と尋ねられれば、いつでも、例えば「これはワインのコルク抜きだよ」と答えることができる。そして、そのような知が、その都度の状況の必要に応じた実践的推論のなかに引き寄せられ、利用されるのである。例えば、ワインを飲みたくなった〝今〟、《私》は、このような場合にこそ必要になるものとして知られているあのコルク抜きを探し出さねばならないと推論するわけだ。第一次的な「了解」が、道具的世界との現在進行形の交渉のさなか、個別的な道具や機会を、その用途に応じて利用することであるのに対して、実践的な推論は、「既に自分のものにされている(zueignen されている)」了解内容を利用するのである。時々の状況に応じた実践的推論に投入される持ち駒のようにして、《私》が利用しうる実践的な知となった(つまり〝反省的〟になった)了解内容、これが、言うところの「解釈」である。[48]

　私たちは、ハイデガーが、「了解」についてはその「予・構造(Vor-Struktur)」(151)ということを語り、他方、「解釈」については「として・構造(Als-Struktur)」(ibid.)ということを語っていることについても、原則的に、上述のような理解を援用することができるに違いない。端的に言って、了解の「予・構造」から解釈の「として・構造」への展開が意味しているのは、「了解内容」の脱文脈化の傾向であると解することができるのである。了解とは、例えば、現に手にされたコルク抜きという道具を、ワインを開封するという「可能性において開示」(ibid.)しながら、これを使用することにおいて実践されている認識活動のことであるが、この活動は、ある道具の存在を予め企投された「可能性（＝用途）」の方から了解し、さらには、自己が置かれている状況（ワインを飲みたいのだが、まだボトルの栓が開いていない状況）を、やはり予め企投された可変性（栓を開ければワインが飲めるようになるということ）へと変異させていくこととして記述しうる。これが了解の「予・構造」であるが、他方、「解釈」の方は先述のとおり、当該の活動文脈を離れても保持されつづけている了解内容から発動するものであり、周囲世界において出会われるさまざまな道具的存在者が何であるかを告げ知らせる働きを担うものであるとされている。「特定の道具的存在者が何であるのかという配視的な問いに答える応答は、配視的な解釈を行いながら、〝それは何々するためのものである〟という形をとる」（149，強調引用者）と、ハイデガーは述べている。このような道具の「何」をめぐる問いと応答は、当然のことながら、差し迫った実践の必要という文脈の外においても生じうるものである。道具的な存在者は、それが〝何をするためのものか（Wozu）〟という利用可能性に即して、〝何ものかとして（als was）〟解釈されるに違いないが、その利用可能性は、現に今、実践的に企投されているそれである必要はない。台所の引き出しのなかで眠っているコルク抜きも、コルク栓を抜くためのものとして解釈されているのである。「として・構造」とは、要するに、脱文脈化された了解内容の保存形式とでも呼べるもののことである。《私》は、この「として・構造」によって分節化された周囲世界の解釈を、必要に応じて再文脈化しながら、日々の行為を遂行しているのだと言えるだろう。

さて、いよいよ、本節の主題であるところのロゴスであるが、言明文として発話されるロゴスは、『存在と時間』において、上述のような実践的知としての「解釈」の更なる「派生的な遂行形式」（154）と捉えられている。「派生的」という言葉によって考えられているのは、解釈の脱文脈化の徹底化とでも言うべき事態である。ハイデガーは次のように述べている。

「言明（Aussage）」へと派生することにおいて、「解釈の〈として・構造〉は、ある変様を蒙ってしまっている。この

〝として〟は、了解内容を自分のものにする機能において、もはや適所全体性（Bewandtnisganzheit）のうちに手を伸ばすことはない。この〝として〟は、指示の諸関連を分節化する可能性に関して、周囲世界性を構成する有意義性からは切断されてしまっているのである」(158)。

もちろん先のコルク抜きの例で示したように、脱文脈化の傾向は、言明文の発話とともに突然生じるものではない。そもそも実践的推論のなかで利用される既成の了解内容としての「解釈」もまた、すでに脱文脈化の性格を帯びていることは、先述のとおりである。解釈とは、当座の差し迫った必要を離れてもなお、《私》によって保持され続けている了解内容のことであった。ただ言明文の発話は、そうした解釈の脱文脈化傾向を完遂することができるのである。「言明」とは、脱文脈化の徹底によって、（権利上）誰にとっても利用可能となった「解釈」のことであるとは、考えられないだろうか。解釈は、表立って口外され公共的世界にもたらされることによって、口伝可能なものとなり、権利上、誰もが分有しうるものへと形象化されるのである。

「言表されたもの（das Ausgesprochene）は、いわば、世界内部的な道具的存在者となり、ひとはこれを取り上げて更に口伝（weitersprechen）しうるようになる」(224)。あるいは、「言明されたもの（das Ausgesagte）は、〝さらに言い伝えられる〟（»weiter-gesagt« werden）ようになる」(155)、とハイデガーは述べている。

無論このような叙述において考えられているのは、言明文の機械的な反復による伝言ゲームのような事態ではなく、解釈の伝播に他ならない。「言明は、存在者を、それが露呈されている相において伝達するのである」(224)。私たちは、何らかの存在者を話題として取り上げ、いわゆる主語・述語構造をそなえた言明を通じて、これを「述定」(154)しつつ、当の存在者を何らかの特定の観点から「見えるようにする」(ibid.)。それは、この特定の観点において露呈された存在者を、聴き手・読み手にとっても「共に見えるようにすること（Mitsehenlassen）」であり、「共に見えるようにすること」とは、「手にとって見ることのできる近さ」にはない存在者をも、ある被規定性・被解釈性の相において、「他者と分かち合おう」とする野心なのである(155)。そうして「伝達を聴取(vernehmen)する現存在」、つまり伝達的言明の受容者は、「聴取しながら、語られている存在者へと関与する露呈作用的存在のなかに自己自身を運び込む」(224)ことになるのである。

こうした「言明」を、私たちは、〝他者の現存在へと開放された解釈〟とでも呼ぶことができるだろう。言明の語り手は、おのれの世界解釈を、権利上誰にとっても利用可能なものへと形象化しながら、聴き手・読み手たちに、おのれと同様の解釈相において世界を見るべく要求する。言明文の「真理要求」なるものの原初的な意味は、ここにあると言えるだろう。しかし当然、この要求は、聴き手・読み手の側からの「検証」または「反証」の試みに曝されざるをえない。そのような吟味を経ないかぎり、ひとは、他者の言明のうちにある世界解釈を真に自分のものにすることはできないのである。「言明のうちで露呈されている存在者が、それの被露呈性に関して表立って自分のものにされるべきである」(224, 強調引用者)と欲すること、それが、ある言明を「(真に)露わにする言明として証明(ausweisen)する」(ibid.)ことである、とハイデガーは述べている。ある言明の証明・検証とは、差し当たりは他者の世界解釈にすぎないものを「表立って自分のものにする(zueignen)」作業として考えられているのである。それは、公共的な妥当性をめがけて徹底的に脱文脈化された解釈としての言明を、《私》という個別的現存在の具体的な状況のなかで再文脈化する作業であると言えるだろう。差し当たりは他者(あるいは「ひと(das Man)」)の世界解釈にすぎない言明においては、《私》にとって一度も現在であったことのない世界が、特定の被解釈相において提示される。そこに示された了解内容が、私自身の文脈に「適用(applicatio)[49]」可能であるかどうかを確かめる作業(再文脈化の作業)、これが、ハイデガーのいう「言明の証明」である。公共的世界に住まう不特定多数の他者に宛てられ、everybody/anybody にとっての妥当を標榜するテキストが、《私》自身のコンテキストに適用可能であることが確証されねばならないのである。

3－4　他者のロゴスの「検証」の基礎

脱文脈化された了解内容を「として・構造」において分節しながら提示する言明としてのロゴスは、明らかに、偽でもあり得るものである。それは恒に真であるわけではない。ここまで私たちは、『存在と時間』におけるロゴス概念を、もっぱらその「見えるようにする」働き、すなわち事象の真相提示の機能という観点において取り上げてきたが、ハイデガーは、虚偽の言明の存立を度外視していたわけではない。たしかに『存在と時間』第七節では、ロゴスによる語りの作用は、第一に、アレーテウエインすなわち事柄の真相をあばく働きとして把握されている。だが、それは、ロゴスの可能的様態のひとつとしての「真であること(Wahrsein)」として限定的に記述されているに過ぎず、ロゴスのもう一つの可能的様態としてのプセウデスタイ ψεύδεσθαι、すなわち「偽であること(Falschsein)」に関する対比的な説明によって補完されているのである。ハイデガーは、ロゴスが「偽であること」とは、「隠蔽する(verdecken)という意味での〝錯認させること(Täuschen)〟といったことであり、つまり、(見えるようにするという仕方で)或るものを或るものの前に立て置き、そうすることによって、或るものを、それ自身ではないところのものとして偽称することである」(33)と述べ、このような仕方で「偽であること」がロゴスにおいてそもそも可能になるのは、ロゴス的な「見えるようにするはたらき」に固有な「として・構造」のためであるとしている。ハイデガーによれば、「純粋なる〝見えるようにすること〟という遂行形式をもはや有しておらず、何事かを明らかにするにあたって、その都度何か別のものに控訴し(auf ein anderes rekurrieren)、そうしてその都度、或るものを或るものとして見えるようにするところのものは、この綜合の構造とともに、隠蔽可能性を引き受けることになる」(34)のである。『存在と時間』におけるロゴス概念の究明は、このように、決してロゴスが偽であることの可能性を度外視したものではなかった。むしろ、この偽称可能性の条件としての「として・構造」の方から翻って、ロゴス的な真相提示を的確に記述することが試みられているとさえ読むことができるだろう。「ロゴスが真である在り方は、ロゴスに帰属している虚偽性の在り方によって共に規定されている」(GA21, 162)との洞察が、そこには確実に底流しているのである。

私たちは、こうした「として・構造」に基づけられたロゴスの偽称可能性の問題を、先に行った考察を下敷きにして、ロゴス的言明の脱文脈化の問題として考え直すことができるだろう。そして、「見えるようにする」ロゴスの反証や検証の営みにまつわる事柄は、ロゴスの再文脈化の問題として理解することができるに違いない。

まずは、その真偽が問われている言明的ロゴスが、あくまで実践的な知の表明態としての意義を保っている場合を取り上げてみよう。このような場合においては、当のロゴスの真偽もまた実践的にのみ吟味される。つまり、その都度の具体的な状況に臨んで、ひとは、言明のうちに形象化された了解内容を自己自身の実践的推論のうちに投入することを試みて、これが有用な実践的知を伝えるものであるか否かを確かめるのである。それは、或るものを或る用途に寄与するものとして解釈する知が、実際に、有用な知であるかどうかを問う。例えば、「瓶口を押さえる金具のついたコルク抜きの方が楽に栓を抜くことができる」と伝え聞いた者は、実際にそれを試してみることによって、問題の言明を分節している「として・構造」(〝より便利なものとしての瓶口押えつきコルク抜き〟)の有効性を吟味するわけである。試してみた結果、この「として・構造」の妥当性が検証されれば、それは《私》自身の世界解釈に組み込まれ、反証されれば《私》は最初の解釈を抹消し、別様の「として」(〝それほど便利ではないものとしての瓶口押えつきコルク抜き〟)を備えた新たな解釈を自分のものにしようとするだろう。要するに、伝え聞かれた他者の世界解釈において「或るものとして提示されていた或るもの」が、生きられた《私》の文脈においても、そのとおり同一的に自己呈示するかどうかが吟味のポイントとされるのである。知の再文脈化は、このような「同一性」あるいは「整合性」の理念によって形式的に統御されていると言えるだろう。

ハイデガーが『存在と時間』第四十四節において展開している「言明の検証」論を、私たちは、こうした知の再文脈化を導く形式的な理念の存在論的提示として読むことができる。ここで問題とされているのは、もはやおよそ実践的とは呼べない知覚に立脚した言明の検証であるが、その叙述から私たちは、ある言明の真偽をめぐって共同体の成員同士の間でたたかわされうる論争の形式的基盤とでも言うべきものを再構成することができるのである。

ハイデガーが提起したのは、次のような実に単純な問いであった。「誰かが壁に背を向けながら、〝壁にかかった絵は斜めである〟という真なる言明を述べたとしてみよう。この言明は、言明を行った者が、振り向いて壁に斜めにかかった絵を知覚することによって証明される。だがこの証明において、何が証明されているというのか。言明の検証は、どのような意味をもつのだろうか」(SZ, 217)。この問いに対してハイデガーは、知覚によって証明されているのは、「他でもなく、言明において思念されていたのが存在者自身であるという事実である」(218)と、先ずは答えている。つまり、検証されるに至ったのは、ハイデガーによれば、言明された対象へと関わっていく発言者の命題的な振る舞いが、確かに対象自身を明らかにしている(aufzeigen している)こと、つまり、「おのれの関与する存在者を露呈している(entdecken している)という事実である」(ibid.)のだ。だが、このような叙述を参照したのみでは、まだ、ハイデガーの検証論のポイントがどこにあるのか判然としないだろう。言うところの「検証(Bewährung)」は、知覚による権威づけを欠いた空虚な言明の定立から、その発言内容の知覚的充実への移行が生じることによって遂行されているわけだが、この移行過程およびそれを支える超越論的根拠を、ハイデガーが、フッサールの「同一化の綜合」という概念に倣って次のように叙述していることに、私たちは注目したい。

「証明に付されるのは、ひとえに存在者自身が露呈されてあるということであり、つまり、被露呈性の相におけるそれ（＝存在者自身）である。この被露呈性は、言明されたもの、つまり存在者自身が、同一のものとして自己を呈示することにおいて検証される。検証とは、存在者が自同性（Selbigkeit）において自己呈示（sich zeigen）することなのである。それは、存在者の自己呈示を根拠にして遂行される」（ibid.）。

このようにハイデガーは、ある言明の「真理」という概念を、はっきりと、存在者の「同一性」の概念に基づけるのである。経験の連続的進行のプロセスを貫いて、現存在が関わっていく志向的対象が同一的に現出するということが、「真理」概念の実質的な意味であるというわけである。別段、主観的な思念と客観的な事態の一致が、真理として経験されるのではなく、命題的陳述の志向的対象としての存在者自身が、経験の進行プロセスのうちで、破綻なく整合的に自己呈示するということが、「真理」概念の差し当たりの意味であると考えられているのだ。

さて、ここで、「証明されるのは、ひとえに存在者自身が露呈されてあるということであり、つまり、被露呈性の相におけるそれ（es im Wie seiner Entdecktheit）である。検証は、存在者の自己呈示を根拠にして遂行される」というハイデガーの発言に注目してみたい。私たちはここに、またもやフッサール現象学からの影響を容易に見て取ることができるだろう。

志向的意識の相関者であるところのノエマは、『イデーンI』の記述によれば[50]、志向されている「対象そのもの（Gegenstand schlechthin）」と「諸々の被規定性の相における対象（Gegenstand im Wie seiner Bestimmtheiten）」という二つの契機から成り立つとされていたが、ハイデガーもまた、この着眼を継承しながら、但し「被規定性」という表現を「被露呈性」という表現に改変しつつ、「被露呈性の相における存在者(Seiendes im Wie seiner Entdecktheit)」について語っている。フッサールの記述については、後論の第4節において、改めて詳細に論じてみようと思うが、差し当たりそのエッセンスだけを取り出しておけば、彼がノエマ概念中の二つの契機の区別に基づいて言わんとしていたのは、要するに、対象なるものは、その多様な射影的現出のうちに与えられる諸々の述語的規定性を取り集める同一の極ないしは焦点として、超越的に現出するところのものであるということである。この着眼を明らかに継承していると思われるハイデガーのテキストにおいても、私たちは、「被露呈性の相における存在者」と「存在者それ自身」との区別を読み込むことができるのではないだろうか[51]。ハイデガーの例示においては、言明が志向的に関わる「対象そのもの」つまり「存在者それ自身」とは「壁にかかった絵」そのものであり、この絵を、「斜めである」と述語づける言明を行う者は、差し当たりこの絵を、「斜めである」という相において露呈せんとしており、そして、そのような露呈の仕方が真なるものであるのかどうかは、壁の方を振り向いたところで見出される「絵」という存在者それ自身において判定され、検証ないしは反証されるというわけである。こうした検証ないし反証の営みは、言明の述語的内容によって「露呈された相(=被露呈性の相)」における存在者と、言明の対象たる「存在者それ自身」との区別という前提に基づいてこそ遂行されるに違いあるまい。現存在の命題的な振る舞いが関わる「存在者それ自身」は、その都度の言明における「被露呈性の相における存在者」をいつでも越えている。だからこそ、この「存在者それ自身」は、たとえ、当該の命題的振る舞いによる露呈のされ方が誤りであったことが判明した際においても、当初の述語的規定の否定を回収する焦点として機能することができるのである。ある存在者Sをpとして述語づける言明に反論する他者が、「いやSはpではない」とする言明をそこに対置しうる根拠も、ここに存するはずであろう。

「検証は、存在者の自己呈示を根拠にして遂行される」とするハイデガーの記述において語られている「存在者の自己呈示」とは、このように、その都度の言明文の述定作用を常に既に越えたものとして与えられている「存在者それ自身」の顕現を指し示す表現であると解釈できる。ハイデガー自身の記述は、先に見たように簡素きわまるものであるが、私たちは、こうした「存在者それ自身」の顕現を、私たちが互いの言明を相互に吟味し合う際の前提として理解することができるであろう。「存在者それ自身」の顕現・自己呈示は、本質的に公共的なそれとして特徴づけられねばならない。それは、《私》が行う言明が他者によって検証または反証される際の根拠でもなければならないのである。

こうした言明の検証論は、一見、実践的な世界解釈の再文脈化とは何の関わりもないもののように思われるかもしれない。だがおそらく、誰にとっても「同一」のものとして自己を呈示すべき「存在者それ自身」の顕現という理念を原点にして構成されているこの理論は、最も形式化された、それゆえ最も強力な再文脈化の超越論的根拠を主題化するものであるのだ。

私たちは、言明的なロゴスの偽称可能性の超越論的条件をめぐるハイデガーの思考の意味するところを、今や、より明確に把握することができるだろう。既に述べたように、ハイデガーによれば、ロゴスは、「純粋なる〝見えるようにすること〟という遂行形式をもはや有しておらず、何事かを明らかにするにあたって、その都度何か別のものに控訴し、そうしてその都度、或るものを或るものとして見えるようにする」が故に、この「綜合の構造」とともに、偽称の可能性を引き受けざるをえないと言われている(34)。そしてこのことは、「ロゴスが真である在り方」をも共に規定していると考えられているのだが(vgl. GA21, 162)、『存在と時間』第四十四節の「検証」論は、ここに言われる「綜合の構造」を制御している「同一的」に自己呈示すべき「存在者それ自身」という理念を、真理概念の超越論的な意味として提出しているのである。或るものSをpとして提示するロゴスは、或るものS自身の自己同一性に立脚しない限りは、検証も反証もされない。存在者の自己同一性が予め担保されているのでなければ、たとえSがむしろqとして提示されるべきであることが明らかになったところで、「Sはpである」という言明と「Sはqである」という言明が、真理要求をめぐる権利闘争の相克へともたらされることはないのである。あるロゴスが〝それについてのロゴス〟であるところの存在者（つまりロゴスの志向的対象としての基体《ヒュポケイメノン》）の自己同一性こそ、そのロゴスの反証可能性の超越論的な条件であり、また、反証可能性のないロゴスには真の検証可能性もまた存在しないという意味において、存在者の自己同一性は、ロゴスの検証可能性の超越論的条件でもあるのだ。これは、整合的な秩序の理念を目指して世界像を実践的に吟味するプロセスにおいてばかりではなく、いわゆる理論的な言明を含むロゴス一般の吟味において指導的な役割を担う理念であると言えるだろう。私たちは、現象世界に関する了解内容を「自分のものとする」過程において、現象するものの自己同一性に訴えざるをえないのである。他者の世界解釈の再文脈化を可能にしているのは、世界の同一性の理念であると、私たちはひとまず言うことができる。

3-5　「伝達」概念の捉え直し

「公共的世界」という概念を新たに導入することから始められた本節の考察を締めくくるにあたって、私たちは最後に、既に第一章第1節において取り上げた『存在と時間』の「伝達」(SZ, 155, 162)の概念を再び検討し、これに、新たな意味づけを与えておくことにしよう。

私たちは第一章第1節の概観的記述（八ページ以下）において、「言語が《世界的》な存在様式をもっているという事実」と「世界内存在の志向的な構造」との相互連関を論じる『存在と時間』の叙述は、真実には、現存在の「相互共存在(Miteinandersein)」に根ざす「伝達(Mitteilung)」現象への視点によって基礎づけられているのではないかと述べ、「言語」とは、「他者にとっても《私》にとっても存在するところの、世界内共存在の顕在態」(一三ページ)であると結論した。重要なのは、現存在が常に既に「他者と共に」世界のもとに存在しているという現事実が、《私》の語りが他者によって聴かれ他者の語りが《私》によって聴かれるという経験を通じて、顕在化するというポイントを見て取ることであったのである。潜在的な相互共存在の事実と、その顕在化というロジックで整理された私たちの考察を、本章において導入された「公共的世界」「脱文脈化」「再文脈化」といった術語によって捉え直しておきたい。

　私たちは、とりあえず次のように言ってみることができるだろう。再文脈化の作業を通じて表立って自分のものにされるべきものとして、そもそも他者の言明が《私》によって聴取されるためには、「私は他者と共に、同一の公共的世界に住んでいる」という自己意識が、先行的な地盤として、既に生起していたのでなければならない、と。他者の言明が《私》によって、そもそも再文脈化可能な言明として聴取される根拠は、他者と《私》の実存的文脈の間に存する一種の共約可能性への信であり、この潜在的な信念は、「公共的世界の内に相互共存在しながら、同一の存在者のもとに存在している私たち」という自己意識において分節されているのである。

　ハイデガーによる「伝達」論の記述を再確認しておこう。彼は、「伝達」を意味するドイツ語 Mitteilung を字義どおり「共に(Mit-)分かつこと(-teilung)」として理解しながら、私たちの相互共存在のうちに萌す情状性と了解内容の「〝分かちあい(Teilung)〟」(162)を遂行するのが「伝達」という行為であり、そこにおいて「了解しつつある相互共存在の分節化が構成される」(ibid.)のだと述べている。そして、こうした伝達という言語行為が、ある潜在的な事態の顕在化に他ならないことを、次のように叙述するのである。

「共同現存在〔すなわち他者〕は、本質上、共同情状性と共同了解のうちにおいて、既に開示されている。〔そのような他者との〕共同存在が、語りのうちで、〝表立って〟分かちもたれるのである。つまり、共同存在は既にある。ただ、それは〔表立っては〕獲得されておらず、自分のものにされたものとしては分かちもたれていないのである」(ibid., 強調・補注引用者)。

このようにハイデガーの考察は、「表立って」自分のものにされずとも「既にして」生起しているところの共同存在の事実への着眼から出発しようとしている。いわば、共同情状性および共同了解としての《私たち》の存立は、《私》と《君》《彼・彼女》との対立に先行する既成事実(Faktum)なのであり、この既成事実が、言明の了解の試みにおいて、表立って自分のものとされるべく顕在化してくると考えられているのだ。顕在的な言語的伝達の生起に先だって、予め潜在的な仕方で分有されている共同存在の事実を、私たちは、〝私は公共的世界の住人である〟という自己意識のうちに見出すことができるだろう。「共同存在は既にある」という簡潔な指摘によってハイデガーが示唆しようとしているのは、こうした公共的世界の先行的な開示性であると解釈できる。公共的世界の開示こそが、私たちに、他者の言明を検証または反証することによって再文脈化するための地盤・根拠を付与するのである。ある存在者をそれ自身ではないものとして提示する言明を虚偽の言明として斥けることを《私たち》に可能にしているのは、そうした根源的な社会性の事実である。

しかしながら、私たちは安閑として「公共性万歳」の叫びを上げるわけにもいかないということ、これもまた事実だろう。今一度、冷静に事態を捉え直してみるならば、言明の再文脈化を可能にしている原理は、現存在の世界解釈を徹底的に脱文脈化したものと同じ原理によって獲得されているのである。言明の語り手は、おのれの世界解釈(それは本来、身体的なコツの会得といった仕方でも保持されうるようなものである)を、権利上、誰がおこなう実践的推論にも利用可能なものへと形象化しつつ、了解内容の脱文脈化を完遂する。これを受け取る聴き手が、その再文脈化可能性を信じることができるのも、そこに誰にとっても追遂行可能な〔脱文脈化された〕了解内容を聴取するからなのである。ハイデガーの伝達言語論は、こうした絡み合いのうちに、再文脈化可能性が可能性のまま放置されうる根拠をも指摘しようとした。それが彼の「空談」論なのである。

私たちは、言明の再文脈化可能性を、言明の脱文脈性の内に、はやくも確信してしまう。赤ワインは健康によいと聴けば、早速、その晩からポリフェノールなる化学物質の摂取に努めて、翌日には、ひとに勧めまでする。「誰にとっても」妥当するものとして聴き取られた了解内容は、あらためて吟味するまでもなく、必ず再文脈化可能なものとして解釈されてしまうのである。吟味の尺度である「整合性」は、《私》自身の原的な経験において確証される必要はなく、同じく脱文脈化された態様において聴取される他の〔権威ある〕言明との整合性というかたちで確認されれば、それで構わないということになる。公共的なコミュニケーションは、了解内容の原則的な脱文脈化の装置としてのロゴスによってはじめて可能になっており、従って、伝達された命題的事態は、《私》みずからの実践によってその都度再文脈化されなければ「意味の空洞化」という帰結を免れることはできないはずなのだが、その再文脈化の作業が、自立した言説空間内部での整合性の経験によって肩代わりされるようになるのである。

「いわば世界内部的に道具存在するようになった」(224)言語のうちにおいて遂行される伝達に立ち会う他の現存在は、話題となっている存在者の露呈を「根源的に追遂行する」(ibid.)努力からは「放免される」(ibid.)と、ハイデガーは述べている。「現存在は、自己を〝原的〟な経験において〔露呈された〕存在者の前にもたらす必要がなくなる。〔…〕被露呈性は、大幅に、その都度独自に露わにすることによってではなく、言われたことを伝聞することによって、自分のものにされる。〔…〕外へと言表されたものそれ自身が、言明において露呈された存在者へと関わる存在を肩代わりしてやるのである」(ibid.)といった事態に、彼は注目するのだ。

これは、単なる大衆文化批判などではなく、私たちの言語が、実は、ある根源的な虚無の成立によって超越論的に支えられていることへの示唆なのである。私たちは、次節において、私たちの公共的世界の志向的統一を支えている「同一の存在者」という概念の理念性それ自身を、現象学的に解明してみよう。そうした形而上学的問題への接近通路を発見するため、私たちは、ここでいったんハイデガーを離れ、カント・フッサールの「対象X」「或るもの一般」の概念を検討してみたいと思う。私たちの語りが、そもそも何らかの対象についての語りであるという、語りの志向的構造のうちに潜む根源的な公共性を、よりラディカルな仕方で分析する手がかりが、そこで得られるに違いない。この迂回路において、私たちは、「対象」という概念の根源的な虚無を発見し、「存在者としての存在者」という最高度に形式的な概念と「(公共的)世界」概念との連関をめぐるハイデガーの思惟の核心に迫ろうと思うのである。

第4節　「対象」概念の虚無

私たちは、本章におけるこれまでの考察を通じて、言明のうちに表出された（他者の）世界解釈を「自分のものにする」ための超越論的な条件としての「公共的世界における自己意識」という問題に辿り着き、また、この自己意識が自己を（他者と共に）それへと関わらせつつある「同一的な存在者」の理念を発見することとなった。これら二つの事柄は、それぞれ、言語の対話的構造と志向的構造に対応するものと言えるだろう。私たちは、両者を相補的な統一において描き出すことを、これまで試みてきた。おのずから対話的に構造化された私たちの言語意識が、〝公共的世界における一般的な他者〟という理念によって自己を（対話的に）統制することと、この意識が、〝同一的な存在者〟という理念的な相関者によって（志向的に）統制されることとは、表裏一体の事柄だからである。

こうした対話的な言語意識と志向的な言語意識との統一の在りようをめぐる考察をさらに掘り下げるため、本節において、私たちは、フッサール現象学における「対象X」概念に見られる独特の虚無について考えてみよう。いったん哲学史を遡って、カントの認識論的哲学における「対象X」概念を振り返っておくことから始めたい。

4-1　「対象X」と「或るもの一般」

私たちはいったい「諸表象の対象という表現」（A104）のもとに何を理解しているのであろうか。『純粋理性批判』のA版演繹論におけるカントは、このように設問しながら、ここに、「諸現象自身は、感性的な諸表象にほかならず、これらの表象は、それ自体としては〔…〕（表象力の外部にある）諸対象と見なされる必要はない」(ibid.)という自説を連関させて、次のような問いを新たに設定する。

「では、認識に対応(korrespondieren)する対象ということが語られるとき、したがってまた、この認識から区別されもする(auch davon unterschieden)ような対象という言い方がなされるとき、そこでひとは何を理解しているのだろうか？」(ibid.)。

カントは、一旦、よく知られた現象界／叡智界の二分法に基づきながら、私たちの表象する諸現象と物自体との区別を強調している。この区別の廃棄不可能性を直観しつつ、彼は、私たちの表象が「表象力の限界の外部」にある物自体を現前化するものである確証はどこにも存在しないと述べるわけである。だがカントは、このような物自体説によってもなお、「表象の対象」という表現の謎は解明し尽くすことができないと考えている。たとえ私たちが、考察を「表象力の限界の内部」に制限したとしても、「表象の対象」という表現には、現象界／叡智界の区別とは別の区別が刻印されているからである。「対象」概念は、私たちの表象に「対応」しつつも、私たちの表象からは「区別」されるような〝何か或るもの〟を表現している。認識と対象との「対応」が、同時に、両者の「区別」をも表現するのでなければ、私たちの認識が、ある場合には真であることを検証され、ある場合には偽として斥けられることの意味は失われてしまうだろう。ある認識の真偽をめぐる私たちの論争は、認識の志向的相関者が、この認識からは自立的な対象として予め措定されていればこそ、焚きつけられる。ナートルプが指摘したとおり、「対象は与えられているのではなく、むしろ課題として与えられている(nicht gegeben, sondern vielmehr aufgegeben)」のだ[52]。こうした対象は、特定の認識からはあくまで「区別」されたものとして思考されねばならぬ以上、原理的には、極限まで空虚に規定されねばならない。

「このような対象は、或るもの一般(etwas überhaupt)＝Xとしてのみ考えられねばならない」(ibid.)と、カントは述べている。要するに、そのような対象については、「或るもの一般」としてより他に、本質規定することはできないと言うのである。何故か？　私たちはそれを、カント自身の明言していない次のような真理論を展開することによって理解することができるだろう。すなわち、〝ある認識の真偽をめぐる私たちの議論が、「そこに定位することによってはじめて決着をみるところのもの」として想定される「対象」は、相互に対立する複数の対象認識のいずれに対しても「中立的なもの」として措定されていなければならない〟という真理論である。議論の「対象」が、いわば不偏不党の超越として予め措定されていればこそ、私たちは、互いに異なる対象認識を有意味な仕方で戦わせることができる。そのような「対象」は、究極的には、いかなる述語づけをも免れた中立者として考えられなければならないだろう。例えば、対象Sをpとして認識する者は、〝このSはpではないかもしれない〟という反証可能性に身を曝すことによってのみ、Sをqとして認識する他者との議論に応じることができるのではないか。「同一の対象」をめぐる私たちの議論は、問題の対象を何か特定の或るものとして述定する特定の認識からは区別されたものをめぐる議論として開始されるのである。もちろん、それは端的な「無」をめぐる空論ではなく、「何か或るもの(Irgendetwas)」をめぐる議論として開始され、展開される。これを更に何かとして本質規定するあらゆる述定可能性に開放されつつ、しかも、どの特定の現実的述定からも中立的な変項(variable)として同定される対象X、そのような対象の先行措定が、私たちの公平な議論を可能にしているのである。

「私たちの諸認識(Erkenntnisse)」は、「ひとつの対象へと関わる認識であるべきなので(indem sie sich auf einen Gegenstand beziehen sollen)」、「この対象への関係において、互いに一致していなければならず」、したがって、「ひとつの対象という概念を構成する統一を有するものでなければならない」と、カントは述べている(A104f.)。そして、対象概念が必然的に含意している一性は、結局のところ、「多様な諸表象の綜合における意識の形式的統一」(A105)を指し示すものに他ならないと述べながら、いわゆる「超越論的統覚」(A106f.)の議論へと進むのである。だが、私たちは、上述のような敷衍的解釈を試みることによって、カントのテキストを相互主観的な対象構成の理論として読みなおす可能性を示唆するに留めよう。私たちの以降の考察にとって、重要なのは、次のこと、すなわち、文字どおり〝何か或るもの〟としてのみ差し当たりは規定されうるものの存在の共同的設定、つまり、それが「何であるのか」という点(essentia)については一切未規定なものの存在[53]の共同設定が、ある「対象」をめぐる言説空間を、私たちに開くということ、これである。私たちの解釈によれば、カントは、こうした問題を、いわゆる現象界と叡智界の区別とは別の区別を、「表象の対象」という表現のうちに発掘することによって考え抜こうとしたのである。essentia については一切未規定なものとは、essentia についてそもそも規定不可能なもの(物自体)とは異なり、私たちの更なる述定的規定の営為に服すべきものとして、〝最初に置かれるもの〟であるのだ。私たちは、この事態を〝超越論的主語〟の先行設定と呼ぶことにしよう[54]。

このことを確認した上で、私たちは、フッサール現象学の対象論へと目を転じたい。私たちの認識実践を動態的に記述することを通じて、こうした超越論的主語の問題を現象学的に照明したのが、「或るもの一般」「対象X」の概念をめぐるフッサールの考察なのである。それの essentia については一切未規定なもの。そのような「或るもの」の概念をフッサールが最初に問題にしたのは、『算術の哲学――心理学的論理学的研究』(一八九一年)においてであった。

4-2　基数概念の基礎としての「或るもの一般」

『算術の哲学――心理学的論理学的研究』においてフッサールは、1、2、3……といった基数概念を基礎づけているのは「集合的結合(kollektive Verbindung)」の作用であると主張し、この作用においては、諸対象の内容的規定性とは一切無関係な「何か或るもの、何か一つのもの(irgend etwas, irgend eins)」(HXII, S. 79)のみが志向されているのだと述べている。

「それが物理的なものであろうと心理的なものであろうと、抽象的であろうが具体的であろうが、また、感覚によって与えられようが空想によって与えられようが、あらゆる表象対象は、どのような対象とも一緒にされうるし、任意の他の多くのものと一緒にされて一つの総体(Inbegriff)へと統一される。例えば、何本かの樹木が、あるいは、太陽と月と地球と火星とが、あるいは、一つの感情と一人の天使と月とイタリアとが」(ibid., S. 298)。

一本のソメイヨシノの樹と、その横に立つ二本の八重桜とを一緒にして、私たちが「三本の桜の樹」と数えるような場面、あるいは、太陽と月と地球と火星を合わせて、「これら四つの天体」と数える場面、さらには、「一つの感情と一人の天使と月とイタリア」を「これら四つのもの」と数えるような非日常的な事例までを想定しつつ、フッサールは、およそ「数える」という操作一般の基礎として作動している「集合的結合」の本質を看取しようとしている。たしかに「一つの感情と一人の天使と月とイタリア」というような例は、あまりに突飛な事例のようにも思われるが、「数える」という操作の基礎にある「集合的結合」の本質が、数えられるものどもの内容的規定性を度外視した形式的次元における「数多性(Mehrheit)」の成立のうちに告げられているとするフッサールの洞察は、正当なものであると認められざるをえまい。なるほど、日常的な理解に棹さすかぎり、「集合」とは、何らか共通の内容的規定性をもった諸要素からなる集合であろう。例えばそれは、「庭園に植えられている樹木の集合」であり、「太陽系の天体の集合」である。そして、このような集合の要素を数える者は、数えられるものの質的規定性の共通性(等質性)を、常に既に理解してしまっていなければならない。しかしながら、私たちが、このような「集合的結合」を、あるときは

「庭園に植えられている樹木」という観点において、また別のときには「太陽系の天体」という観点において、そもそも繰り返し反復することができるのは何故なのか。数えるという操作の基礎にある「集合的結合」が、その都度の諸要素の等質性の間に認められる異質性(例えば樹木と天体の質的差異)をものともせず、横断的に反復されうるためには、質的・内容的規定性とは全く関わりのない形式的次元に生成する単位が、本質直観されていなければならないのではないか。私たちは物を数えるとき、一番目の物と二番目、三番目の物との質的差異を無視する。そして、樹木について行った〝数える〟という操作を、太陽系の天体についても同様に反復するとき、私たちは、樹木と天体の差異をものともせず横断している。1、2、3……と言う基数概念を成り立たしめている「集合的結合」は、あらゆる存在者の質的・内容的差異を乗り越え横断的に反復されるような操作なのである。その essentia に関しては端的に無規定のまま、形式的に取り出された諸存在者の「数多性」に見出される「集合的結合」こそが、基数概念の可能性の条件である。

　このような「集合的結合」における諸要素、あるいは単位を構成しているのが「或るもの一般」という概念である。『算術の哲学』におけるフッサールは、「或るもの」(vgl. S. 80ff.)という極めて空虚な対象性のみを志向しつつ私たちが諸対象を「一つの作用のうちで思考している」(S. 74)ことによって生起する「集合的結合」が、「数える」こと一般の本質なのであり、この集合的結合への「反省」によって、〝多〟としての数の概念が生じるのだと述べている。彼は、これを、「構成する志向的能動性」の側から「範疇的対象性」を解明した現象学的研究の嚆矢として、後年(一九二九年)の『形式的論理学と超越論的論理学』[55]において回顧しているが、たしかに、「数える」という形式的操作に着目した彼の処女作が、「全ての事象的規定を無規定で任意のままにしておく、極めて空虚な一般性」[56]における「対象性一般、或るもの一般」の構成を問う「形式存在論」の生誕地であったことは間違いないだろう。そして、この処女作に発祥した形式存在論的な問いの動向は、私たちの見るところ、「志向性」という現象に定位した『論理学研究』以降の著作においても、フッサールの知覚分析の根幹を支えるモチーフを構成しているのである。「現出」と「現出するもの」との区別をめぐるフッサールの分析を手がかりに、この間の事情を次に追跡してみよう。

4－3　「現出」と「現出するもの」の区別

今、私の目の前に一つの机があったとする。この机の知覚は、私がその周りを歩き回ったり、あるいは、目を閉じたり開いたりすることによって絶えず変化するが、それにもかかわらず、知覚された机それ自身は「一つ」の机でありつづける。「同一」の机が、机の射影(Abschattungen)の連続的な「多様」において現出するのである。フッサールは、このプロセスを、「同一化の綜合(Synthese der Identifikation)」と呼んでいるが、重要なのは、一方において、そのように現出する「同一のもの」が、その都度の個別的な射影的現出なしには統握されえないにも関わらず、他方において、統握されている「同一のもの」それ自身は、常に既に、あらゆる個別的な射影を超えた何ものかとして理解されているという二重性である。現出しているものは、個々の現出を、いつでも超えている。例えば、「机」として同定される何ものかは、その射影的現出の連続的な多様を、おのれの多様な見え方として綜合する「或るもの」として、原則的に、射影的現出の次元を超越した場所に定立されている。

「物の現出(体験)は、現出する物ではない(…)。私たちは諸々の現出を、意識連関に帰属するものとして体験するが、諸々の物は、現象的な世界に帰属するものとして現出してくる。諸々の現出それ自身は現出しない。それらは体験されるのである」[57]。このように、フッサールは、『論理学研究』第五研究において述べている。彼を導いているのは、明らかに、「一と多」の対立と両者の綜合をめぐるカント的な思考図式であると言えるだろう。現出するものは、一個同一のものとして、《私》の多様な表象内容からは区別された超越物として、意識連関の向こう側に定立されており、この一個同一の対象を、特定の「何かとして」述定的に規定する働きを担うのが、《私》の志向的意識の統握作用である、と考えられているのである。「質料(Materie)は、〔…〕作用の〔…〕内容のうちに存するこの作用の特性であるが、この特性は、作用がその都度の対象性をただ単に統握しているという事実を規定するばかりではない。それは、作用がその都度の対象性を〝何として(als was)〟統握しているのかを規定するのであり、つまり、作用がいかなる徴標や関係性や範疇的形式をその都度の対象性に認めているかを規定しているのだ[58]」。

意識がおのれの志向的な対象を、ある特定の「統握意味(Auffassungssinn)」において(つまり何かとして)認識する営みに関するフッサールの現象学的記述のアウトラインは、以上のとおりである。こうしたフッサールの「統握理論」の基本線を決定しているのが、前項で見たカント的な「表象と対象」の区別に他ならないことは、言を俟たないだろう。そして、フッサール現象学における「対象X」論もまた、意識連関に帰属するものとして体験される「諸現出」と、現象世界に帰属するものとして経験される志向的な対象(現出するもの)との間の本質的な区別に導かれているのである。

私たちがフッサールの「対象X」論として取り上げたいと思うのは、『イデーンI』における「述語ノエマ」と「全ての述語を捨象した純然たるX[59]」との区別という定式に表現されたそれであるが、これは、第五研究における「志向されている姿での対象(Gegenstand, so wie er intendiert ist)」と「志向されている対象(Gegenstand, welcher intendiert ist)[60]」との区別という定式化を受け継いだものである。前者が、意識連関に帰属する「諸現出」を通じて経験される限りでの対象のことであり、後者が、そうした諸現出を超越した対象極としての「現出するもの」そのものを表していることは明らかだろう。前者の「述語ノエマ」は、『イデーンI』において、「ノエマ的な意味」とも、「諸々の被規定性の相における対象(Gegenstand im Wie seiner Bestimmtheiten)[61]」とも言い表されている。これはつまり、第五研究において、「統握意味」において規定された「志向されている姿での対象」と表現されていたもののことに他ならない。『イデーンⅠ』は、こうした表現上の改変を試みながら、「現出」と「現出するもの」との区別という基礎的着眼を展開し、独特の「対象Ｘ」論を提示している。すなわち、射影的な諸現出を通じて志向されている「対象そのもの(Gegenstand schlechthin)[62]」は、究極的には、あらゆる諸現出を超出したものとして「全ての述語を捨象した純然たるＸ」と記述されるほかないと、そこでは考えられることになるのだ。

私たちは、フレーゲの「意味(Sinn)」と「指示(Bedeutung)」の区別に倣って[63]、フッサールの「対象Ｘ」論を、志向性の「指示対象」に関する議論として理解することができるかもしれない。同一の指示対象が、ある場合には「宵の明星」という意味において記述され、ある場合には「明けの明星」という意味において記述される、という事態は、フッサール風にいえば、同一の対象Ｘが、異なる複数のノエマ的意味において規定されながら現出しているということ、つまり、異なる「被規定性の相」において述語づけられているということなのである。フッサールの「対象Ｘ」概念は、フレーゲのいうところの「指示」概念を極北まで尖鋭化したものとして理解されうるだろう。〝極北までの尖鋭化〟と言わざるをえないのは、フッサールにおいて、ある志向性の指示対象は、もはや「金星」といった規定的意味を伴って同定される対象ですらなく、文字どおり、「全ての述語を捨象した純然たるＸ」というゼロ点にまで超、、、越論化されているからである。ここに私たちは、前項において顧みた形式存在論的な問題設定において「全ての事象的規定を無規定で任意のままにしておく、極めて空虚な一般性[64]」において志向された「或るもの一般(Etwas-überhaupt)」として把握されていた概念の構造的な類比物を見出すことができるだろう。私たちは、フッサールとフレーゲの比較研究という膨大な課題に、ここで立ち入ろうとは思わない。表現の指示対象という概念から、あらゆる経験的な意味を剝ぎ取り、超越論的なゼロ点にまで煮詰めて考察しようとするフッサール現象学に独特な対象論を、私たちは、E・フィンクによる批判的解釈を参照しながら、再構成してみることにしたい。

4-4　ノエマ概念の中心的統一点

「対象X」論が展開される『イデーンI』第四編第一章に記された次のようなテーゼに、私たちはまず注目しなければならない。

「あらゆるノエマは、〃内容〃、すなわちおのれの〃意味〃を持っており、これを通じて〃おのれ〃の対象へと自己を関わらせる(65)」。

フッサールは、こうした事態のうちに看取されるべき「ノエマ的意味と、(その)対象への関係」の解明こそが「私たちの論究の論題であり目標」であると言う。そして、この課題設定にしたがいつつ、意識の志向的相関者としてのノエマ概念を、①「中心的な統一点」としての「純然たる規定可能なX(66)」と、②このXについての「規定的な内容」としての「諸述語」という二つの成素部分に分析することから、考察がスタートされるのである。前者のXが「おのれの可能的諸述語によって規定可能な主語(67)」とも呼ばれていることから明らかなように、このような二元論的な分析の構図は、言明の主述構造をモデルにしている。

術語上、注意しておかなければならないのは、こうした二面からなるノエマ概念の分析と平行してフッサールが「ノエマ的核」なるものについて論ずるとき、私たちはこれを、上記のX、すなわち「中心的な統一点」として理解される諸述語の「担い手」と混同してはならないということである。「或る何らかのノエマ的〃核〃と、これにいろいろな具合に帰属する〃諸性格〃との区別(68)」という言い方がなされるとき、そこで意図されている「諸性格」とは、上記の「諸述語」のことではなく、テキストの先行する箇所において既に論じられていた「現前化および準現前化の領圏における諸性格」や「現実的」「確実な」「可能的」「蓋然的」「問題的」「疑わしい」等の「存在諸性格」のことなのである。(69) 例えば、同一の樹木であっても、現前する樹木として知覚されているそれと、一週間前に知覚されたそれとして想起されているそれとでは、「現出している樹木」に付着しているノエマ的な「存在性格」が時間的な様態において異なっていると言うことができ、あるいはまた、同一の人物が、遠くで見かけたときには〝ひょっとすると〟友人かもしれないと思われ、近づくにつれ一旦〝疑わしく〟なったものの、さらに近づいたところでやはり〝確実〟に当の友人であることが判明するといった場合においても、「現出している友人」に付着している存在性格（定立性格）の交替を認めることができるだろう。ノエマの具体的現出相が、特に、こうした諸々の「性格」を付着させるものとして捉えられる際に、フッサールは「ノエマ的な核」という表現を用いるのである。(70) 同一のノエマでありながらも、そこに帰属する「諸性格」の違いに応じて、「所与性の諸様式の相（Wie）」が異なってくることが、注目されているのだ。

さてそれではフッサールは何故、このような諸存在性格を捨象して純化した「核」としてのノエマ概念のうちに、さらに「中心的な統一点」Xという言わば〝核の核〟たるべき「最内奥の契機」(71) を発掘してみせる必要があったのだろうか。既に述べたように、ここには明らかに、言明文の主述構造をモデルにしてノエマ概念の分節構造を捉えようとする思考が作動していると言えるだろう。だが、フッサールがこのXを、規定的内容の変動にも関わらず「同一的」でありつづけるものと記述し、ここにノエマ的意味の「対象への関係」を見出そうとする叙述のうちには、かつてリクールが慨嘆したように、「意識による、意識内における世界存在の総体的構成」という超越論的思考のモチーフとは相容れないものが潜んでいるように思われなくもない。「意識相関者である思念された意味のなかに、それがそれ自身を超え出て対象性へと向かう超出の運動が認められないならば、志向性の最内奥のものが捉えられないことになると考え、従って、単に意識が自己を超出して思念された意味へと向かうだけではなく、この思念された意味が自己を超出して対象へと向かうのだと主張した」フッサールは、「おのれの外にある対象」に関係する心的「意味」にすぎない心理学的ノエマの概念を、超越論的であるべきノエシス・ノエマ論のなかに滑り込ませていると、リクールは批判した。(72) 彼自身述べているように、この批判的着眼点は「『イデーン』は心理学的ノエマと超越論的ノエマとの区別を詳細に論究することなしに放置している」(73) という批判的解釈を提出したフィンクに遡るものであり、また、このフィンクの批判的解釈は、「ノエマ概念の克服されるべき存在主義的な理解」(74) を指弾した新カント派ツォッハーのフッサール批判への応答として構想されたものである。基本的にリクールの批判は、ツォッハーによるフッサール批判を、ノエマ的意味の「対象への関係」をめぐる解釈上の重大案件として再提示したものに他ならない。私たちは、フィンクの論ずる「心理学的ノエマと超越論的ノエマ」の区別を顧みることによって、この「対象への関係」をめぐる諸問題を次に検討してみることにしよう。

4-5　フィンクの解釈

フィンクの論敵ツォッハーは、何故そもそも、フッサールにおける「ノエマ概念の存在主義的な理解」を「克服されるべき」ものと理解したのか。それはフィンクの要約によれば、ツォッハーが、「現象学とは内在的なものの主題化、すなわち諸体験の領圏の主題化であり、さらに、この内在的なものとは〝自己を射影しない〟という〝基準〟によって規定されている」(75) と考えたからであった。この内在主義的な現象学理解に基づいて、ツォッハーは、「ノエマ自身は〝内在的〟なのか、それとも〝超越的〟なのか?」という問いをフッサール現象学に突きつけ、「もしもノエマが射影するならば、それは内在的ではありえず、従って、現象学の主題には属しえないことになる[76]」と言うのである。

これに対してフィンクは、「心理学的に理解されたノエマは、それ自身、超越的ではない。それは射影しない。むしろ超越的知覚の対象が、もろもろのノエマ的意味成素の多様性のうちで射影するのである[77]」と、まずは答えた後、次に、「心理学的ノエマとは顕在的志向性の意味であり、私たちはこれを、この意味が関わっていくところの存在者自身とは区別するのであるが、これに対して、超越論的ノエマとは存在者それ自身なのである[78]」と主張する。フィンクによれば、こうした心理学的ノエマと超越論的ノエマの区別が『イデーン』の途上的な叙述のうちで等閑視されがちであったために、ツォッハーのような誤読が生じてしまうのである。フィンクは、この区別を堅持するならば、本来は次のように考えられねばならなかったはずだと述べている。重要な箇所なので長く引用しておこう。

「心理学的ノエマは、それが心を超越する物へと関わっていく限り、外部に実在する物の内在的鏡像などでは決してない。心理学的ノエマとはむしろ経験意味なのであり、この意味のうちで、自体的に存在する対象がそれ自身、充実化的な同一化の道程において無限に相対的な仕方で接近可能になる。つまり心理学的ノエマは、このノエマの内で告示され証示されるところの、ノエマからは自立的な対象への指示を発しているのである。だが超越論的ノエマの方は、無限の同一化において、この無限性の彼岸にある自立的な存在者への指示を発することなど有り得ない。超越論的ノエマは存在者それ自身なのである。しかも、超越論的な妥当という、その秘匿された存在意味の、これまで決して認識されたことのない深みにおいて、存在者それ自身なのである[79]」。

私たちが先に整理したノエマ概念の二つの契機、すなわち、①「中心的な統一点」としての「純然たる規定可能なX」と、②このXについての「規定的な内容」としての「諸述語」という両契機に即して、フィンクの解釈を検討してみよう。上に引用したフィンクの叙述において、「心理学的ノエマ」に関する記述は、次のような諸テーゼから成り立っていた。

(一) 心理学的ノエマは、自立的に自体存在する超越的対象へと関わる。
(二) 心理学的ノエマは、こうした超越的対象の単なる「鏡像」ではない。
(三) だが、まさに心理学的ノエマという「意味」の内において、自体的な超越的対象が告示されるのである。
(四) 私たちは、告示された超越的対象へと、心理学的ノエマ(意味)を通じて無限に相対的な仕方で接近する。これが対象を「経験」するということである。
(五) 対象の経験は、充実しつつ同一化する無限の過程として遂行される。

つまり心理学的ノエマとは、私たちが、私たちの意識からは自立的に存立している自体的対象(ノエマの指示対象)へと接近する際の必然的な媒質としての「意味(Sinn)」のことであり、対象のその都度の射影的現出に他ならない。フッサールが「ノエマ的意味」ないしは「諸々の被規定性の相における対象(Gegenstand im Wie seiner Bestimmtheiten)」と呼んでいたのも、まさにこれであり、これが多様な現出を超出する「対象そのもの(Gegenstand schlechthin)」から本質的に区別される限りにおいて、フィンクの言うとおり、それは「存在者それ自身」ではない。

このような「心理学的ノエマ」との区別を強調しながらフィンクは「超越論的ノエマ」について語るのである。私たちは、この「超越論的ノエマ」という概念を記述するフィンクの言葉の中に、かの「純然たる規定可能なX」に関する彼の解釈を読み取りたいと思う。フィンクが導入した「心理学的ノエマ」と「超越論的ノエマ」という概念対は、結局のところ、『論理学研究』における「志向されている姿での対象(Gegenstand, so wie er intendiert ist)」と「志向されている対象(Gegenstand, welcher intendiert ist)」との区別、『イデーンⅠ』における「述語ノエマ」と「全ての述語を捨象した純然たるX」との区別に対応したものであるように思われるのである。おそらく彼は、対象Xを、いわゆる「物自体」のような自立的存在者として実体化する解釈を誡めるため、明示的にこれをノエマ概念のなかに取りこみ、「超越論的ノエマ」として理解しようとするのであろう。

「超越論的ノエマ」に関するフィンクの記述は、次の二つのテーゼにまとめられる。

（一）　超越論的ノエマが、無限の同一化プロセスの彼岸にある自立的存在者への指示を、さらに発したりすることは有り得ない。

（二）　超越論的ノエマとは、「秘匿された存在意味の深み」における「存在者それ自身」のことである。

心理学的ノエマが、自分自身の彼岸にある自立的存在者への指示を発しながら、この自立的存在者への接近通路という意義をもっているのに対して、超越論的ノエマは、そのような「彼岸」を持たない「存在者それ自身」であると、フィンクは考えるわけである。だが、「超越論的ノエマは、無限の同一化において、この無限性の彼岸にある自立的な存在者への指示を発することなど有り得ない」と述べるとき、別段フィンクは、超越論的ノエマ概念を、存在者の同一化プロセスとは何の関わりもない概念として記述しようとしているわけではない。むしろ逆であろう。私たちが「自立的存在者」として思念している彼岸に向けて、多様な述語的意味（心理学的ノエマ）を通じて無限に接近していこうとする、この同一化綜合のプロセスは、私たちの意識連関の内部に「存在者それ自身」という超越論的な理念が与えられているからこそ、はじめて可能になっているのだ、と彼は言いたかったのではないか。「超越論的ノエマ」とは、無限の同一化という経験プロセスを総体として可能にしている「存在者それ自身」という同一性理念のことであり、これを、あくまで意識連関に内在的な仕方で記述せんとする概念である、と解することができるだろう。フィンクによるこうした「超越論的ノエマ」論のうちに、私たちは、フッサールの「対象X」概念のすぐれて超越論的な解釈を学び取りたいと思う。

たしかにフィンク自身は、先の引用文において、「超越論的な妥当という、その秘匿された存在意味の、これまで決して認識されたことのない深みにおいて」などという苦し紛れの表現を用いるのみであり、彼の真意にはなお別様に解釈しうる余地があるかもしれない。だが、少なくとも私たちは、上記の解釈を提出することによって、これを、フッサールの「対象X」論解釈のための踏み台とすることで満足したい。

4-6 反復されるゼロ点としての超越論的主語X

私たちは再びフッサール自身の叙述に立ち戻り、彼の「対象X」論の帰趨するところを見定めておきたい。いわゆる「ノエマ」概念において、①「中心的な統一点」としての「純然たる規定可能なX」と、②このXについての「規定的な内容」としての「諸述語（述語ノエマ）」という二契機が区別され、しかも、前者①の契機が、「全ての述語を捨象した」Xと記述されなければならない現象学的必然性は、いったいどこにあるのか。フッサールは、これを、私たちが、諸述語の交替にもかかわらず「同一」の対象を反復的に経験することができるという事実のうちに見ているように思われる。究極的にはいわゆる「抹消（Durchstreichung）」や「幻滅（Enttäuschung）」の経験でさえも、最広義における或る何らかの同一の対象に関する知覚の反復として記述することができるということ、このことのうちに告げられた超経験的なノエマの中心点を、フッサールは、「対象X」と呼び、また、前項において顧みたとおり、フィンクは「超越論的ノエマ」＝「存在者それ自身」と呼ぶのである。何か或るものが別様の仕方で現出するためには、この或るものそれ自身が、同一的・自同的なものとして持続的に同定されていなければならない。フッサールの考察は、この基礎経験の現象学記述をこそ目指し、この基礎経験の超越論的な可能性の条件を解明しようと試みているのである。

「志向的客体は、連続的ないしは綜合的な意識の進行の内で絶えず意識されているのであるが、それは同一の意識の内で、おのれを繰り返し〝別様の仕方で与えてくる〟のである。志向的客体は、〝同一のもの〟であるのだが、但し、別の諸述語の内で、ある別の規定内実を伴って与えられる。〔…〕同一の志向的〝対象〟が、交替する可変的な〝諸述語〟から、明証的に区別されるのである[80]」。

このようにフッサールは、射影的現出相の変動にもかかわらず、それ自身は変動せず、むしろこの現出相の変動を変動として意識させる原点の役割をになう「同一のもの」について記述している。彼は、ここにいわれる「可変的な諸述語から明証的に区別される」同一者を「全ての述語を捨象した純然たるX」と呼び、「そのXが、さまざまな作用ないし作用ノエマの中で、さまざまな〝規定内実〟を具えながら、必然的に、同一のものとして意識される[81]」と述べるのである。だが、ノエマ概念の二つの契機(同一者Xと多様な規定内実という二契機)に関するこうした記述は、単に、知覚された対象物が《私》の身体(たとえば眼球や耳)の向け具合に応じて多様な射影相を呈しつつも一つの対象として現出するという原始的な事実を再認しようとするものであろうか。私たちはむしろ、これを第一義的には、《私たち》が世界を記述する際に、現に従っている基礎文法を素描したものであると解釈しよう。その基礎文法とは、本節の冒頭でカントの「対象X」概念に関する敷衍的解釈を試みた際に見たように、《私たち》が公共的世界内部の何らかの〝対象〟をめぐって他者と共に語り合うことを可能にしているような文法である。例えば「物」を「経験」するという事態について、フッサールが、次のように述べていることが参照されるべきであろう。「諸々の物がそれであるのは、それが経験される物である限りにおいてである。すなわち、私たちがそれの存在や非存在、それが〝かくかくしかじかであること〟や〝そうではないこと〟について論争し、また理性的に決着をつけることができるような諸物となるのは、経験される物としてのそれらである」[82]。

ここでフッサールは、「物」という概念を、あくまで私たちによる「経験」の相関者として定義し、さらに、この「経験」を、何らかの物をめぐる《私たち》の理性的な論争状況を予想するものとして記述している。こうした論争状況は、私たちが他者たちと共に、係争点としての何らかの物を共同措定することを、先行与件としているのである。論争がそもそも何についてのそれであるのかが不明では、論争にすらならないだろう。

「全ての述語を捨象した純然たるX」とフッサールが記述しているのは、このような可能的論争状況において反復されるゼロ点としての超越論的主語Xであるとは言えないだろうか。或る者が「それはpである」と述べ、別の者は「そうではなく、むしろqである」と述べることによって、私たちは、現実の論争状況のうちに巻き込まれる。だが、この論争が論争として成立し継続されるためには、或る同一のXが、この論争の内で私たちによって連続的・綜合的に共同追跡されているという相互主観的な意識が持続していなければならないのである。しかも、このXは、共同追跡の結果、「pであることが判明するかもしれないし、qであることが判明するかもしれないもの」として、つまり「pでもqでもあり得るもの」として、先行措定されていなければならない。そうした述語的に未規定のXの先行的共同措定が、私たちの論争状況を開くのであり、また、私たちは、このXを共同追跡しつつ、当該の論争状況を開いたゼロ点としてのXを反復しているのである。

しかしながら、明敏な論者であれば、ここで直ちに次のような反論を行うにちがいない。

私たちの論争や語らいの主題として先行的に共同措定されるXを「ゼロ点」とか「あらゆる述語を捨象した純然たるX」などと記述することは、明らかに行き過ぎではないか。それが本当に「あらゆる述語を捨象」したものであるならば、私たちは、これを自分たちの議論のテーマとして同定することすらできないであろう。対象は、何らかの特定のものとして先ず（論争や語らいに参加する）誰にとっても分かる仕方で名指されていなければならない。そして、特定の何かとして名指されるかぎり、それはその都度の議論状況に特有な「述語」を伴っていなければならない、と。例えば、「茂みに隠れた小動物」をめぐって、「今のは猫だよ」「いやウサギだよ」などと語り合う二人は、その時、当然のことながら、空虚なXについて語り合っているのではなく、「さきほどあの茂みに隠れた小動物」への指示を共有しているのである。

4-7　「理性的な動機づけ」と「名指し一般の能力」

こうした疑念に対して、フッサールはどのように答えることができるだろうか。私たちは、「ノエマ的に〝思念されているXの同一性は、いかなる時に、〝単に〟思念されただけのものではなく、〝現実的な同一性〟であるのか」[83]という彼の問題提起を、ここに関連づけて考えてみることができるだろう。Xの「現実的同一性」を語るフッサールは、決して、経験の限界の彼岸にある自立的存在者（物自体）の同一性を問うているわけではない。そもそも『イデーンI』冒頭の第三節において、「可能的対象」とは「可能的な真なる諸述定の主語」[84]のことであると定式化されており、これが、上に検討した「規定可能なX」さらには「全ての述語を捨象したX」という対象定義へと最終的に結実することになったことを振り返ってみれば明らかであるように、フッサールの考える「現実的な対象」とは、あくまで、「現実的な述定作用」の主語として同一的に経験されている「物」のことである。前項において既に確認したように、「諸々の物がそれであるのは、それが経験される物である限りにおいてである。すなわち、私たちがそれの存在や非存在、それが〝かくかくしかじかであること〟や〝そうではないこと〟について論争し、また理性的に決着をつけることができるような諸物となるのは、経験される物としてのそれらである[85]」。

ここでフッサールが、「理性的な決着」という表現を用いていることに注意しよう。対象の現実性をめぐる問い、すなわち、「〝現実的〟ということは、ただ単に諸々の意味や命題によって意識的に与えられるにすぎない諸対象にとって何を意味するのか[86]」という問いは、フッサールにとって、「理性的に動機づけられた」定立という概念によって答えられるべきものであるのだ。この現実性理解は、そもそも、対象の「経験可能性」という概念が、フッサールにおいて、「決して空虚な論理的可能性のことではなく、経験連関の内において動機づけられた可能性である[87]」と考えられていることと連関している。

フッサールにとって「経験」とは、ある「動機づけの連関」に他ならないのである。例えば私たちは、「茂みのなかに跳ね隠れたX」を目撃した誰かが、「あっ、ウサギだ」と言うのを聞き、これを追いかけていったところ、意想外に猫を見出し、「なんだ、ただの猫だったじゃないか」と反論したりする。「たしかに、ウサギだと思ったんだがなあ」と彼は答えるかもしれない。そのようなやり取りの中で、私たちはたしかに、その都度の「権利根拠」をもって動機づけられ「僭称」される「理性定立」を、やはり何らかの動機づけられた仕方で追跡し、ある場合にはこれを「充実」し、ある場合にはこれを「抹消」しているのである。そして、このように動機づけられた連続的・綜合的な経験進行を、ある「一つの作用」、一つの経験連関へと束ねているのが、かのXの現実的な機能であると、私たちはフッサールに倣って述べることができるだろう。だが、もちろん、こうした経験の動機づけの連関において定立されるXは、決して、「全ての述語を捨象した純然たるX」などではありえない。

現実の経験連関のうちで生きられているXは、例えば「茂みのなかに隠れたあれ」なのであり、「全ての述語を捨象」したXなどではありえないということ、このことは、フッサールもまた認めざるを得ないだろう。フッサールは、私たちの反復的な同定経験の「中心的な統一点」を「全ての述語を捨象したもの」として記述することによって、すでに形式的存在論の次元へと踏み入っていると言わねばならないのではないか。[88] そして形式的な存在者Xは、実際のところ、いかなる経験的な動機づけをも欠いた場において純粋に定立されざるをえないものなのではないだろうか。そのようなXについて語ることは、私たちの「自然的態度」によっては決して動機づけられまい。

けれどもフッサールは、こうした対象X概念の無動機性を前に退却することなく、対象概念の同一性を、私たちの時間意識の構造から解明しようとしている。私たちが「超越論的主語Xの反復」と呼んだ事態の時間的な意義づけを、彼は、後年の『形式論理学と超越論的論理学』において試みているのである。

　この著作においてフッサールは、「反復された経験において、〔…〕同一なるものについての意識が、しかも、この自同性の〝経験〟としてのそれが成立する。こうした根源的な同一化可能性が、経験のあらゆる対象の意味に、その本質相関者として帰属しているのだ[89]」と主張し、対象概念の成立における「反復」概念の構成的意義を強調している。そして彼は、この問題を、「再想起(Wiedererinnerung)」という時間意識の側から、次のように基礎づけようとするのである。

「もしも再想起の能力がなかったならば、つまり、〝私が今そこに把捉しているものへと、私は繰り返し立ち戻ることができる、たとえ、あのものがもはや知覚されなくなっても、たとえ私があのものを保有していたという想起自身が、再び消え去るということがあっても、私は繰り返し立ち戻ることができる〟という意識がなかったならば、同一のものについて語ること、つまり対象について語ることは無意味であろう[90]」。

　つまり、対象は「同一のものとして再認しうるという明証」のうちにおいてのみ存在するのであり、「この対象的な自同性の形式は、時間内における時間位置である[91]」と考えられているのである。無論、その都度の《私》が「自分はそこへ繰り返し立ち戻ることができる」と意識しているところのXとは、特定の仕方で規定されたものに過ぎないであろう。けれども、上の簡潔な記述において、フッサールが、問題をいわば〝自己の再想起能力の反省的な再認〟として叙述している点を見落としてはならない。なるほど、事実的に再想起され、反復される対象は、その都度の状況のなかで特定の被規定性の相において発見される対象に他ならないが、そのような発見行為を遂行する私たちは、そもそも何か或るものを或るものとして発見し、名指し、反復する能力を、おのれのあらゆる経験に先だって、一般に獲得していなければならないはずではないか。これは、いわば、どのような具体的個物の代入をも受け容れる一般的等式A＝Aの、アプリオリな獲得である。フッサールの叙述は、常に既に獲得されているこの一般的等式が、自己の再想起能力への反省を通して、時間意識の事実的構造として再認される場面を照らし出しているのだ。

　フッサールの「対象X」概念とは、結局のところ、私たちが時間流を通じて或るものを或るものとして名指し続ける能力が一般的に獲得される精神の古層を、論理的に発掘せんとする概念なのである。この現実的な公共的世界に出現する事物について、他者たちと果てしなく語らうとき、私たちは、互いの名指し能力を常に既に承認しあっているのだと言えよう。

　私たちは、この考察成果を踏まえて、ハイデガーの語る「存在者としての存在者」の問題へと進みたい。

第5節　存在者としての存在者

5-1　超越論的な「として・構造」

第3節において私たちが、言明のうちに表出された(他者の)世界解釈を「自分のものにする」ための超越論的な条件として取り出した〝公共的世界における自己意識〟という問題は、第4節における「対象」概念の考察を経て、新たな局面を提示することとなった。カントの「対象X」論を引き継いだフッサール現象学を顧みることによって、私たちは、公共的世界における私たちの言語的な交流の根底にある、或るものを或るものとして名指し続ける能力の一般的獲得という現象に触れることになったのである。私たちが、他者と共に、おのれをそれへと関わらせつつある〝同一的な存在者〟の理念とは、常に既に獲得されているこの名指し能力一般のうちに、発生論的に基礎づけられるべきものである。私たちの語りがそもそも何らかの対象についての語りであるという、語りの志向的構造は、この名指し能力一般が共同体的に獲得され終えているという事態のうちに、根ざしていると言えそうである。

カントとフッサールの考察を手がかりにして得られたこうした観点を携えて、私たちは、「存在者としての存在者」という超越論的概念に関するハイデガーの考察を検討してみることにしよう。「検証(Bewährung)とは、存在者が自同性(Selbigkeit)において自己呈示することである。この検証は、存在者の自己呈示(Sichzeigen)を根拠にして遂行される」(218, 強調引用者)と、既に見た『存在と時間』第四十四節において、ハイデガーは述べていた。いまや問題は、そもそも存在者一般が存在者として自己を呈示してくる根源的開示性の次元にある。

　これまで私たちは、言明的ロゴスの「として・構造」に関するハイデガーの叙述を、当のロゴスが偽でもあり得るような局面に即して検討することを試みたのみであったが、そもそも或る言明の真偽が、私たちの公共的世界において論議されうるようになるための超越論的条件を〝或るものを或るものとして名指す能力一般の獲得〟という次元にまで遡って検討する段階に突入した現時点においては、もはや私たちの考察は、いわゆる言明的ロゴスの「偽称可能性」を基礎づけている「として・構造」の水準に留まっているわけにはいかない。たしかに日常、私たちが、誰か他者に宛てた言明の話題として何事かをとりあげ、これを何事かとして述定する際、そこで行われているのは、特定の具体的対象を「或る特定の被規定性の相」において提示することであり、(ハイデガーの表現に倣えば)或る特定の「被露呈性の相(im Wie seiner Entdecktheit)」(SZ, 224)において見えるようにすることである。だが、そのような述定作用に媒介された世界解釈の共有がそもそも可能になるために、私たちは、常に既に、或るものを或るものとして名指しあう能力一般を、共に獲得し終わっていなければならないのである。そもそも存在者が一般に存在者として自己を呈示してくる根源的開示性の次元が、ここに告知されている。私たちが、そもそも何らかの存在者を存在者として語りうるということ、それが問題なのである。

　これこそが、「ト・オン・ヘーィ・オン τὸ ὂν ᾗ ὄν(存在者としての存在者)を研究し、これに自体的に属するものどもを研究する学」(Met. Γ1, 1003a21-22)について語るアリストテレスに導かれながら『存在と時間』の全考察を企投したハイデガーの根本問題であったにちがいない。ハイデガーは、おのれの問いの焦点である「存在」概念を、「存在者を存在者として規定しているものであり、存在者がそこを目掛けて〔…〕その都度、既に了解されているところのもの」(SZ, 6, 強調引用者)と確かに定式化しており、また、ニーチェ講義の中の一節においては次のように述べているほどである。「〔ギリシア語の〕ト・オン・ヘーィ・オンにおけるヘーィ、〔ラテン語で〕ens qua ens と言われる際の qua、つまり、〝存在者としての存在者(Seiendes als Seiendes)〟における〝として(als)〟は、その本質において(いまだに)思考されていない非秘匿性を名指している。言語というものは、かくも重要なことを、かくも目立たない仕方で、かくも単純な言葉——これを言葉と呼べればのことだが——のうちに匿うのである」(GA6.2, 317, NII, 351f. 補注引用者)。

特定の存在者を特定の被露呈性の相において提示する(いわば経験的な)「として・構造」ではない、存在者一般を存在者として根源的に開示するところの超越論的な「として・構造」について、では、ハイデガーはどのような思考を展開したのであろうか。一九二九／三〇年冬学期講義『形而上学の根本諸問題』において、問題は次のように整理されている。

「私たちは、この差異〔=存在論的差異〕を見遣りつつ、さらに進んで次のような区別をすることができる。すなわち、一方において、あるがままの存在者それ自身(das Seiende *an ihm selbst*, so, wie es ist ; *ὂν ὡς ὄν*)へと関わって問うことがあり、したがって、それがその都度あるがままの仕方に応じた存在者の開明性(Offenbarkeit)がある。これが存在者的な真理である。他方、それがまさに存在者である限りにおける存在者、存在者としての存在者(das Seiende *als solches*)へと関わって問うこと、つまり、存在者の存在をなしているもの、オン・ヘーィ・オンについて専ら問うことがある。存在論的な真理である」(GA29/30, 523)[92]。

いわゆる存在論的差異、すなわち存在者と存在との区別から「存在者的真理」と「存在論的真理」の真理論的な区別へと論進するという整理の仕方は、一九二九年公刊の『根拠の本質について』が提出した構図と同形のものであり、私たちは、『根拠の本質について』における次のような簡潔な記述を顧みることによって、言うところの「存在者的真理」と「存在論的真理」の区別が、超越論的な基礎づけ連関のうちで思考されていることを見ることができるだろう。「存在の被露出性(Enthülltheit des Seins)が、存在者の開明性(Offenbarkeit von Seiendem)を初めて可能にするのであり、このような被露出性は、存在に関する真理として、存在論的真理と呼ばれる」(GA9, 131)。

私たちが第3節に行った「公共的世界」をめぐる考察においても、実は、既にこうした超越論的な基礎づけ連関の問題が出会われていたと言えるだろう。『存在と時間』第四十四節における「世界内部的存在者の被露呈性」と「世界の開示性」の基礎づけ連関の提示を参照しておこう。そこにおいてハイデガーは、「世界内部的存在者の被露呈性は、世界の開示性のうちに根拠を持つ」(SZ, 220)と述べているが、これは、私たちが、言明を通じた世界解釈の伝達や相互検証の基盤としての公共的世界の根源的開示性と呼んだものと同一次元の事柄を論じるものであると解釈することができる。とはいえ、今、私たちが目にしているのは、少なくとも表現上は、「世界の開示性」に関する指摘ではなく、存在者の次元における真理を可能にしているとされる「存在の被露出性」それ自身である。一九二九年のハイデガーにとって、「世界の開示性」は、もはや重要な問題ではなくなったとでも言うのだろうか。いや決して、そうではない。「世界」への問いは、この時期、「存在者全体」への問いとして、「存在者としての存在者」を規定する「存在」への問いとの密接な連関において捉えられているのである。

5-2　存在論が孕む二つの「根本方向」

『根拠の本質について』と同様、一九二九年に公刊された『カントと形而上学の問題』(以下『カント書』と略記)において、ハイデガーは、元来、「存在者とは何か τί τὸ ὄν;」という第一哲学の問いには、「存在者としての存在者」への問いばかりではなく、「存在者全体」への問いが含意されていたのだと指摘している。「人間の中の有限性の規定という問題」と題された第三十九節では、次のように述べられている。

「形而上学のカント的な根拠づけは、Metaphysica specialis（特殊形而上学）という本来の形而上学の根底に横たわるものを基礎づけることでもって開始した。つまり、Metaphysica generalis（一般形而上学）の基礎づけによって開始したのである。だが、このMetaphysica generalisとは、いわゆる〝存在論〟としては、古代（最終的にはアリストテレスにおいて）、プローテー・フィロソフィア *πρώτη φιλοσοφία*（第一哲学）という本来的な哲学営為の問題でありつづけたものを一学科へと固着せしめた形式のものなのである。そしてオン・ヘーィ・オンへの問い、つまり存在者としての存在者への問いは、かのプローテー・フィロソフィアにおいて、存在者全体、テイオン *θεῖον*（神的なもの）への問いと、或る連関のうちに保持されていたのである。無論、それは不明瞭な連関ではあったが」(GA3, 220, vgl. 7)。

このようにハイデガーは、「存在者としての存在者(Seiendes als solches)」への問いと「存在者全体(Seiendes im ganzen)」への問いという、存在論の内包する「二つの根本方向」(221)の連関へと向けられたメタ存在論的問題を提起している。そして彼は、これら二つの問いの相互連関について、「どれほど不明瞭なものにとどまろうとも、或る観点においては、これらの間にはやはり或るひとつの位階秩序が際立たされうる」(222)と主張するのである。つまり、「存在者全体とその諸々の主要領域における存在者への問いが、存在者としての存在者とは何かということとの或る理解を、既に前提している以上、オン・ヘーィ・オンへの問いが、存在者全体への問いよりも優位に序せられねばならない。存在者全体の原則的な認識の可能的遂行の秩序においては、存在者とはそもそも存在者として何であるのかという問いが、第一の問いとなるのだ」(ibid.)と言うのである。

「存在者としての存在者」という言語表現における「として・構造」の根源を探ろうとする私たちとしてみれば、オン・ヘーィ・オンの問いこそが「第一の問い」であることを論理的に説明しているかに見えるこうしたパッセージに、すぐさま飛びつきたくもなろうが、ここで指摘された「位階秩序」なるものについて、ハイデガーが、「或る観点においては」と但し書きしている点を見落としてはならないだろう。「存在者の存在の認識から存在者全体の認識への展開は、どれほど必然的であるのだろうか？　何故、存在者全体の認識は、再び、存在認識という認識へと尖鋭化することになるのか？」(8)という、上の二つの問いの相互往還的転換を問うことから始められた『カント書』の叙述は、その結論部において、人間的現存在の「有限性」をめぐる思考へと収斂していく。そしてその叙述は、「現存在の内なる有限性とは、しかし、或る〝前提〟された無限性なくして、そもそも問題として展開されうるのだろうか？　一体、現存在の内におけるこうした〝前・提(Voraus-setzen)〟とは、どのような種類のものであるのか？　前提という仕方で〝定立された(gesetzt)〟無限性は何を意味しているのか？」(246)という開かれた問いの前で、立ち止まることになるのである。現存在の「有限性」という根本規定のうちに「前提」されたものとして告知される「無限性」への問いこそ、テイオン(神的なもの)たる「存在者全体」への問いに他ならない[93]。こうして、「存在者としての存在者」を規定する「存在」への問いを有限的な人間的現存在の存在了解を通じて仕上げようとする「基礎存在論」の試みは、「存在者全体」への問いに再び先行されることになるのである。ハイデガーの思考は明らかに循環しているが、この循環こそが、問われるべきであろう。いわゆる「メタ存在論」の問題系を参照しながら、この循環の内実を、もう一度整理しておこう。

5-3　「メタ存在論」と《世界》概念

『カント書』の公刊に先立つ一九二八年夏学期講義『論理学の形而上学的原理――ライプニッツからの出発』において、ハイデガーは、こうした問題を「メタ存在論(Metontologie)」の問いとして提示している。「メタ存在論」とは、

『存在と時間』の「基礎存在論」のプログラムが表明した「存在論の存在者的基礎」という問題を尖鋭化したものに他ならないが、『存在と時間』公刊から一年を経たこの講義においてハイデガーは、存在論の根源を単に現存在の存在論的企投に求めるという構想が維持不可能であることを自覚するに至っている。存在論を存在者的に基礎づける現存在の実存が、常に既に、「存在者全体」の只中へと投げられたそれであるということ、この「事実」が積極的に問題化されるようになるのである。「メタ存在論」とは、「存在者としての存在者」への問いの根底に見出されたこうした事実問題の次元への省察を促す概念である。

『存在と時間』における「基礎存在論」のプログラムを、ここで再確認しておこう。ハイデガーは、「存在了解とはそれ自身、現存在の存在規定である」(SZ, 12)ことに注意を促し、「現存在の存在者的な卓越は、現存在が存在論的であるということの内に存している」(ibid.)と述べる。それは、学問としての「存在論」の構築を必然化するわけではないが、あらゆる存在論の萌芽としての「前存在論的な存在了解」が人間的現存在の「本質上の存在傾向」(15)であることを示しており、あらゆる「存在への問い」は、こうした存在了解を「根本徹底化」することに他ならないと、されるのである。ハイデガーは、「現存在の実存論的な分析論」こそは、一切の存在論が「そこから初めて発源しうる」ところの「基礎存在論」(13)の機能を担うと考えている。『存在と時間』序論の結末近くに置かれた次のテーゼのうちに、私たちは、このテキストを先導する「基礎存在論」のプログラムの集約的表現を見て取ることができるだろう。「哲学とは普遍的な現象学的存在論であり、現存在の解釈学から出発する。現存在の解釈学は、実存の分析論として、全ての哲学的問いを導く糸の端を、問うことがそこから発源し・そこへと打ち返す場所に結びつけているのである」(38)。

さて、『存在と時間』序論が提示した「基礎存在論」のプログラムは、「存在論の存在者的基礎」に関する問題提起を、もとより含むものであった。『存在と時間』公刊部の最終節においてハイデガーは、たった今私たちが引用したテキスト序論結末のテーゼを反復した後、次のように問いかけている。「無論、このテーゼもまた、ドグマとして妥当するようなことがあってはならない。これはむしろ、依然として〝包み隠されている〟原則的問題の定式化としてこそ妥当しうるのである。それは次のような問題である。存在論は存在論的に根拠づけられうるのか、それとも存在論はそのためにも何らかの存在者的な基礎を必要としているのか？（もしも後者であるとすれば）いかなる存在者が、基礎づけの機能を引き受けねばならないのか？」(436)。『存在と時間』序論において提示された「基礎存在論」のプログラムを真に受けていた読者は、テキスト最終節に至って、上の開かれた問いかけの煙に巻かれることになる。上の問いは、未決定の問いとして放置され、その解決を期待すべき「時間と存在」の章はついに書かれずにしまったのである。ハイデガーは何らかの「転回」を準備していたのだと、しばしば語られてきたが、一九二八年夏学期講義の「メタ存在論」は、ありうべき「転回」の解釈に或る示唆を与えている。[94]

「存在論は、おのれがそこから出発した場へと打ち返す、という内的な必然性を、ひとは人間的実存の根源的現象に即して明らかにすることができる。〝人間〟という存在者が、存在を了解するのであり、存在を了解することの内には、同時に、存在と存在者の区別の遂行が存しているのである。つまり、存在はただ、現存在が存在を了解していればこそ、与えられているのだ。言いかえれば、了解の内に存在が与えられる可能性は、現存在の事実的実存を前提している。しかしながら現存在の事実的実存は、自然の事実的な直前存在(das faktische Vorhandensein der Natur)をまたもや前提しているのである」(GA26, 199)。

ハイデガーはこのように一九二八年夏学期講義(付録)において述べている。存在論が「そこから出発した場へと打ち返す内的必然性」とは、既に見た『存在と時間』序論および最終節のテーゼの反復であろう。以下、「了解のうちに存在が与えられる可能性は、現存在の事実的実存を前提している」までの行文は、『存在と時間』における「基礎存在論」のプログラムに表明されていた洞察の再定式化に過ぎない。だが、「現存在の事実的実存は、自然の事実的な直前存在をまたもや前提している」という言明はどうであろうか。「現存在は、それが存在する限り、その都度既に、何らかの出会われる《世界》へとおのれを差し向けながら依存している。現存在の存在には、このような依存性(Angewiesenheit)が帰属しているのである」(SZ, 87)。『存在と時間』公刊部の叙述は、こうした事実的実存の「依存性」に関する指摘を決して怠るものではないが、「存在論の存在者的基礎」をめぐる問題系におけるその位置づけは極めて両義的なものであった。

一方においてそれは、「現存在解釈への、世界了解の存在論的反映」(16)という非本来的動向の根拠とされている。現存在が自らに固有の存在を、公共的に解釈された《世界》の表象に基づいて了解し、さらには、私たちの《世界》解釈を規制する「直前存在」というカテゴリーが、本来それとは区別されるべき「実存」の解釈にまで転用されるようになるのも、現存在が《世界》に依存すべく構造化されているからだというわけである。だが他方、この依存性の様相を開示する「情状性」(vgl. 139)こそは、現存在の本来的自己了解を喚起する発条として機能すると、ハイデガーは考えていた。「依存性」の核心には、「被投性」の事実がある。そして、それぞれの《私》が、この《世界》の内に存在すべく無根拠に「委ねられていることの事実性」(135)こそは、それが本来の無気味さにおいて情状的に開示されるとき、《私》を馴染みの世界表象から切り離し、《私》に固有な存在へと連れ戻す「良心の呼び声」を発源させるのである。

このように両義的な身分において記述された「依存性」ないし「被投性」は、「存在論の存在者的基礎」という問題系の核心に、或る〝穴〟を穿つことだろう。いかに私たちが、公共的な世界表象との存在者的・存在論的な格闘を通じて、私たち自身に固有な「実存」および存在一般の解釈を手に入れようとも、その格闘は、私たちが「存在者の只中に投げ入れられている」という根源的に受動的な事実の〝無根拠〟を決して埋め合わせることはできない。一九二八年講義中の一節「現存在の事実的実存は、自然の事実的な直前存在をまたもや前提している」は、「存在論の存在者的基礎」という問題系を、存在論の〝無根拠〟という次元へと突き崩す歩みを記したものなのである。ハイデガーは、この無根拠を「全体性」の問題として思考しようとしている。

「存在問題が徹底して立てられる、まさにその地平の内において、全てはただ存在者の可能的全体性が既にそこにあるときにのみ明らかとなり、存在として了解されうるのだということが示される。ここから、今や、存在者全体を主題とする特有な問題系の必然性が生じてくる。この新たな問題設定は、存在論それ自身の本質の内に存しているのであり、存在論の転化(Umschlag, メタボレー μεταβολή)から生じてくるのである。この問題系を私は、メタ存在論(Metontologie)と表記することにしよう」(GA26, 199)。

存在を了解する現存在という存在者のうちに「存在論の存在者的基礎」を求める「基礎存在論」のプログラムを、ハイデガーは、「現存在の事実的実存は、自然の事実的な直前存在をまたもや前提している」というテーゼによって〝突破する〟(95)。「自然」とは、この場合、「存在者の或る可能的全体性」ないし「存在者全体」のことである。あらゆる存在論は、存在を了解する現存在という存在者の可能性として遂行されるほかないが、しかし、この存在者は、自らを「存在者全体」の只中に見出す限りにおいてのみ、そもそも存在者を存在者として了解しうる。この意味において、存在論は「存在者全体」を前提しているのであり、この前提を問い返す「メタ存在論」が要請されることになるのである。

5－4　世界企投としての超越。「存在者全体」、「地平」

以上、私たちはハイデガーの存在論的哲学全体の構想が変動するさまの概略をスケッチしてみた。だがこうした事柄は、一体、私たちの問題であるところの「存在者をそもそも存在者として名指す力」をめぐる考察に、どのようなヒントを与えてくれるだろうか。「存在者的真理」と「存在論的真理」の基礎づけ連関に関する『根拠の本質について』の叙述をもう一度整理しながら、私たちは、「存在者としての存在者」と「存在者全体」との連関についての私たちの見解をまとめておくことにしたい。

まず、この論文においてハイデガーは、同一律に関するライプニッツの考察を振り返りながら、ここに「命題の真理」の本質を「同一性」として捉える洞察を再発見しようとしている。哲学史的考証を脇において、ともかく事柄だけを問題にすれば、これは、『存在と時間』においてハイデガー自身が、言明の「検証(Bewährung)とは、存在者が自同性(Selbigkeit)において自己呈示することである」(SZ, 218)と述べていたことを直ちに想起させるものである。そして、『存在と時間』が、この自同性テーゼに引き続いて「この検証は、存在者の自己呈示(Sichzeigen)を根拠にして遂行される」(ibid., 強調引用者)と述べていたのと全く同様に、『根拠の本質について』においても、ライプニッツ的な同一律にかなった主語と述語の結合が生じるためには、「存在者が〔…〕、述定的規定をこうむる可能的なテーマ(Worüber)として、この述定に先立って〔…〕開示されていなければならない」(GA9, 130)と述べられるのである。言明が真なるものとして遂行される際の前提として、存在者があらゆる現実的な述定に先立って開示されていることをハイデガーは、「存在者の前述定的な開示性(vorprädikative Offenbarkeit)」(ibid.)と呼ぶ。それが、言うところの「存在者的真理」(ibid.)なのであるが、これは要するに、その都度の話題に上る個別的な存在者が、その後の言明行為のテーマ的な核として名指されることに対応していると言えるだろう。

次にハイデガーは、こうした個別的な存在者がそもそも可能的言明のテーマとして名指されるべく現出してくることの根拠を「存在の被露出性」のうちに求めて、「存在の被露出性が、存在者の開示性をはじめて可能にする」(131)と述べる。これは、上述の「存在者の真理」が可能になるための根拠の提示であり、ハイデガーは、ここに言う「存在の被露出性」を「存在論的な真理」と呼ぶ。それは私たちが、既に、そもそも存在者を存在者として名指す能力一般の獲得として捉えた出来事に対応するものであるに違いない。これを私たちのように〝存在者一般を存在者として名指す力〟として表現するかぎり、たしかに、「存在」概念の理解という事柄は背景的出来事の座に退かねばならないが、何であれ存在するものであれば「存在者」として名指すことができる能力の獲得以外に、「存在」概念の理解が生じる具体的な場所を指摘することはできまい。まず「存在」概念の抽象的な理解があって、しかる後に、これが具体的な存在者の理解へと応用されるというのでは決してなく、私たちは、「存在者を存在者として名指す」一般的な能力を獲得するという形でのみ、「存在」の理解を実践し始めたのである。

さて、ハイデガーは、こうした「存在の被露出性」「存在論的真理」を、現存在の「超越」のうちに基づけようとしている。この「存在の被露出性」としての「存在論的真理」の生起と共に、「存在者は、それがどれほど個別的に規定され分節されようが、予め、ある全体性において乗り越えられている」(139)と彼は述べる。この乗り越えは、「世界」(ibid.)への乗り越えであると、ハイデガーは考えており、在りとし在るものが、総じて、或る「世界地平」(165)へと乗り越えられるこの出来事が、「現存在の超越」(135, 137ff.)と呼ばれるのである。だが、存在者全体の乗り越えとは、いったいどういうことであろうか。私たちは、この「乗り越え」の出来事を次のように解釈することができるだろう。

ここで問題とされている「全体性」とは、〝そもそも存在者を存在者として名指す能力〟の獲得のうちで先取りされている全体性のことであり、この名指し能力の獲得によって開示された（存在者の出現の場としての）〝公共的世界〟の全体性のことである。《私》あるいは《私》以外の他者によって名指される存在者は、権利上、公共的世界に住まう誰によっても名指されうるものとして、公共的に出現する。比喩的に語るならば、そのような公共的な存在価いにおいて出現する最初の存在者を存在者として名指す第一回目の行為と共に、後に出現しうる全ての潜在的存在者が、あまねく名指されたと言いうるのではないか。第一回目の名指しのうちには、既にして、第n回目の名指しが含まれており、そこには（n＋1）回目の名指しもが指定されながら、或る無限の全体性が先取りされている。つまるところ、「存在者としての存在者（SaS）」という概念と「存在者全体（SiG）」という概念の連関は、第一回目に名指されるもの（SaS）と、第一回目から第n回目を経て無限に反復されうる名指しの相関者の総和（SiG）との連関である。第一回目の名指しは、後続する全ての名指し（n回目の名指し）を胚胎しつつ、在りとし在る存在者が出現する場としての「世界」を企投し、この世界企投において存在者全体が乗り越えられるのだ。存在者的なレベルにおいては、たしかに私たちの生活は新しいものとの出会いに満ちているが、存在論的なレベルにおいては、この第一回目の名指しと共に、文字どおり「太陽の下、新しいものは何ひとつない」ことになる。第一回目の名指しがn回目の名指しを支配し、胚胎しているということ、これが、「何故、そもそも何かがあって、無ではないのか（Warum überhaupt etwas und nicht nichts ?）」（169, vgl. 122）という問いに対する「最初にして最後の原解答（Urantwort）」（169）となるのである。

n回目の名指しに力を与える第一回目の名指しこそ、ハイデガーが、「創設としての根拠づけ（Gründen als Stiften）」（165）と呼ぶものであろう。この名指しは、在りとし在るものがその内部において出現するための世界地平を企投し創設することによって、何が将来「在るもの」として呼ばれうるかを決定する。しかも、世界地平の創設者としての現存在は、自己自身をも、この地平の内側に囲うことによって、《私》自身を存在者全体の只中に見出すようになるのである。つまり、《私》は、自分自身をも、かの地平へと向けて超越しながら(vgl. 174)、《私》自身を一個の「存在者」として了解する。こうした事態をハイデガーは、「地盤の受け取り」(165f.)と呼んでいるが、要するにこれは、『存在と時間』に言われるところの「被投性」概念を、存在了解の運動のなかに位置づけ直したものに他ならない。現存在は、存在者を存在者として名指す能力を獲得し、在りとし在るものが出現する地平としての「世界」を企投することによって、同時に、おのれ自身をも、この「世界」のうちに「投げ入れられた」(175)者として発見してしまうのである。

以上、私たちなりの表現によって『根拠の本質について』の「超越」概念をパラフレーズすることで、ようやく、本章において、言明の志向的構造と公共性の周辺をめぐってきた私たちの考察は、一つの終着点に辿り着くことができたように思われる。それは、差し当たり、余りにも単純に思われる結論である。すなわち、《私》は、何らかの存在者を、そもそもそれについて語られるべき存在者として名指しつつ、既にして、《私》をその一成員とするような共同体を取り囲む、本質的に公共的な世界を企投してしまっているということ、これである。

「存在するもの」(例えば目の前のバラの花)の現実性を支えているものは、たしかに、最も原初的な場面においては、この存在者を発見する《私》が感受する知覚的なリアリティであろう(それはバラの香りや色など、《私》の受容する感覚の質と分かちがたく結びついているに違いない)。しかしながら、私たちは、この存在者をひとたび「名指されるべきもの」として発見してしまった瞬間、一挙に、これを、権利上「誰にとっても発見可能なもの」として理解することとなるのである。現存在は、公共的な「世界」を企投しつつ、それと同時に、存在者をそもそも存在者として名指しうるようになる。そして、名指されるその都度の存在者は、権利上、この世界の内に住まう誰によっても名指されうるものとして公共的に出現するのである。私たちは、ハイデガーが繰り返し語った「存在了解」の問題を、このような公共的世界の企投と、これと等根源的に達成される「存在者をそもそも存在者として名指す能力」の獲得の問題として解釈することができるだろう。存在了解の獲得とは、端的に、「権利上、誰によっても名指されうる存在者」をそれとして名指す能力の獲得の謂いであると、私たちは表現しよう。存在者を存在者として名指す能力の獲得とともに、私たちは、本質的に公共的な「世界」の内部に自己自身を囲い込むのだ。そして、この名指し一般の能力が、「常に既に」というアプリオリな完了態において獲得されるとともに、現存在は、自らをこうした「世界」の内に投げ込まれた被投的な存在者として見出すことになるのである[96]。

無論、こうした「世界企投」としての超越論的な名指し一般の能力について語ったからといって、ハイデガー哲学における「存在」の問題が、全て片付いたわけではない。実のところ、本節において私たちが言及した「存在論の存在者的基礎」の問題系における穴、つまり、ハイデガーが、テイオン(神的なもの)たる「存在者全体」の「前提」と呼んだところの問題のうちには、こうした超越論的な問題整理の全体を破砕するような起爆力が隠されているのである。この問題は、私たちが、次章で、『存在と時間』の「良心」論との内的連関においてハイデガーの芸術論および詩的言語論を検討する途上において、私たち独自の共同体論の脈絡のなかに位置づけられることとなるであろう。

第三章　詩的言語と《私たち》の世界

単なる現実の再認にすぎない超越論的哲学の克服に向けて

言語の志向的構造と対象および存在者概念の公共性の相互連関をめぐる第二章における考察は、私たちを、「存在者を存在者として名指す」ことそれ自身のうちに胚胎する原初的な公共性の発見へと導いた。しかしながら、これはまた、恐ろしくも退屈な世界像を再認することに過ぎないように思われるかもしれない。「私たちの世界」の始まりに「存在者としての存在者の名指し」という原行為を発掘するということは、いわば世界構成のアプリオリを再認する超越論的認識の極みであるとも言えようが、この認識は、私たちの世界を途方もなく無味乾燥で単調なものとして現出させてしまうのである。いったん公共的な世界を企投した現存在に「課せられているのは永遠の退屈」[97]であるように思われてくるのだ。すなわち、個別的な存在者のレベルにおいて、たとえ毎日が新しいものとの出会いに満ちていようとも、存在論的には、かの名指しの能力を獲得して以降、「同じことの繰り返し」[98]となり、「太陽の下、新しいものは何ひとつない」[99]となりはしないか、と。ハイデガーの述べるように「存在者は、それがどれほど個別的に規定され分節されようが、予め、ある全体性において乗り越えられている」(GA9, 139)のである。私たちは、このように単調きわまりない態様において《世界》を再認することのために、ここまで思考の歩みを進めてきたのだろうか？

私たちは、第一章において、まずは『存在と時間』の言語論の概観において、次に「解釈学的現象学」の実存的地盤の考察において取り上げた「良心の呼び声」論を、ここでふたたび想起してみよう。ハイデガーの「良心」論は、現存在の公共的な自己意識の内部に潜む自己離脱のモメントの指摘として読み直すことのできるものではないだろうか。「呼び声」とは、端的に言って、途方もない「退屈」のうちで抑圧されている始まりとしての名指しが、表立って反復されるべきものとして回帰しつつ、現存在を襲う経験なのではないか。そして、この経験について語ることは、単に、第一回目の名指しの出来事を再認することではなく、むしろ、再認的な超越論的認識を突き破るものの貫入を言葉にすることであったのではないか。

「呼び声」は、〝何故〟という問いに答える根拠が全く不明のままこの公共的世界のただ中に既に投げ入れられてしまった者として自己を見出さざるをえない現存在の「無気味さ」から発する沈黙の語りであると、考えられていた。ハイデガーによれば、この語りの内容について《世界的》に解釈しようとする試みは、全て挫折せざるを得ない（SZ, 273）。ありうべき解釈がみずからの尺度・座標軸とするはずの公共的世界の秩序全体が、かの「無気味さ」の突発において、もはや「どうでもいいもの」として滑落してしまっているのである（vgl. 186f., 276f.）。言葉を失った現存在は、「世界の無」（276）の前に立たされる。そして、世界の始まりを反復することを強いられるのである。『存在と時間』に言われるところの「決意」とは、そのような失語の危地を乗り越えて、再び、かの公共的世界へと赴くことへの決意に他ならない。

たしかに、こうした「呼び声」のように特異な出来事に訴えずとも、現実に経験される《私たちの世界》の多重性

「始まり」[100]を指摘することは可能であると思われるかもしれない。「太陽の下」に繰り返しあらわれる本質的に新しい《私》にとって身近な知覚世界との異他性において理解する際には、《私たちの世界》は、既にして、決して一枚岩ではない様相において立ち現れているのだと、私たちは主張することができる。なるほど《私》は、第一回目の名指しという原行為によって、他者一般との共同性を生き始めたのであったが、この一般的な共同性の開始は、同時に、《私》自身はまだ見たこともない無数の存在者を名指し語る他者たちの言語の世界への入場でもあったのである。例えば、年上の少年たちが遠い溜池に出かけて釣り上げたという巨大ザリガニなるものを、幼い《私》は見たことがなかった。少年たちが口にする諸々の魅惑的な述語の結集する焦点に名指された「アメリカザリガニ」という言葉は、そのとき、《私》の知覚世界の外部に定立され、《私》を「お前もそれを発見せよ」と誘うのだった（この誘いに応じることが以前見た「他者の言明の再文脈化」に他ならない）。そのような仕方で、未知のものを「既に発見されたもの」として名指す言葉の交響する世界へと解き放たれていくことは、たしかに、幼い《私》にとっての悦びであった。そこには「退屈」などが生じようはずはなかったのである。

私たちは、先に叙述したような「退屈」とは、むしろ実のところ、次のような世紀末的倒錯に陥りがちな「認識者」たちの根本気分であると言うべきなのかもしれない。

「異常なことを新聞を通して経験する確率の方が、それを実体験する確率よりもはるかに高い。換言すれば、今日においては、抽象的なもののなかでの方が重大で本質的なことが起こり、そして現実においてはつまらないことが起きるのである」[101]。

どうして「現実においてはつまらないことが起きる」のか。「認識者」である《私》の眼には、日常生活などは、どの断片を取り上げても、取るに足りない少数の〝パターン〟〝典型〟の繰り返しに他ならないと映るからであろう。そこで、この「認識者」は、世を憂うジャーナリストたちが書き立てるところの〝時代の病〟に飛びついて、それこそが重大で本質的な出来事であると思い做し、これに関する一家言を、自分も垂れてみようと欲したりするのである。上の引用文の典拠である一九一〇年代のウィーンを舞台にした小説の主人公ウルリッヒの場合には、世間を騒がす猟奇的殺人犯モースブルッカーの事件に並々ならぬ関心を抱き、「同じことが繰り返し起こる」退屈な日常を打破するような「本質的なこと」を、そこに垣間見ようとする(それが錯覚に過ぎないことに薄々気づきつつも)のであった。

そうした「今日」に対する感覚を、ハイデガーもまた共有していたに違いない。私たちも顧みたように、『存在と時間』には、このような倒錯を帰結する「日常言語」に関するハイデガーの根本的不信が、いわゆる「空談(Gerede)」の分析を通じて提示されている。

現存在の自己了解と世界了解の分節化である「語り(Rede)」が、さまざまな「言明文」という形態をとりつつ世界内部的な存在者の間に外化し、あたかも道具的存在者のようなものとして流通するようになる過程は、「語り」のなかで分節化されていた了解内容が、公共的な世界の平面に向けて徹底的に脱文脈化されることによって達成される。そのようにして発言された「言明文」を受け取る私たちは、必ずしも原的な経験に依らなくても《世界》に関する様々な知識を獲得できるようになるのである。だが、このことのうちにハイデガーは、(特定の誰でもないと同時に、公共的な世界に住まう誰のことでもある)匿名的な「ひと(das Man)」の活動平面のうちへと現存在の実存が巻き込まれていくさまを見て取るのであった。「ひとがそう言うから、実際にそうなのだ」(SZ, 168)という思い做しと結合した「空談」が跋扈することになるのは、まさに「言語(Sprache)」の存在によって、現存在が「自己を〝原的〟な経験において存在者のもとにもたらす必要がなくなる」(224)ためであり、現存在は、言語的な表象能力を頼みとしながら、結果的には、決まり文句や空虚な掛け声によって構成された日常世界を生きるようになり、〝社会的〟な規定性を尺度にして自分自身の価値や可能性を測定する小市民的生活に埋没していく。そうした事態を見据えつつ、ハイデガーは、言語化した「語り」のうちに、「頽落の媒体」を見て取るのである[102]。

だが再度確認しておくならば、「語り」とは、『存在と時間』において、「世界内存在の情状的了解の意義的分節化」(162)を指し示す概念である。いわゆる本来性／非本来性という二項対立は、この場合もひとまず有効であって、「語り」は、必ずしも〝非本来的〟な仕方でのみ発現すると考えられているわけではない。先に振り返ってみた「良心の呼び声」は、世界内存在の〝本来的〟な自己開示の出来事を指し示すものとして取り上げられた「卓越した語り」(277)の現象に他ならない。そして、こうした「語り」の次元における本来性／非本来性とは、各々の《私》が《私たちの世界》の開示性へ関わる仕方において生じる或る種の断層を意味するものなのである。『存在と時間』における「語り」と「世界」の関係は、明らかに、このような断層構造に即して思考されている。このような断層構造に今一度着目しない限り、ハイデガー哲学における「言語」の問題をめぐる私たちの考察は、いずれ、退屈きわまる世界像を再認的に現出させる超越論的認識の魔手におちることになるのではないか。

本章において私たちは、これまで行った考察の成果を踏まえつつ、ハイデガー哲学における「語り」と「私たちの世界」の断層的連関を、表立って問題にすることを試みてみたいと思う。はじめの第6節は、『存在と時間』が日常的な語りの「現在化」作用として問題化している事柄を批判的に検討することを通じて、私たちの言語実践にとっての世界の重層性の意味を問い直す。言語による語りは、その聴き手に対して、事象を見えるようにし現前させるが、そのように現前化させられた事象が、にもかかわらず非現前の現実にとどまりうる点にこそ、言語的な事象関与の特質があることを、私たちは忘れるわけにはいかないだろう。非現前的なものが非現前的なままに現前する場としての「言語」の本質に、ハイデガーの論述を手がかりにしつつ、世界の複数性という概念を導入しながら、私たちは接近してみたい。そうした作業を通じて確認されたハイデガーの言語芸術論の基本視角を、詩的言語の実践に携わる詩人たちの自己理解に即して検証しつつ、ハイデガーの詩作論に秘められた歴史的な洞察を浮き彫りにすることが、最後の第7節の課題である。

第6節　語られたものの現前と非現前

6-1　「語り」のなす現在化

『存在と時間』は、「時間性」という観点から現存在の開示性の諸契機を解釈し直すことを狙う第六十八節において、「語り(Rede)の時間性」を以下のように分析している。

「了解、情状性、および頽落、によって構成された〝現〟の全き開示性が、語りを通じて、分節化を獲得するのであり、したがって、こうした語りは、ある特定の脱自態において第一次的(primär)に時熟することはない。だが、そうは言うものの、この語りが、事実的には大抵、言語の内において自己を言表し、しかもこのことが、差し当たりは、〝周囲世界〟を配慮しつつこれについて語り話す(das besorgend-beredende Ansprechen der »Umwelt«)という仕方において行われるがゆえに、当然、現在化(Gegenwärtigen)が優先的な構成的機能を有することになるのだ」(349)

「将来」という脱自態に第一次的には基づくとされる了解、「既在性」を第一次的な時熟態とする情状性、そして「現在」のうちに第一次的に根ざしている頽落の三つから、統一的に構成される世界内存在が、その全体性において分節化される場が「語り」であるとするならば、そのような「語り」に関して、もはやある特定の時熟態の第一次的な優位を問題化することはできない。「語り」は、あくまで、「既在しつつ現在化する将来(gewesende-gegenwärtigende Zukunft)」としての世界内存在を総体的に分節化する現象であるからである。だがにもかかわらず、「現在化」こそが「語り」にとって事実上の優先的機能を有するという事情があるのであり、それは、世界内存在する現存在が、差し当たり大抵、周囲世界において出会われる世界内部的な存在者を配慮しつつ、こうした周囲世界こそを日常的な語りの話題としているからに他ならない、と、およそそのような考えが、ここで提示されている。要するに、語りにおける「現在化」機能の事実上の優位は、世界内存在の日常性を反映しているという分析である。だが、語りのなす「現在化」とは、一体何のことだろうか。

「現在化（Gegenwärtigen）」とは、フッサール現象学において、対象それ自身を「原的（originär）」に与え「生身のいきいきとした（leibhaftig）」所与性において把握する「知覚」を修飾する術語であった。〝今ここ〟に現前している事物の知覚を、まずは直観的意識の根本形態として取り上げ、「現在化」する直観として際立たせた上で、そうした意識とは区別される「想像」「像意識」「想起」などの特性を「準現在化（Vergegenwärtigung）」という概念によって特徴づけることが、フッサールにおいては狙われていたのである。[103] だが、いまハイデガーが、日常的な語りにとって優先的な時間性を「現在化」の作用として性格づけるとき、そこでは、「準現在化」と「現在化」の区別というフッサール的な論点は必ずしも重要なものではなくなっている、と見るべきだろう。言うまでもなく、私たちの日常会話は、〝今ここ〟に現前している目の前の事物をめぐる言説に終始しているわけではない。私たちは、目の前の樹木や空の色について語るばかりではなく、〝今ここ〟にはいない誰かの噂話をし、来週の予定や去年の夏の出来事について、あれこれと語らいながら日々を過ごしている。単に準現在化するに過ぎない「空虚な思念（Leermeinen）」という仕方においてこそ、「われわれの自然的な語りの大部分」は語りの対象を表象しているとさえ言えるかもしれない（vgl. GA20, 54）。とはいえ、ハイデガーの「現在化」概念を、フッサールの「準現在化」概念と単純に置き換かえればよいというものでもない。そうではなく、『存在と時間』における「現在化」概念は、〝今ここ〟にある事物についても、

〃今ここ〃にはない事物についても等しく語りうるという言語的な表象能力の全幅をカヴァーする概念として、理解されなければならないだろう。「現在化」というハイデガーの術語によって表現されているのは、単に〃今ここ〃を知覚的に志向する作用のことでも、また、単に〃今ここ〃に存在しないものを準現在化する作用に過ぎぬのでもない。「現在化」という概念を、むしろ、およそ《この公共的世界》に帰属する事柄を《この公共的世界》に帰属するそれとして志向する作用を一般的に表示する概念として解釈することを、私たちは提案したい。

世界内存在の日常性とは、『存在と時間』の定式にしたがって端的に表現すれば、「世界内部的に出会われる存在者のもとに存在すること(Sein-bei innerweltlich begegnendem Seienden)」(vgl. SZ, 192)であるが、ここには、私たちの「語り」は必ず「ロゴス・ティノス λόγος τινός(何かについての語り)[104]」であるという事情が精確に対応している。語るとは、差し当たり大抵、世界内部的に出会われる何らかの存在者について語ることであり、私たちは、相互に語り合いながら、「伝達(Mitteilung)」の営みにおいて、話題にされている存在者へと関わる志向性を〃分かちもつ(mit-teilen)〃ことになる(vgl. 155, 162)。何か或るものについて語り合いながら、私たちは、その何か或るものの〃もとに〃共に在るのだ。それは、〃今ここ〃に存在する目の前の樹木について語り合うことであっても、外国の街について語り合うことでも構わない。「現存在は世界内存在として、了解しつつ、既に〃外部〃にある」(162)という脱自性に基づいた語りの志向的構造は、事象の空間的・時間的距離の遠近に関わらずロゴス・ティノスとしての語りを本質的に規定している。了解される一切が、「われわれ自身まで含めての一切が、結局のところ外部にある」[105]のだとすれば、了解の分節化それ自身である「語り」が、いわば「そこに向かっておのれを炸裂させる」[106]ところの外部とは、結局のところ、《世界》という概念と等しい外延をもつと言っていいだろう。《公共的世界》の内部において出会われうる存在者についての語りが、そこで語られた存在者(das Beredete)の「もとに存在する」ということを、ハイデガーの「現在化」概念は指し示そうとしているように思われる。「語る」作用と「語られた存在者」は、「もとに存在する」という結合子によって同時性を獲得する。語られた存在者を語りつつある現在との同時性において現出せしめる作用が「現在化」であり、それは究極的には、《語りつつある私》とその志向的相関者が位置づけられる《公共的世界》との同時性によって支えられているのだと考えられよう。

「何かについて語る」ということを、このように「《世界》のもとに存在すること」の志向的構造との緊密な連関において捉える視点にとって、フッサール的な準現在化概念と現在化概念の区別などは、もはや副次的な問題でしかない。「準現在化」といった概念を、対象それ自身を「原的」に「生身のいきいきとしたありさま」で直観する「知覚」との区別において構想し、かつは、そのような原的直観による更なる充実へと差し向けられた不完全性に刻印されたものとして思考する課題は、《語りつつある私》と《世界》地平との同時性という包括的事態への着目によって、原則的な意義を失うのである。目前の事物を描写する語りも、他人からの受け売りも、同様に、《この公共的世界》のもとに存在することであるかぎり、最も広い意味における「現在化」する語りとして把握されうることが、むしろ重要なのだ。ここに、『存在と時間』の言語論のラディカリズムの一端を見て取ることができるだろう。

しかしながら、私たちはここで、次のような素朴な問いに逢着せざるをえない。言語によって「現在化」される《世界》は、必ずしも、《私》が身体的に帰属している《この周囲世界》と連続しているとは限らないのではないか、という問い、これである。私たちは、例えば昨日見た夢についてどれほど〝ありあり〟と物語ろうとも、決して、聴き手をこの夢の世界の住人とすることはできない。語りの世界の中に聴き手が〝引き込まれる〟ということはあろう。そして、あたかも今ここに、その世界が現象しているように感じるということもあるだろう。だが、この〝あたかも〟という存在論的区別は、決して、撤去されえない。語られた存在者が帰属する《世界》が、必ずしも、〝今ここ〟の《周囲世界》と連続するものではないという極めて単純な事実を、しかしながら、ハイデガーは、彼の「現在化」概念の提示において、ほとんど顧慮していないように思われるのである。《世界》概念の単層的な理解を背景とするかぎり、私たちは、語りによって「現在化」され、「そのもとに存在する」ようにされた存在者の「非現前」を解釈するための通路を見出すことはできないのではないか。

6-2　世界の複数性

だが、ここで一歩立ち止まって、私たちは、『存在と時間』の論考が〝世界の複数性〟とでも言うべき事態に接触しているように思われる第七十三節を顧みておくことにしたい。ハイデガーは、この節において、「有意義性」としての世界概念をめぐる論考を、歴史的文物のもつ歴史性の解釈へと転用しながら、世界の複数性とでも言うべき事柄が、歴史的文脈のなかで生起しうることを指摘しているのである。

まずは、『存在と時間』の第十五節から第十八節までの分析が提示した、〝道具は単独で存在しているのではなく、有意義性の連関のうちで、現存在の世界了解と自己了解に媒介されながら現出する〟という洞察を確認しておこう。「ひとつの道具などというものは、厳密には、決して〝存在〟しない。道具の存在には、その都度常に、道具全体が属しているのであって、その全体の内においてこそ、道具は、それがそれ自身であるところのこの道具でありうるのである」(68)という指摘から出発するハイデガーは、この引用文中で「道具全体(ein Zeugganzes)」と呼ばれているものを、分析の進行のなかで、「指示連関(Verweisungszusammenhang)」「適所全体性(Bewandtnisganzheit)」等と言い換えながら、これが、道具を用いる現存在によって遂行される「意義づけ(bedeuten)」(87)の作用によって担われ、活性化されていることを明らかにしようと試みている。『存在と時間』が、「世界」という概念で指し示そうとするのは、さしあたり、この「意義づけ」作用の連関に他ならず、それが「有意義性(Bedeutsamkeit)」(ibid.)と命名されるのである。ハイデガーは、あらゆる道具存在の指示・被指示の連関が、究極的に「現存在の存在可能」へと遡示されていることを指摘しつつ、さらに、この「現存在の存在可能」こそが、多様な指示連関をその都度「意義づけている」源泉であり、いわば世界現象全体の起動因であることを述べて、「有意義性」が世界の世界性をさしあたり構成する基本現象であると主張するに至る(83ff.)。

「道具的存在者は、世界内部的に出会われる」(83)という単純な記述を、「全ての道具的存在者のうちには、常に既に、世界が〝現に〟存在している」(ibid.)という洞察へと展開しながら『存在と時間』が辿ろうとする理路は、大略、右の如くであるが、「歴史の通俗的理解」の根底にあるものを明らかにしようとする第七十三節において、ハイデガーは、こうした「世界」概念の分析成果を歴史的文物のもつ歴史性の根源に関する次のような問いにぶつけるのである。

「博物館に保存されている家具などの〝古美術品〟は、〝過ぎ去りし一時代〟に属するものでありながらも、依然として、〝現在〟において、眼前に存在している。そのような道具は、一体どの程度、歴史的であると言うのか？　この道具は、何といってもやはり、未だに過ぎ去ってはいないのである」(380)。

〝道具は、世界地平の内部において、常に、現存在の意義づけ作用に媒介されつつ出会われている〟という事態を確認した分析成果を記憶する私たちにとって、ハイデガーが、この古美術品の歴史性をめぐる設問に、いかなる解答を示しうるかを予想することは容易であろう。歴史的文物の歴史性は、この文物が〝時間の経過〟とともにこうむる傷みや綻びなどによって獲得されるものではなく、何よりも、その文物が帰属していた「世界」が滅び去ったことによって現成する、とハイデガーは考えるのである。

「何が〝過ぎ去った〟のか？　他でもなく世界が、である。その内部において、これらの事物が、何らかの道具連関へと帰属しながら道具的存在者として出会われていた世界が、そして、その内部において、これらの事物が、配慮しつつ世界内存在する現存在によって使用されていた世界が、〝過ぎ去った〟のである。かの世界はもはや存在しない。かの世界に帰属し、かつて世界内部的であったものが、にもかかわらず、依然として眼前に存在しているにせよ」(ibid.)。

世紀末の小金持ちの応接間を飾ったアール・ヌーヴォー調のテーブルやソファーも、レジスタンス戦士の隠れ家に置かれていた何の変哲もない鉱石ラジオも、それらが属していた歴史的地平が「もはや〝過ぎ去ったもの〟」として、つまりは、時代的距離[107]の意識において現出する限りにおいて、歴史的であり、歴史学的解釈の相関者となりうるのである。

歴史概念をめぐる『存在と時間』の考察は、上記において「世界」と語られているものが、世界内存在する現存在自身の実存論的規定性として理解されるべきことに言及しながら、「第一次的に歴史的であるのは現存在であると、われわれは主張する」(381)と述べ、現存在自身の歴史性の解明へと向かう。だが、私たちの目下の関心にとって重要なのは、むしろ、ある《世界》が歴史的に過ぎ去りうるということ、歴史的・時代的な距離の意識において現出しうるということそれ自身である。歴史的な文物は、歴史的な世界を象《かたど》るもの、今はなき不在の世界の結晶として、私たちの前に立ち現れる。この文物が属する《世界》が、《私》の身体が帰属している《周囲世界》および現代の《私たち》が属している《公共的世界》からの距離において、そこに現象しているからこそ、それは歴史的な意義を帯びて立ち現れるのだろう。こうした文物は、ある歴史的な《異世界》を「現在化」し、そのとき私たちは、何らかの歴史的な現存在の「もとに」存在することになる。だが、この「現在化」は、決して、この世界とかの世界を単純に融合するものではない。かの《異世界》は、やはり過ぎ去ったものとして、抹消することのできない非現前において現前するのである。世界の複数性という基礎事実が、こうした特有の非現前の現前を支えているように思われる。

言語において語られたものに特有な非現前の現前もまた、何らかの世界の複数性を告知するものではないのか？『存在と時間』の言語論は、語りのなす「現在化」作用を、単層的な《公共的世界》概念との相関においてのみ問題化しているため、こうした問題に関して見るべき論考を提示していない。たしかに、ハイデガーは、いわゆる「空談(Gerede)」の可能性を批判的に分析する文脈において、「言葉(das Gesagte)のなかに埋没」し、他人の口真似に自足しながら、「露呈作用の根源的な追遂行から放免されている」かのように思い做す平均的な現存在が、「語りの話題となっている存在者への第一次的な存在関与を喪失する」(168)という事態を集中的に論じており、そこでは、言語的に現在化された《世界》の直接的な現前の欠如が問題化されているようにも思われる。しかし、地盤を喪失した「空談」とて、やはり《この公共的世界》を現在化する語りであることには変わりないのである。現在化する言語の機能の恩恵に浴する現存在が「自己を〝原的〟な経験において存在者自身の前にもたらす必要がなくなる」(224)という事態が、どれほど批判的に論究されようとも、それはやはり、《この公共的世界》のもとに存在することの一様態と見なされている。

言語的に現在化された《世界》を、《この公共的世界》との非連続性・断層において主題化する論考は、いわゆる後期ハイデガーの詩的言語論を俟ってはじめて展開されるのである。

6-3　非現前の現前

私たちは、『言語への途上』所収の講演「言語(Die Sprache)」(一九五〇年)を次に検討することにしよう。トラークルの詩「ある冬の夕べ」を、「純粋に語られたもの(ein rein Gesprochenes)」(GA12, 14)の範例に取り上げつつ、「言語それ自身の語り(das Sprechen der Sprache)」(12)の内部に進入することを試みるこの小論において、ハイデガーは、冬の夕べの風物を名指す詩句がもつ、名指すことによって近づける働きを指摘した後、次のように述べている。

「この〝こちらへと呼ぶこと〟は、ある近さの内へと呼ぶ。だが、それにもかかわらず、この呼びかけは、呼ばれているものを、遠さから拉し去ることはせず、呼ばれたものは、〝あちらへと呼びやること〟を通じて、この遠さの内に保ちつづけられる。呼ぶことは、それ自身において、従って常に、〝あちらへと〟呼び、かつ〝こちらへと〟呼ぶのである。こちらへ、即ち、現前の内へと。あちらへ、即ち、不在の内へと」(18)。

　とりたてて新奇な事柄が指摘されているわけではない。ハイデガーがここで述べているのは、日頃言葉を用いている私たちにとって言わば周知の事実である。トラークルの詩「ある冬の夕べ」を取り上げる講演者ハイデガーは、まず、その冒頭の二行を朗読する。「窓辺に雪が降りかかり／長く、夕べの鐘が響きわたるとき(Wenn der Schnee ans Fenster fällt / Lang die Abendglocke läutet)[108]」と。そうしてハイデガーは、「降雪と晩鐘の響きが、今ここで、詩の内において、私たちに向け語られている。それらは呼びかけの内において現前している。にもかかわらず、それらは決して、この講堂内の今ここに現前しているものの間に落着し、帰属することはないのである」(ibid.)と述べるが、ほとんど陳腐と思われるほどに当然の指摘である。言語を用いる私たちの了解として、これ以上、基本的な了解はほかにないと言いうるほどに自明の事実であろう。私たちは眼前に無い物、手で触れてみることのできない物、今ここには無い物の「名」を呼ぶことができる。また、私たちがその「名」を呼んだからとて、物が、直ちにこの場に出現することはない。「光あれ」と言えば「こうして、光があった」とされ、「水の中に大空あれ。水と水を分けよ」と言えば「そのようになった」とされるような出来事[109]は、創造主ではない私たちには限りなく遠く、マンマと呼べば、やがて口内に運ばれてきた離乳食の味覚を、遠い記憶の内にまさぐってみたところで、私たちは、その過去を現在とすることはできないのである。〝物の名を呼ぶことは、物を制作することではない〟という基礎事実を、私たちは、「人間」となる過程において、確かに学び取ってきた。もはや、この基礎事実の学習がはらむ絶対的な無力さ、孤独の経験さえ不分明な過去の記憶に沈むほどに、私たちは、この〝言葉の性質〟を熟知しているはずではないか。だが今、ハイデガーが、「現前の内へと呼び入れ、かつ、不在の内へと呼びやる」という概念的記述を通じて、あらためて考察のうちに引き入れようとするのは、この周知の基礎事実にほかならない。

私たちは、物を名指す詩句の「近づける働き(Näherbringen)」についてハイデガーが次のように述べていることに着目しよう。物を名指す言葉の「呼ぶ働きは、呼ばれたものを近づける。しかし、それにもかかわらず、この近づける働きは、呼ばれたものをこちらへと取り寄せて(herbeischaffen)、現前するものの最も身近な圏域の内に置きすえたりはせず、しまいこむようなこともしないのである」(ibid., 強調引用者)。

「現前するものの最も身近な圏域の内に(im nächsten Bezirk des Anwesenden)」という語句を、私たちは、この《周囲世界》(あるいはそれを取り囲む《公共的世界》)の内に、と読み替えることが許されるだろう。物を名指すことによって、物を「現前の内へと呼び入れる」言葉は、たしかに、「近づける」働きをなし、名指される物を「ある近さの内へもたらす(in eine Nähe bringen)」(ibid.)が、ここで問題となる「ある近さ(eine Nähe)」とは、明らかに、《周囲世界》の身近さとは、質的に異なるものである。「近さ」の概念におけるこの質的な差異を、ハイデガーは、ここで指摘しようとしているのだと解釈されよう。[110] 何故、ほとんど自明の事柄と思われる そのような差異が、改めて指摘されなければならないのか？　おそらく、ハイデガーは、この指摘を通じて、詩的な言語に独特なポイエーシス（制作）の働きを、通常の道具制作との区別において際立たせることを狙っているのである。

常識的な意味において物を制作することも、詩的言語において何らかの作品世界が制作されることも、「未だ現前しないものを現前の内へと到来させる」ことには変わりがない。それらはいずれも「こちらの前へともたらすこと（Her-vor-bringen）」としてのポイエーシス（制作）として捉えることができる。[111] だが、それにもかかわらず、制作の「もたらす（bringen）」働きの向かう地平（すなわち、「現前性」を構成する「近さ」の次元）は、決して単層的な構造を有するものではなく、少なくとも、詩的な言語に特有な「近さ」の次元は、《周囲世界》や《公共的世界》の「身近さ」からは、区別されなければならない。「制作」という概念の多義性は、そのような「近さ」の次元の重層的構造に対応するものであると考えられるだろう。

私たちは、第二章の考察において《公共的世界》という概念を導入する際に参照した一九二四／二五年冬学期講義の叙述を、再び見てみよう。ハイデガーはそこで、ポイエーシス概念の本質を、「以前には現存しなかったものを、存在へともたらす（εἰς οὐσίαν ἄγειν）」という、プラトン『ソフィステス』（219b4f.）にみられる定式に従って理解しながら、「存在」を「制作されてあること（Hergestelltsein）」と捉えるギリシア哲学との対決を試みていた（GA19, 269ff.）。ハイデガーによれば、ギリシア人たちが「制作」行為一般を「存在へともたらす」こととして理解したことの根底には、「存在」を「日々の使用にとって意のままになること（Verfügbarkeit）」として解釈する存在論が横たわっていたのであり、彼らは、日常的な使用や配慮の対象となる「最も身近な存在者」の圏域としての「周囲世界」に即した「極めて自然な存在意味の解釈」を、まさに「制作」行為の解釈を通じて形成していったのである。こうした大胆なギリシア解釈において、「ウーシアの意味とポイエーシスの意味の間の基礎的連関」に着目しようとする考察視点は、後期ハイデガーの詩的言語論においても一定の意味を有するものであろう。けれども、一九二四／二五年講義におけるハイデガーは、「以前には現存しなかったもの」が、ポイエーシスを通じて、そこへと「もたらされる」ところの圏域、すなわち「近さ」の次元を、重層的に解釈するには至っていない。ポイエーシスによって物が「存在へともたらされる」とは、「自然な解釈」に基づく限り、《周囲世界》ないし《公共的世界》という最も身近な存在者の圏域のうちへともたらされることであり、日常的な使用や配慮的行為の対象になることであるという理解が、ギリシア哲学批判の文脈において提示されるのみである。

だが、「存在へともたらす」働きをなすポイエーシスが開示する「近さ」の次元は、必ずしも、そのような《公共的世界》における最も身近な存在者の圏域ばかりではない。講演『言語』が着目するのは、詩作品の言葉が物を名指すことによって、この名指された物を招じ入れる別種の「近さ」である。「近さ」の次元における断層・重層化こそ、詩の言葉が、物を「非現前に繋ぎ止められた現前の内へともたらす(ins dem Abwesen zu-gehaltene Anwesen bringen)」(GA12, 19)ことの根拠であり、また、〝物の名を呼ぶことは、物を制作することではない〟という私たちの常識的な言語理解の基底をなすものであるとは言えないだろうか。

こうした事柄の端緒にあったはずの異他性の経験、すなわち、《私》に最も身近な知覚世界の現実性の地平と、他者の言語が提示する世界地平との異他性の経験を忘れてはならない。「かちかち山の狸」や「サンタクロース」にしても、たとえそれらが、「溜池のザリガニ」などとはさらに別種の地平に属する名前であることを程なく学ばれる種類の言葉であるにせよ、《私》に対する最初の出会われ方は同様であったはずだ。もちろん、こうしたいわゆる虚構的な存在者の場合は、くだんの「異他性」の契機を、決して廃棄し得ないものとして、いつまでも保存し続けるのであるが、この違いは、《私》が、現実的な《公共的世界》を《私たち》が歴史的な過去から現在に至るまで活動してきた世界として理解することによって初めて際立つことになった差異であると言えよう。

私たちが一般に「詩的言語」と呼ぶものの始まりを、ここに簡潔に指摘することができる。それは、諸述定が結集する焦点に名指された「存在者」を、あからさまに《この世界》ならざる次元に定立する言語である。《私たち》の身体が属している《この世界》と地続きであるような連続性の絶たれた《異世界》において、それは名指されるのである。《私たち》には、自らの身体をもってそれを「発見する」ことができないことが、公共的に了解されているのだ。

だが無論、常識的な意味における制作Aから言語的ポエジーという制作Bを、こうした「近さ」の次元の複数性・重層性というロジックによって区別したからとて、言語的な制作の積極的な意味を解明するのには未だ十分ではない。物を名指す言葉が、名指された物を、ある特有の現前性へともたらすことが、何でないのかについては、多少なりとも明らかになりつつあるが、それが何であるのかについては、不分明なままである。《周囲世界》や《公共的世界》の身近さとは区別される特有の「近さ」の積極的な意義について、考察が進められねばならない。最後に私たちは、論考『芸術作品の根源』における「創作(あるいは詩作)Dichtung」概念を手がかりにして、この点に関する見通しをつけておくことにしよう。

『芸術作品の根源』において、ハイデガーは、「芸術の本質」をなすとされる「創作」概念を「真理の創設(Stiftung der Wahrheit)」(GA5, 63)と特徴づけている。これは、「詩作」の本質をやはり「存在の、言葉における創設(wort-hafte Stiftung des Seins)」(GA4, 41)の内に見定めようとする『ヘルダーリンの詩作の解明』において明言されているように、「だが留まれるものを、創設するのは詩人たちである(Was bleibt aber, stiften die Dichter.)」というヘルダーリンの詩句による示唆に従ったものなのだが、『芸術作品の根源』においてハイデガーは、ここに言われる「創設」を、「贈与(Schenken)」「基礎づけ(Gründen)」「開始(Anfangen)」(GA5, 63)という三重の意味において把捉しようと試みている。

まず、「贈与」という第一の契機において、ハイデガーは、作品の内部において開示される「真理」の地平が、本質的に「途方もないもの(das Un-geheure)」であり、「既存のものからは決して証拠立てられず、導出もされない」ものであること、創作の営みが、既存の世界地平にとっては端的な「過剰(Überfluß)」であることを理解しようとする(ibid.)。だが、ハイデガーによれば、こうした「贈与」としての創作的企投は、「現存在が歴史的現存在として既にその内へと投げ込まれている」ところの「大地(Erde)」の開示でもあるのであり、「自己を閉鎖する基礎」としての大地が、現存在の歴史世界を「担う基礎(der tragende Grund)」として表立って基礎づけられるということが、ここに生じていなければならない(ibid.)。「自由な贈与」、法外な地平の開示として生起する創作が、その「自由」さにもかかわらず、けっして非物質的な精神活動のようなものではありえず、徹頭徹尾、物質に憑かれており、歴史的風土としての大地という創作の「足場(Stätte)」(57)に立脚せざるえないという被投的モメントを、ハイデガーは「基礎づけ」という第二の契機において指摘しようとするのである。創作は〝純粋に精神的〟ではありえない。過剰な真理は、絵画における色彩、彫刻における石材、音楽における音、詩作における語音、等々の〝物質〟のうちに「定立」されなければならないのだ。そのようにして、ある法外な開示性が、「存在者のうちに設置(sich in ein Seiendes einrichten)」され、「本質上、自己を閉鎖するものとしての大地」という「最高度の抵抗」に遭遇しつつ、「恒常的立脚のための足場」(ibid.)を得ることとなる。

かくのごとき意味における被投的企投としての創作によって、開放的世界と閉鎖的大地の「闘争」が、将来の地平を先取りする仕方で勃発し、「将来、〟在る〟と称するもの」(64)が準備されることを、ハイデガーは、「開始(Anfang)」と呼んでいる。それは、既存の地平との切断面を創始する、歴史的な「跳躍(Sprung)」の瞬間であり、「来るべきものの一切(alles Kommende)が既にして飛び越えられる」ような「先行的跳躍(Vorsprung)」の出来事に他ならない。「芸術が生起するごとに、つまり、ある開始が存在するたびに、歴史のうちに一撃(ein Stoß)が加えられるのであり、新たに、あるいは再び、歴史なるものが発祥するのである」(65)。

以上が、〟存在者の内における、ある法外な存在の地平の創始〟としての「真理の創設」のうちに「創作(Dichtung)」の本質を見定めようとするハイデガーの思考の概略である。先に私たちが、最も身近な存在者の圏域とは異なる「ある近さ」として捉えようとした事柄もまた、このような「創作」理解との連関において捉え直されうるだろう。詩の言葉が、名指された物をもたらす「近さ」が、《この周囲世界》の現前性と同一の「近さ」ではなく、むしろ「非現前に繋ぎ止められた現前」であるのは、詩の言葉が、上に見たような意味における「開始」する語りであるからである。[112] 言語によって、言語の語りの内に切り開かれる開示性の次元は、《この周囲世界》や現代の《公共的世界》と連続したものである必要はない。《この世界》にとっては「法外なもの」を、歴史的な断絶において存在へともたらし、本質的に革新的な地平を創始する力を、言語は潜在させているのであり、時として、これを顕在化させる。語りは、潜在的に、歴史世界の断層であるのだ。既存の世界は、その語りを前に凍りつき、新しい世界が、開始される。そのような「存在の歴史」が、しかも、語音という身体的・物質的な座において匿われた言葉という「一存在者」において生起するのである。一存在者における存在史的転回。語られるものの非現前の現前を、ハイデガーの思考を手がかりに、私たちは、そのような創設し開始する語りの潜勢力において把捉することができるであろう。

さらに付言するならば、私たちは、このような芸術的・詩的な言語のもつ創設的な威力に関するハイデガーの思惟のうちに、『存在と時間』における「良心」論のモチーフが、独特の仕方で変奏されているのを聴くことができる。歴史世界に「一撃(ein Stoß)」を加える創作作品の「突き動かす(stoßen)」力について述べる次のような記述は、明らかに、「呼び声の開示傾向」のうちに潜む「衝撃(Stoß)という契機」(SZ, 271)に着目する『存在と時間』の思考を継承するものであると考えられるのである。「真理の作品内措定は、途方もないもの(das Un-geheure)を切り開き(aufstoßen)、同時に、馴染みのもの(das Geheure)、ひとが馴染んでいると思っているものを転覆する(umstoßen)。作品の内においておのれを開示する真理は、既存のものからは決して証拠立てられもせず、導出されもしない。既存のものは、その専横的現実性を、作品によって、反駁されるのである」(GA5, 63)。

このように述べながらハイデガーは、既存の理解のコードからすれば〝ありえようはずもない〟ものが、現に作られてあるという奇跡的出来事の経験のうちに、作品の現実性の所在を見極めようとしている。同じく「作られてある」はずの通常の道具や製品が、円滑な使用や消費の流れのうちに隠れ埋没し、私たちは、それらの「ある」ことを殆ど忘却してしまうのに対し、作品が「作られてあること」("factum est"の事実)は、異形なものの出現の奇跡として、私たちの存在了解の地平を動揺させる、と彼は考えるのだ(vgl. 52ff.)。慣れ親しまれた日常世界の現実性が僭称する独断的な唯一性を打ち砕き、この日常世界の自動化した現実のなかに打ちこまれた楔のようにして、既存の地平との切断面を創始する力。そこに、ハイデガーは、詩作品を含む芸術作品の現実性の核心を見ようとしている。

「作品が作品として現実的であるのは、ただ、われわれが、われわれ自身をわれわれの習慣的なもの(Gewöhnlichkeit)から引き離し(entrücken)、作品によって開示されたもののなかに引き入れる(einrücken)ときのみである」(62)。

ハイデガー自身が、この論考における考察対象としていたのは、ギリシアの神殿やＣ・Ｆ・マイヤーの詩や、ゴッホの靴の絵であるが、絵画や詩作品の意義を決して現実の「描写」や「再現(Wiedergabe)」(22)に求めなかったハイデガーの芸術論[113]は、おそらく、抽象絵画の成立に関しても一定の示唆を与えているとさえ思われる。パウル・クレーは、一九二〇年、その『創造的告白』の冒頭に次のように書いている。「芸術は見えるものを再現するのではなく、見えるようにするのである(Kunst gibt nicht das Sichtbare wieder, sondern macht sichtbar.)[114]」。私たちは、前章の考察において、ロゴスの「見えるようにする(sehen lassen)」働きに注目し、この働きの向う宛て先について、これを差し当たり〃私と同一の公共世界に住まう他者一般〃として把捉したのであったが、抽象絵画のような芸術運動をもその可能性として胚胎している「創作」活動は、世界地平の断層的変動を狙いつつ、この既存の公共的世界の外部に存在するものを名指すことができるのである[115]。無論、何かが「見えるように」させられ、何かがそこで名指されるかぎり、それは、これを見、読むことのできる者であれば(権利上)誰でも接近可能なものにされるということを意味してはいる。そして、そうした他者との潜在的共同性は、そもそも絵が、絵の具とキャンバスという物質に定位することのうちに示されていると言えるだろう。作品は、それ自身「物」となるかぎりにおいて、私秘的な世界と訣別し、常に既に、おのれを読むであろう他者との共同性を待つことになるのである。「待つ」と言わざるをえないのは、世界の外部を指し示すものとして世界の内部に出現するこうした作品は、時間的には、〃先触れ〃の機能を果たさざるをないからである。

《この世界》の物質的な場に繋留されながら、しかも、将来の世界地平を先取りする仕方で突発する作品において、「将来、〃在る〃と称するもの」(GA5, 64)が準備されるのであると、ハイデガーは述べ、これを「開始(Anfang)」と呼んでいた。それは、既存の地平との切断面を創始しつつ、「来るべきものの一切(alles Kommende)を既にして飛び越える」ような「先行的跳躍(Vorsprung)」の出来事に他ならず、ハイデガーによれば、そこにおいて「歴史のうちに一撃(ein Stoß)が加えられるのであり、新たに、あるいは再び、歴史なるものが発祥する」(65)のである。

ここにおいて、既存の共同体は、言葉を失い、ただ深い沈黙が、あらたな言葉に生まれ変わろうとしてせめぎあうものの予感に貫かれることになるだろう。それはおそらく差し当たりは、ある瞬間的な動揺に過ぎないものである。「かくも速やかに、一切の天上のものは過ぎ去り行く(So ist schnellvergänglich alles Himmlische)」と歌ったヘルダーリンを想起しながら、ハイデガーは、「通過の刹那において(im Nu des Vorbeiganges)あらゆる至福と驚愕とを生じさせることのできる殆ど捉え難い束の間の合図(Flüchtigkeit eines kaum faßbaren Winkes)」(GA39, 111)のうちに、「神々の現前性」に固有な様式を見て取っている。そうした合図・先触れに呼応して、「語られるべきものの匂いを追尾すること(auf der Spur zu dem sein, was … das zu Sagende ist)」(GA5, 319)が、ハイデガーによれば、創作する言語実践にとっての本質的な課題となるのである。

第7節　詩的言語における「独白」と「対話」

7-1　「抒情詩的な《私》」のモノローグとしての詩

芸術的・詩的な言語実践の課題と目標を、前節において私たちは、端的に、この既存の世界の外部に存在するものを名指すことと表現した。そのような言語実践において、《公共的な世界》として先行的に企投されていたはずの地平は、あからさまに断層化ないしは重層化させられ、これを読み味わう者は、既存の了解と解釈のコードに解消することのできない異形なもの、〝ありえようはずもないもの〟の突発を前に、あるいは慄き、あるいは涙することになるのだと、私たちは言えるだろう。

ことは、もはや単純に理論哲学的な言語論の領域に収まる問題ではなくなっている。私たちは、ここで一度、詩的な言語実践に携わる実作者たちの自己了解の例に触れておくことにしよう。前節において問題にされた「異形なもの」の出現のために力を尽くす詩人たちが、自分自身の仕事の本質をどのように理解しているのかを一瞥しておきたいと思うのである。私たちは、ハイデガーの詩論をさらに具体的に検討してみるための参照軸を見て取ることを狙って、独白的な語りとしての詩作について論じた二人の詩人の講演を取り上げてみることにしたい。ハイデガーも言及している(116)G・ベンの講演『抒情詩の諸問題』(一九五一年)と、この講演における問題提起を独自に発展させたT・S・エリオットの講演『詩における三つの声』(一九五三年)である。よく知られているように、ハイデガーもまた、「独白」としての言語の本質ということを思考のテーマとしており[117]、ハイデガーとほぼ同時代を生きた彼ら二人の詩人が、いかなる意味において「独白」としての詩ということを語るのかを参照しておくことは、私たちの考察視点を少なからず豊かにしてくれることが期待される。以下に見るように、ベンとエリオットの「独白」芸術論は、それぞれ微妙に異なるニュアンスにおいて展開されているのだが、私たちは、この微妙な差異の意味を考察することによって、ハイデガーの「独白」的言語論を解釈するためのヒントを得ようと思う。

ベンの講演『抒情詩の諸問題』の検討から入ろう(引用箇所は、以下のテキストのページ数によって指示する。Benn, G.: „Probleme der Lyrik", in: *Gesammelte Werke in vier Bänden, Erster Band, Essays-Reden-Vorträge*, hrsg. von D. Wellershoff, 1959)。

ベンの論考は、今日、作品それ自体への興味に勝るとも劣らない仕方で作品の制作プロセスへの関心が高まってきていることを指摘し、これこそが、当代の抒情詩を取り巻く状況の本質的な特徴であると論定することから開始されている。「ある芸術作品の制作が、どうしてそれ自身、芸術作品として捉えられていけないわけがあろうか」(496)と、ヴァレリーの言葉を引きながら、ベンは、ここに見られる「詩作のプロセス」への強い関心こそが、「現代の抒情詩的《私》(das moderne lyrische Ich)の切実な独自性」(496)を表現するものであると言うのである。この現代的「関心」に応じた「詩作プロセス」の内省的分析が、彼の講演の趣旨を構成している[118]。では、ベンは、彼自身一人の詩人として、詩とはいかなるプロセスを経て書かれると考えているのだろうか?

「ある一編の詩の成立過程」(506)は、ベンによれば、その発端を、いわば感情的に動機づけられている。「詩人は第一に、おぼろげな創造的胚芽(ein dumpfer schöpferischer Keim)、すなわち心的な素材を所有する」(506)のである。だが、無論、詩的感情の芽生えを感じたからといって、私たちの誰もが詩を書く（あるいは、書くことができる）わけではない。抒情詩に定位して詩論を展開するベンは、たしかに一方において、このような感情素こそが、「一つの詩へと仕上げられるべき対象」(509) であると述べるのであるが、他方、ゲーテの言葉「ポエジーは、その頂点においては極めて外的に見えるものであり、内面へと退行すればするほど下降線をたどることとなる」(501) や、マラルメの箴言「詩は感情からではなく、言葉から作られる」(509) などを共感をもって引用しつつ、ベンは、「形式こそが詩なのである」(507) とも主張している。決して、題材としての「創造的胚芽」のみによって詩が制作されうるわけではない。出発点としての創造的胚芽に関する上記の言明に添えて、「詩人は第二に、手中にあって彼の意のままになる〔…〕言葉を持っている」(506) と、ベンは付言している。彼の抒情詩論の課題は、これら両観点の交叉する場所において詩人の推敲プロセスの本質を理解すること、つまり、適切な言葉の形式による表現に辿り着くまで、自分を捕らえた心的な素材から決して解放されない孤独な推敲過程のなかに、「抒情詩的な《私》」に独自な在りようを見定めることなのである。

ある心的な素材に打たれた瞬間から、詩人は、内的な創造的胚芽と自分の持ち前の言語的技能との「二極的緊張」(ibid.) を生きることを強いられる。詩人は、この緊張からの脱出口を示す「アリアドネの糸」(ibid.) を求めて、手探りの孤独な推敲作業をつづけることになるのである。詩人を導いているのは、「詩は、それが開始される以前に、既に完成している。ただ詩人は、自分自身のテキストをまだ知らない」という「謎」(ibid.) であると、ベンは言い、この謎の強制力を次のように記述している。「詩は、それが完成した暁にもつであろう響きとは別の響きを断じてもってはならない。どのようになれば、それが完成したといえるのかは、極めて正確に知られている。無論、完成までには長い時間が、何週間も、ことによっては何年もかかるかもしれないが、ともかくそれが完成するまでは、それを手放せないのである」(506)。

抒情詩の制作過程に関する上記のようなスケッチに基づいて、ベンは、「現代詩の独白的動向は疑う余地がない」(528)と断言するに至るのである。「いったい言語はなおも形而上学的意味における対話的性格を有しているのだろうか」(ibid.)とか「言語はなおも連帯を生み出すのであろうか」(528f.)などという安易な問いを提出する「存在論的空虚さ」(528)からは截然と袂を別って、ベンは、次のように言い放つ。「対話、議論云々。そんなものは全て安楽椅子のたわごと、個人的な刺激状態がせり出したあげく生まれた何の価値もない湾曲に過ぎない。深層には別のものが静かに存在しているのであり、この別のものこそが私たちを作ったのだ。しかし、私たちはそれを見ていない。人類は総じて、幾ばくかの自己との出会い(einige Selbstbegegnungen)を糧に生きているのであろう。だがいったい誰が、自己自身に出会っていると言うのか？　ただ少数の者たちだけである。そして、自己に出会うとき、彼らは一人ぼっちで出会うのである」(529)。

講演の表題に掲げられた「抒情詩の諸問題」とは、ベンにとって要するに、常にたった一人で「自己との出会い」を遂行し、表現しようとする《抒情詩的な私(das lyrische Ich)》の単独性を顕揚することである。彼は、「信仰も希望も持たず、誰にも宛てられていない詩(das Gedicht an niemanden gerichtet)」(524)としての「絶対詩」について語り、おのれ自身以外の何ものにも支えられていない絶対的な自律性こそが、当代の抒情詩に課せられた使命であると考えている。詩人の《私》は、「宗教を捨て、集団から立ち去り」、ひたすらに自己を捕らえた「創造的胚芽」の純粋表現を求めて、「見渡しがたい広野へと移り行か」(ibid.)ねばならない。この《私》は、「中流層」(518)を軽蔑する。「大地に結びついた」健全な生活を謳歌しているように見せかけながら、その実、言うところの「不安」や「被投性」だとかに苛まれ、こっそりと「鎮静剤ファノドルムを服用」(521)したりしている中流層の内情を知悉する《私》は、たとえこの中流層から、「あなたは病んでいる、そんなのは健康な内面生活とは言えない。あなたは頽廃者だ」(518)という欺瞞にみちた非難攻撃を浴びることになっても、まるで意に介さず、「ただ《私》だけを頼りにして」(519)、「誰一人聴く者のいない内なる声を追いかける」(517)のである。

私たちは、ベンの抒情詩論の核心を、彼自身繰り返し用いる「誰でもない者(niemand)」という言葉のうちに見て取ることができるだろう。《私》以外の誰一人として(niemand als ich)耳を傾けることのない声に従い、これを完璧な言葉の配列のうちに結晶化させ、他の誰でもないこの《私》に宛てて(an niemanden als mich)詩作すること、ここに「言葉に対する抒情詩的な《私》の関係」(511)の独自性が生きられているとベンは考えているのである。こうした考え方は、私たちに、ハイデガーの「良心の呼び声」論を想起させずにはおくまい[119]。かの呼び声もまた、《私》以外の誰一人として耳を傾けることのない声であり、それは、各私的な現存在を、誰でもないこの《私》の存在へと連れ戻すのであった。「中流層」ないしは世間の《ひと》への態度のとり方も、ベンとハイデガーは、差し当たり非常によく似ていると言ってよいだろう。〝詩とは誰に宛てられるものなのか〟という問いに対して或る無名詩人から寄せられた次のような機知に富む解答を、ベンは「注目に値する」言葉として引用している。「詩とは、ミューズに宛てられるものである。だが、このミューズとは、詩が誰にも宛てられていないという事実をカムフラージュするために存在しているのである」(502)。ミューズ信仰の地盤の掘り崩された当代における「抒情詩的な《私》」は、絶対的な独白の運命を引き受けなければならない、とベンは考えていたのであろうが、ここに考えられている「独白」と、ハイデガー的な呼び声への「応答」との関わりが、私たちの更なる考察への示唆を与えていることを記憶しておいてもらいたい。

ベンの講演『抒情詩の諸問題』(一九五一年)を受けてエリオットが一九五三年に行った講演『詩における三つの声』を、私たちは次に参照してみたいと思う(引用箇所は、以下のテキストのページ数によって指示する。Eliot, T.S.: "The Three Voices of Poetry", in: *On Poetry and Poets*, 1957)。エリオットがそこで、「独白」としての抒情詩に関するベンの論考を、「誰にも宛てられていない(addressed to no one)」詩の創作過程のスケッチとして紹介している箇所が、私たちの考察を助けてくれるだろう。

まず「ベン氏の言うには、第一に不活発な胚珠(an inert embryo)、つまり創造的胚芽が存在し、他方に言語、すなわちその詩人の意のままになる言葉の資源がある」(106)と、エリオットは説き起こしている。そして、ベンが言及していた「詩は、それが開始される以前に、既に完成している」という「謎」を、次のようにパラフレーズするのである。「書き手の内部には何かが萌芽しており、彼はそれに対して言葉を見つけてやらねばならない。だが、書き手は自分の欲しい言葉が何であるか、その言葉を発見してしまうまでは分からないのだ。ということは、つまり彼は、この胚珠が正しい言葉の正しい語順での配列に変形され終えてしまうまでは、この胚珠を同定することができないのである。そして、これを表現する言葉が手に入れられたときには、あの〝物〟は(まさにそれを表現するための言葉が探し求められていたはずの〝物〟は)消え失せ、ひとつの詩に取って代わられているのである」(ibid.)と。

エリオットのパラフレーズは、「表現」をめぐるパラドックスを極めて明晰に言い当てていると言えるだろう。(120) 書き手は、自分の求めている言葉が何であるのか、その言葉を見出す瞬間まで知らないということ、たしかにそれは理の当然であろうが、言葉が見つからないということは、書き手にとって、自分が「何」を表現しようとしているのか知らないということなのである。書き手は、自分を突き動かすものの正体を知らぬまま、つまり、自分が何を書こうとしているのか自分自身分からぬまま、書き始める。そして、書き手がその「何か」を表現のうちに変形しおえたとき、かの「何か」は書き手を解放するのである。上の引用においてエリオットは、「〃物〃は消え失せ、ひとつの詩に取って代わられている」と述べていたが、これは、自己治癒のプロセスとしての表現を言い当てようとするものであると言えよう。エリオットは、「誰にも宛てられていない詩」とは、「一種の悪魔祓いの形式」(107)なのだと述べている。自己治療の行為としての表現、あるいは「悪魔祓い」としてのそれは、もっぱら詩人個人のためになされるのであり、エリオットによれば、他者の理解などがそこで気遣われる余裕は全くないのだ。彼の叙述は、この点に関しても、以下のごとく、極めて明解である。

「詩人は、自分が何を言わなければならないかを、それを言ってしまうまでは知らないのであり、それを言おうと努力している最中には、他人たちに何かを理解させようなどとは全く気にかけていない。この段階において、詩人は、他人たちのことなど全く気にせず、ただひたすら、正しい言葉、あるいは、ともかく最もズレの少ない言葉を探すことに専念しているのだ。彼は誰か他の人間が、自分の言葉を聞いてくれるかどうか、聞いてくれたとしても果たして理解するかどうか、などということは気にしない。彼は、一つの重荷に苛まれており、休息を得んがためには、これを世に生み出さねばならないのである。あるいは別の比喩を用いるなら、詩人はデーモンに取り憑かれているのである。このデーモンに対して、彼はおのれの無力を感じる。なぜなら、それが初めて顕現するとき、このデーモンには顔も名前も何もないからである。言葉は、つまり彼の作る詩というものは、このデーモンに対する一種の悪魔祓いの形式である。ふたたび別言すれば、詩人がこうした全ての面倒を引き受けるのは、誰かと交流するためなどではなく、ただ激しい不快感からの解放を得んがためなのである」(ibid. 強調引用者)。

絶対詩の自律性を、いささかヒロイックな調子で力説していたベンの講演内容が、エリオットの心理学的なパラフレーズによって、極めて説得的に再説されているのを、私たちはここに見て取ることができる。ベンのいうところの詩を書く《私》、《抒情詩的な私》が、「ただ《私》だけを頼りにして」「誰一人聴く者のいない内なる声を追いかける」のは、エリオットによれば、要するに、「休息を得んがため」なのである。取り憑いたデーモンを本のページのなかに追い祓うことによって自己を解放すること、それだけが差し当たりの関心事なのであって、詩人には、他者を気遣うゆとりなどないのだ。エリオットのパラフレーズに従えば、ベンの独白的抒情詩論は、このような自己解放・自己治療としての表現行為という事態を、「現代の抒情詩」全体の存在根拠として主張するものであるということになろう。

私たちは、ベンにおける独白芸術論を参照した際に気がついたハイデガーの良心論との類似性について、ここで今一度考え直してみよう。エリオットのいう「悪魔祓い」とは、デモーニッシュな「呼び声」にどのように応答する行為であると解釈することができるだろうか？　自己解放・自己治療という私たちが用いた概念を安易に理解するならば、それは、「呼び声」を無視して、目前の雑事に没頭することを意味しているように思われるかもしれないが、無論、そのようなことがここで考えられているわけではない。詩人は、詩を書く。いつ完成するとも知れない作品の制作作業に自己を縛りつけることによって、厭くことなく、まさに、「呼び声」に耳を澄ましつづけるのである。

詩を書くとは、「呼び声」にいかなる仕方で応答することなのかという私たちの問いに対するエリオットの解答は、興味深いことに、エリオットがベン流の独白芸術論から一歩距離を取る地点において読み取られうると、私たちは考える。実は、右記に紹介した考察に続けてエリオットは、（他者の存在を意に介さない）独白的な詩作過程に向けられていた彼の考察視線を転回させ、自己内対話といった概念には決して回収されえない創作過程のもう一つのモメント

について の注意を促しているのである。それは、「言葉」という場所における《私》と他者との出会いというモメントであるのだが、ここから私たちは、詩作の本質に関するエリオット特有の思考法を抽出することができるだろう。「もしも作者が自分自身に一度も語りかけることがなかったなら、その結実は、それがいかに壮大なレトリックであろうとも、詩にはならないだろう」(109)と述べつつも、エリオットは次のように強調するのである。「しかし、もしもその詩が、排他的な仕方で書き手だけのためのものであったとするならば、それは何らかの私秘的で未知の言語によって書かれた詩となろう。だが、ただ作者のためだけに存在するような詩は、断じて、詩ではないのである」(ibid.)と。

エリオットは、創作を動機づける自己解放の契機を認めつつも、決して、その自己解放のプロセスを、自己完結した《抒情詩的な私》内部の出来事としては捉えない。「言葉に対する抒情詩的な《私》の関係」をあくまで独白的・単独者的な行為として理解するベンとは異なり、エリオットは、詩が、必然的に公共的な言語によって書かれるという事実の帰結を見定めることを忘れないのである。エリオットは、まず、「ひとつの詩が完成したと見なす前に、詩人がこの詩を彼らの批評に付託することを望む少数の友人たち」(ibid.)の存在に触れている。ベンが力説していたような絶対的自律性が語られることはなく、むしろ、「鑑識眼のある(judicious)少数の友人たち」の反応が、「作者がひとりでは見つけることのできなかった言葉や言い回しを示唆してくれて」(109)たいへん助けになるとさえ述べられている。詩人がそのような友人たちとの交流へ促されるのは、エリオットによれば、たとえ「第一義的には聴衆の存在を考えることなく書かれた」(108)ものであったとしても、詩人は、「彼自身を満足させた詩が、他の人々に対して語るべきものとして、何を持っているのかを知りたがる」(108f.)からである。いわば、詩人は、友人たちの背後に、「より大多数の、未知の聴衆」の存在を意識しているのである。エリオットは、「詩が最終的に未知の聴衆に手渡されること(the final handing over of the poem to an unknown audience)」こそが、「孤独のうちに、聴衆の存在を考えることなく開始された創作プロセスの完成(the consummation of the process begun in solitude and without thought of the audience)」(109)であると考えている。

このことは、創作プロセスを詩人の《私》がなす「悪魔祓いの形式」として語ることと全く矛盾していない。詩人は、自らに取り憑いた正体不明のデーモンを、正しい表現のうちに変形することによって「休息を得ようとする」のだが、これは、詩人の心を押さえつけていた得体の知れない「〝物〟が消え失せ、ひとつの詩に取って代わられる」(106)に至るプロセスであると、エリオットは述べていた。詩人の魂を脅かしていた〝物〟が消え失せ、いわば、ひとつの詩という〝公共物〟に生まれ変わること(これが「悪魔祓い」の目標に他ならない)、このことを、「詩が最終的に未知の聴衆に手渡されること」は意味している。そのような仕方で、「詩が最終的に作者から分離される(the final separation of the poem from the author)」ことになる時点において、はじめて詩人は、「安らかに休息する」(109)ことができるのである。

「誰にも宛てられていない詩」に関するエリオットの所論は、表現行為を規定している二重のテロスを、言語の公共性を媒介項としつつ調和させる試みであると言うことができる。第一のテロスは、他者による理解など一顧だにしない詩人が専心する自己治療的な表現活動が目指すところの〝安らぎ〟あるいは〝解放感〟であるが、これが、他ならぬ公共的言語を媒体とした「表現」によって達成されるものであるかぎり、詩人は、自分の知らない不特定の読者の存在を意識せざるを得ない。自分の魂を脅かしていたデーモンに相応しい名前を与え、不特定多数の他者たちが読むことのできるものに変形し、公共化することによってのみ、詩人は、おのれを解放することができるのである。安らぎは、公共化という第二のテロスが到達されてはじめて獲得される、というわけである。

表現行為の二重性に着目するエリオットの講演は、最終的に、次のような言葉のうちに結実されることとなる。「私たちが偉大な詩を読む楽しみの幾分かは、私たちには宛てられていない言葉を盗み聴きする楽しみである(the enjoyment of *overhearing* words which are not addressed to us)」(109)。

エリオットは、詩を享受する読者の立場に身をおきながら、このように述べているが、こうした「盗み聴き」の出来事は、実のところ、詩人自身の意識に萌す公共性についても何事かを物語っているに違いあるまい。つまり、詩人は、たとえ自分だけのために書き、自分自身のみに宛てて書き綴る場合であっても、「書く」以上は、誰かにそれを盗み聴かれること、盗み読まれることを覚悟しなければならないのである。表現者は、必然的に、公共的な空間に身を曝さねばならないのだ。ベンとエリオットの詩論の分岐点は、このことを、詩を書くという行為にとっての本質的な契機と考えるかどうかの違いであると言えるだろう。

エリオットは、ベンの独白的抒情詩論をあからさまに否定したりはしていない。だが、エリオットの所論には、あきらかに、単なる「独白」とは異なる表現行為を「誰にも宛てられていない詩」のなかに認めようとする思考が運動しているのである。たとえ「第一義的には聴衆の存在を考えることなく」、自分以外の誰にも宛てられることなく書かれた詩であったとしても、詩人は、「彼自身を満足させた詩が、他の人々に対して語るべきものとして、何を持っているのかを知りたがる」とエリオットは述べていた。なるほど、それは、通常の意味における「対話」を意図するものではないかもしれない。通常の意味における「対話」が成立するための条件、すなわち、《私》は何らかの公共的な事柄(《私》にとっても他者たちにとっても等しく存在しているであろう何か或るもの)について語っているのだという意識は、そこでは著しく変様している。既存の公共的空間・共同体のうちには場所をもたないものが、いわばそこでの話題なのである。しかしながら、語られているのが、たとえ《私》の魂を襲った「デーモン」に他ならないとしても、《私》は、「顔も名前も何もない」これに名前を与え、公共化することによってはじめて「安らぎを得る」ことに変わりはない。《私》は、このデーモンを他者たちが読むことのできるものに変形するのである。エリオットの所論を敷衍して、私たちは、こう言うことができるのではないか。そのとき《私》は、やはり、《私たち》という場へと向かっているのではないか、と。

詩を書くとは、《私》の魂を揺さぶる「呼び声」に、新たな《私たち》という場を創設することによって応えることである。抒情詩的な《私》とは、単なる孤独な独白に埋没する《私》ではなく、新しい《私たち》への希求が、そこから生まれ出るところの精神の持続的運動である。詩人の《私》は、この希求を、《私》に許された唯一のメディウムであるところの「言語」に託すのだ。

私たちの解釈は、エリオットの片言隻句をとらえた誇大妄想のように思われるかもしれないが、少なくとも、私たちは、このようにエリオットの詩論を理解することによって、ハイデガーの詩作論の本質的な諸成素を先取りすることができたように思われる。次に、私たちは、ハイデガー自身の言語論・詩作論を解析する作業に移行しよう。

7-2 ハイデガーにおける「独白」と「対話」

「言語が語っているのである。人間は、彼がこの言語に応えて語るかぎりにおいてのみ、語るのである(Die Sprache spricht. Der Mensch spricht, insofern er der Sprache entspricht.)」(GA12, 30)という命題は、広く知られたハイデガー言語哲学の「結論」とも言うべきテーゼである。そこでは、言語の独白という謎めいた出来事の生起と、この生起に応答するかぎりにおいて自らも語ることのできる人間存在という二つの事柄が思惟されようとしているが、私たちがいま仮に、この言語の独白という事柄に、ベンのいう「誰一人聴く者のいない内なる声」やエリオットの「デーモン」

を重ね合わせてみることが許されるならば、ハイデガーの右の命題は、そうしたデモーニッシュな「呼び声」への詩人的な応答の在りようを、人間の言語一般の根源のうちに認めようとするものであると考えられることだろう。だが、ハイデガーの考える「独白」が、もはやベンのいうような「抒情詩的な《私》」の詩作過程におけるモノローグといったものではなく、むしろ、詩人的な独白的詩作がそれに応えようとする「内なる声」自身の自発性を表現しようとするものであることは確かである。詩人は、デモーニッシュな呼び声を「聴く」のであって、この「声」自身を創作したり、ましてや捏造するのではない。書くことは聴くことである。詩人は、詩人的に語り書くべく強いられているのである。ハイデガーは、人間の語り一般の内に、こうした「聴く」経験の本質的随伴を見て取り、それを表現するために、人間が聴従せざるをえない「声」自身の自発性を「独白」という概念のなかに結晶化しようとしたのではないか。人間がどう語るかは、もはや重要ではなく、何が人間をして語らしめているのか、何が《私たち》の語りを発源せしめているのかが、そこでの問題であるのではないか。『存在と時間』に引きつけて換言するならば、人間的言語の根源は、「現・存在」の世界内存在の没根拠的根拠から発する沈黙の「呼び声」のうちにあり、現存在の語りは、この呼び声に応答することなのである、とハイデガーは言わんとしているように思われる。(121)

　私たちは、こうした解釈の見とおしを、実際にハイデガー自身の叙述に即して検証してみよう。その際の私たちの課題は、既に明白である。「呼び声」に聴従する現存在の応答は、『存在と時間』においては、原則的に、各私的な現存在の単独者性のうちで考察されていたが、右に引用したテーゼを解釈する私たちの視線は、既に、人間的言語一般の根源という公共的な次元へと向けられたものである。先にベンの抒情詩的な《私》の単独者性を、エリオットの助けをえながら《私たち》の公共性の刷新という問題へと転化したのと同様の作業を、今度は、ハイデガー哲学の文脈の内部で行ってみたいと、私たちは思うのである。

最初の手がかりとして、『言語への道』と題された一九五九年の講演において、ハイデガーが、「独白(Monolog)」という術語をはっきり用いながら、[122]次のように述べていることを参照してみよう。

「言語は、独白である。これは今や二重のことを意味している。すなわち、言語のみが、本来は語っているのだ、ということ。そして、言語は、孤独に語るものであるということ、これである」(GA12, 254)。

いささか秘教的な語り口ではあるが、言語の「孤独(einsam)」という表現を通じてここでハイデガーが言わんとしているのは、言語が人間を「必要」としているという事態である。ハイデガーによれば、「孤独でありうるのは、一人孤立しているのではない者(wer *nicht* allein ist)のみである。一人孤立してはおらず、つまり、あらゆる繋がりを欠いて切離され単独化されたりはしていない者だけが、孤独でありうる」のであり、言語の孤独という事態の中には、「共同的なものの欠如が、この孤独なるものへと関わる最も緊密な繋がりとして現成している」(ibid. 強調引用者)。そして、ここに言われる「欠如」から、言語が人間の発話を「必要」とし、人間はただ言語に聴き従いつつ、「追いかけて語る(nachsagen)」ことによってのみ語りうるという事態が生じてくるのだと、ハイデガーは考えるのである(ibid.)。だが、言語が人間の発話を「必要とする」とは、いったいどのような事なのか?

私たちは、上に参照した箇所につづけて(vgl. 255)、ハイデガーが、「ひとつの対話(ein Gespräch)」としての《私たち》という思想を歌うヘルダーリンの詩節を引用していることの示唆を、しばらく追いかけてみたい。その詩節とは次のようなものである。

「黎明のときより、多くのことを
つまり私たちがひとつの対話であり、そして互いに聴き合うものとなってから、多くのことを、人間は経験してきた。やがて私たちは歌となるだろう」　（『平和の祭り』）

Viel hat von Morgen an,
Seit ein Gespräch wir sind und hören voneinander,
Erfahren der Mensch ; bald sind wir aber Gesang.　(„Friedensfeier“)[123]

ハイデガーの独白的言語論は、「私たちがひとつの対話であり、互いに聴き合うものである」という事実を決して閑却するものではなく、暫定的に述べるならば、むしろこうした「対話」としての《私たち》のうちで生じている出来事の根源を言い当てんとする試みとして解釈されなければならない。問題をはっきりさせるためには、このヘルダーリンの詩節がハイデガーによってはじめて分析された一九三四／三五年冬学期講義『ヘルダーリンの賛歌《ゲルマーニエン》と《ライン》』を参照することが簡便である。ハイデガーは、この講義において、以下に引くような上の『平和の祭り』の草稿からの一節を掲げつつ、「対話としての人間存在」(GA39, 68)をめぐる集中的な思索の跡を残している。

「多くのことを人間は経験し、
天上の者たちの多くを名指した。
私たちがひとつの対話であり、
そして互いに聴きうるものとなって以来」

Viel hat erfahren der Mensch.
Der Himmlischen viele genannt,

Seit ein Gespräch wir sind
Und hören können voneinander.[124]

言語が人間を「必要」としているという、あの事態は、この詩節において歌われている「天上の者たち」と《私たち》との相互関係をめぐるハイデガーの解釈を読解することによって、その意味を明らかにすることができるのである。ハイデガーは、ヘルダーリンが歌う〝天上の者たちの名指し〟を次のように解釈している。「私たちの存在は、対話として生じる。つまり、以下のような出来事において、私たちの存在は生じるのである。すなわち、神々が私たちに語りかけ、私たちをその語りかけの要求のもとに置き(uns unter ihren Anspruch stellen)、また、そもそも私たちが存在しているのかどうか、またいかに存在しているのか、私たちはいかに答え、神々にどのようにして私たちの存在を捧げるのか、あるいは拒むのか、これらについて私たちを言語へともたらす〔=私たちに語らせる〕という出来事において、私たちの存在は生じるのだ」(70, 強調引用者)と。

言語が人間を「必要」としている、という思想は、人間が本質的に、神的な語りかけの「要求(Anspruch)」のもとに置かれているという、ヘルダーリン解釈のなかで獲得された思想から発源したものなのである。私たち人間は、この神的でデモーニッシュな「要求」に応答する仕方に応じて、みずからの存在を獲得する、とハイデガーはここで考えている。一見したところ、このようなハイデガーの思惟は、《私たち》の対話的存在の意味を、《私たち》相互のあいだで営まれる人間的な対話の次元から、人間と神との対話という宗教的・神学的な次元へと微妙にずらしながら、事柄を秘教的な煙幕のなかに覆い隠そうとしているように思われるかもしれない。しかし、ハイデガーは、上のように思考することによって、別段、《私たち》相互のあいだで交わされる対話がもつ存在論的な意義を無化しようとしているわけではない。対話としての《私たち》が、「存在者としての存在者」を公共的に名指しあいながら《私たち》の世界を創設してきたという歴史を見据えながら、同時に、この歴史の全体が、ある途方もない神的な「要求」に対する応答の歴史であったことを思考するという二重の課題を、ハイデガーはここで追跡しているのである。彼の課題の二重性を解きほぐすことが、私たちの考察の課題とならなければならない。本研究の第二章が取り組んだ「存在者としての存在者の名指し」の問題を再確認しながら、私たちは、これが何故ハイデガーにおいて、神的な「要求」といった次元の問題へと移行していかざるを得なかったのかを考えてみよう。

ヘルダーリンの詩節を解釈するハイデガーが、「対話のうちにおいてこそ言語は生じるのであり、この生起(Geschehen)こそが本来、言語の存在(Seyn)なのである」(69)と語りながら言語に本質的な対話的性格を確認した後、このような「対話」としての人間的言語が生じて以来、「そもそも初めて、時間と歴史があるようになったのだ」(69f.)と述べていることが、まずは注目される。これを私たちは、全面的に、私たちが本研究の第二章において到達した「存在者としての存在者の名指し」という思想の枠組みのなかで理解することができるだろう。対話のうちにおいてこそ言語が「生じる」とは言っても、この生起は、予め存在していた時空間の内部にたまたま生じ得た出来事のようなものではなく、対話を本質とする言語が《私たち》によって生きられることによって、何事かそもそも「存在するもの」がその内部で出現しうる歴史的な時空間が切り開かれたのだ、とハイデガーは考えているのである。「私たちがひとつの対話であり／そして互いに聴きうるものとなって以来」とは、したがって、〝私たちが対話的な言語空間を切り開き、そのことによって歴史時間が開闢されて以来〟ということを詩的に言い表したものとして理解されうるようになる。実際、こうした私たちの解釈を裏書するようにして、ハイデガー自身、対話的空間としての歴史の開闢以来「多くのことを人間は経験した」とは端的に以下のことを意味していると述べている。
「私たちの存在が対話として生じるのは、〔…〕存在者を存在者として言語へともたらし、存在者を、それが何であり如何にあるのかという点で開示して、同時にまた、隠蔽したり偽りもするという、そうしたことを行うかぎりにおいてなのである。ただ、言語の生じるところにのみ、存在と非存在が開示される。この開示と隠蔽こそが、私たち自身なのである」(ibid.)と。

　存在者の存在と非存在が開示されるこのような場に、共に(gemeinschaftlich)曝されることこそが、「対話」としての言語を私たちが生きることの意味なのである。ハイデガーはこうした事柄を、講義中、はっきりと「共同体(Gemeinschaft)」という言葉を用いて記述している。私たちが互いに聴き合うことができるということは、《私たち》の「共同体」を前提としていると、ハイデガーは述べるのだ。ここで考えられるべき「共同体」とは、第二章における私たちの研究が〝公共的世界〟として記述したところのものであり、ハイデガー自身の表現では、「存在者が、私たちの誰にとっても、予めその存在において開示されているという」事実としての「根源的共同体(ursprüngliche Gemeinschaft)」(72)のことである。存在者としての存在者が開示する場に、私たちが共同体的に曝され、或るものの存在が、この《私》にとってのそれであるとともに、共同体に属する任意の《誰》にとっての存在でもあるという意味を獲得することによって、「一人の者は、他の者から何事かを、つまり存在者についての何事かを、聴くことができる」(ibid.)ようになる。ハイデガーは、このような本質的に公共的な存在者の開示に、「あらゆる個人が、あらゆる個人を越えつつ拘束し規定するところのものへと先行的に結びつけられる」(ibid.)出来事を見て取り、これを「根源的共同体」の成立と呼ぶのである。

　こうした論点を、さらに私たちは、一九三六年に行われた講演『ヘルダーリンと詩作の本質』のテキストによって確認することができる。そこではハイデガーは、《私たち》がそれであるところの「ひとつの対話」が「ひとつであること」にアクセントを置いて、次のような叙述を行っている。「私たちがひとつの対話である、ということは同時にいつでも、私たちが一つの対話であることを意味している。対話が一つであること(die Einheit eines Gesprächs)は、だが、その都度、本質的な言葉のなかで、一個にして同一のもの(das Eine und Selbe)が開示されることのうちに存しており、私たちは、この同一のものを目指して一致し、これを根拠にして私たちは一つとなり、そのようにして本来的に私たち自身となるのである。こうした対話と、その一つであることとが、私たちの現存在を担っている」(GA4, 39)。

もはや縷説するまでもないだろう。「対話」としての《私たち》を歌うヘルダーリンの詩作を解釈するハイデガーの基本的視点のひとつは、明らかに、私たちが、言語の志向的構造の内部に潜む公共性の問題として既に考察した「存在者としての存在者」の生成という事柄のうえに据えられている。では、ハイデガーのこうした視点が、神的な「要求」への応答という、もうひとつの問題へと移行していく際、彼が問おうとしていたのは何であったのだろうか？

先に参照した一九三四／三五年冬学期講義の一節において、ハイデガーが、「神々が私たちに語りかけ、私たちをその語りかけの要求のもとに置き、〔…〕私たちを言語へともたらす〔=私たちに語らせる〕という出来事において、私たちの存在は生じるのだ」と述べていたことを想起しよう。ハイデガーにとっての問題は、「一つの対話」として、の私たちが存在しているということそれ自身が、いかにして生じたのか、ということであったのである。なるほど私たちが或る公共的な世界地平を企投することによって、「存在者」が、各々「一個にして同一のもの」として、やはり公共的に定立されるということ、これはこれで、理解しやすい事態であろう。だが、その分かりやすさは、そこに言われる「存在者」の概念を、地平企投者としての《私たち》自身からは区別された存在者として、つまり、非現存在的(nicht daseinsmäßig)なそれとして理解するかぎりにおける分かりやすさでしかない。世界を常に既に企投してしまっている私たち自身は、いかなる意味において「存在している」というのか？ 私たちもまた、《私たち》自身がおのれを《私たち》として名指すことによって、はじめて「存在する」ようになったのか？ 第二章の考察において、私たちは、「現存在はおのれの企投する世界地平の内部に自己自身を囲いこむ」といった表現を試みたが(一三一ページ以下)、今や問題は、そのような囲いこみを行う現存在自身の「存在」なのであり、しかもそれは、個別的な《私》の存在ではもはやなく、「ひとつの対話」として生起する《私たち》の「存在」なのである。ハイデガーは、名指しながら存在者を存在させる者である《私たち》が、自分たち自身、存在者でもあるという循環に貫入する出来事を、「神々」という名において語ろうとするのである。一九三六年から三八年にかけて執筆されたとされる断想集『哲学への寄与』[125]での定式化にしたがえば、「企投において投げる者が、自分自身を、投げられた者として、すなわち、〝存在〟によって生起させられた者として経験すること(daß der Werfer des Entwurfs als geworfener sich erfährt, d.h. ereignet durch das Seyn)」(GA65, 239, vgl. 252, 328 u.a.)の内実が問題になっているわけだ。

「多くのことを人間は経験し／天上の者たちの多くを名指した。／私たちがひとつの対話であり／そして互いに聴きうるものとなって以来」という詩節において語られている「天上の者たちの名指し」とは、ハイデガーによれば、断じて、彼ら天上の者を、人間の名指しによって創作・捏造することなどではない。それは、むしろ逆に、人間的なものの次元(現・存在の次元)に貫入してくる神々しきものからの「語りかけ」「要求」に、私たちが「応答する」ことなのであり、この「応答」としての名指しが、《私たち》を《私たち》として「存在させる」ようになる、と考えられているのだ。

「私たちの存在は、対話として生じる」とハイデガーは述べていた。だが、彼によれば、この「生じる(geschehen)」とは、「生起させられる(er-eignet werden)」ということなのである。たしかに、《私たち》は、原初の名指しという公共的・共同体的な行為によって、存在者としての存在者を、しかもその全体において、共同体の言語空間のうちに出現せしめた〝世界の創設者〟である。しかしながら、この原初的出来事の核心は、〝没・根拠(Ab-grund)〟つまり名指しによっては埋めることのできない穴を根源的に穿たれているのであり、むしろ一切の名指しは、この根源的な穴によって「生起させられた」と考えざるをえないということだ。この穴を積極的に承認しようとする思惟のあり方のうちにこそ、ハイデガーの言語論の極点ともいうべき問いがある。要するに、それは、《私たち》という場それ自身の被投性への問いである。本研究第二章第5節の考察において、根本的には消化することができぬまま放置した〝テイオン(神的なもの)としての存在者全体の前提〟という問題は、こうした《私たち》という場それ自身の被投性の問題として再定義されることができるだろう。これは、私たちの名指しの能力全般の被投性という問題でもあり、これを思考することは、名指し能力一般のアプリオリな獲得という事柄のうえに構築される超越論的哲学の土台を揺るがす起爆力に、真正面から向き合うことなのである。《私たち》は、みずから名指し、みずから語り出したというよりは、むしろ、《私たち》という場の核心を穿つ没根拠＝穴を埋めようとして語らされたのであり、現に語らされているのであり、これからも語るべく促されつづけるであろう、と、ハイデガーは考えている。これが、「神々」の呼びかけに「応答」する「対話」として《私たち》が「存在」することの意義に他ならない。

詩的言語の生成に関するハイデガーの考え方もまた、この《私たち》という場それ自身の生成をめぐる上記のような思惟と密接に連関している。ここで、私たちは簡単に、断想集『哲学への寄与』のいわゆる第六フーゲにおいて論じられている「最後の神」を参照しておくことにしよう。「既在の神々とは全く異なる、とりわけキリスト教的な神とは異なる神」(GA65, 403)として、本質的な匿名性のうちに匿われたこの神の開かれた在りようについて、ハイデガーは次のように述べている。

「最後の神は、自らの本質的な在りよう(Wesung)を次のような〝目配せ(Wink)〟のうちに持っている。すなわち、〔最後の神自身の〕来襲および未着の到来のうちに、また同様に、往時のものとして現成している(gewesen している)神々の遁走と、これらの神々の秘匿された変貌のうちに、である」(409)。

ハイデガーの思考が、ここでもまた、ヘルダーリンの詩作の磁力圏のなかを運動していることは明らかであろう。[126]上に参照した一九三四/三五年冬学期講義のテーマでもあったヘルダーリンの賛歌「ゲルマーニエン(Germanien)」は、「いや、彼らを、かつて現れたる至福の者たちを/あの古き国の神像たちを/彼らを呼ぶことは もはや私には許されていない(Nicht sie, die Seligen, die erschienen sind, / Die Götterbilder in dem alten Lande, / Sie darf ich ja nicht rufen mehr, ...)」と歌い始められていた。そして、この詩における《私》は、「私にとっては愛しすぎる(die zu lieb mir sind)」過ぎ去りし神々に向けて、「遁れ去りし神々よ! あなたたちも、嗚呼、今なお現前しているあなたたちもまた、かつては/より真実に満ちて あなたたちの時を持っていたのだ(Entflohene Götter! auch ihr, ihr gegenwärtigen, damals / Wahrhaftiger, ihr hattet eure Zeiten !)」と惜別の辞を送るのであった。「この《私》は、古き神々に別れを告げた(absagen)」(GA39, 43)のであり、これらの神々の「伝説だけが、〝疑う私たちの頭を朦朧と包み込む〟ことになる」(ibid.)。そして、このような神々の「遁走(Flucht)」という困窮と「痛み」(81)の経験において、「私たちがいかに、迫り来る新しい神々の曙を待ち受けているのかについて、私たちを言語へともたらす」(43)という仕事が、ハイデガーの読み取ったヘルダーリンの詩作の根幹だったのである。ハイデガーにとって、ヘルダーリンとは、何よりも「遁れ去りし神々と、来るべき神」(GA4, 47)の詩人であった。

ハイデガーは、古き神々の遁走と来るべき神の未着を歌ったヘルダーリンの諸作品のうちに、「諸民族の根源的な時間という意味における、ひとつの時代の決断」(GA39, 51)を読み取っている。古き神々の遁走と来るべき神の未着のあいだに張り渡された現在こそが、(ヘルダーリン読解を経た)ハイデガーによれば、「民族の根源的な時間」を造形しているのである。後年の『時間と存在』講演(一九六二年)における時間論に結実した表現を用いるならば(vgl. SD, 16)、古き神々がもはやその現前を「拒否(verweigern)」し、他方、来るべき神はその到来を「差し控えた(vorenthalten)」ままであるという二重の否定性によって規定された「時・空間(Zeit-Raum)」(vgl. GA65, 405)が、ここで問題になっているのだ[127]。この時・空間を、《私たち》という場それ自身の生成のリズムとして真に経験することが、ハイデガーの見るところ、思索の課題であるとともに、本質的に詩作する詩人の課題でもあるのである。

後期ハイデガーの「独白」「応答」概念の連関を、『存在と時間』における「良心の呼び声」論の延長線上に位置づけようとした私たちの見込みは、必ずしも誤りではなかったが、一九三〇年代中葉移行のヘルダーリン解釈を経たハイデガーの言語論の枢要な関心が、「呼び声」に対する単に単独者的な応答ではなく、《私たち》という場の生起(そしてこの生起を語り、歌うこと)へと向けられていることが、これでおおむね明らかになったであろう。だが、そうした関心の結実していく先が、決して、《私たち》という場の永続的・恒常的な現実性ではなく、ヘルダーリンの歌う「神々の遁走」という困窮と連関した《私たち》の言語であったことについては、どのように考えればよいのだろうか？

7-3 「対話」空間の揺らぎと「沈黙」

ここで私たちは、《私たち》という場の生成のリズムについての考察を、いささか日常的な事例に即しながら深めてみることにしよう。「神々」の呼びかけに応答しようとするヘルダーリン・ハイデガー的な詩作および言語論は、決して、私たち自身が相互に営む語り合いと聴き合いの現場から遊離した空疎なものではない。「遁れ去りし神々と、来るべき神」を歌うことは、決して、単なる絵空事を語ることではないのである。私たちは、私たち相互の「対話」の現場において生じている出来事を、まずは、『存在と時間』の叙述の批判的検討を通じて反省してみることを行い、次に、そこで得られた考察視点を用いて、ハイデガーの「良心の呼び声」を、（単にハイデガーの思惟の道に追随することによってではなく、私たち自身の力で）、共同体の問題として再構成することを試みようと思う。この作業を通じて、私たちは、「神々の遁走」という困窮と連関した《私たち》の言語について思考しようとするハイデガーの思惟の根幹への通路を獲得したいのである。

語ること・聴くこと・沈黙すること

『存在と時間』において展開されたハイデガーの言語思想は、なるほど、語りの対話的な構造を決して閑却するものではなかった。それは語りの志向的構造への着目に主導されたものではあるものの、他方においてハイデガーは、「語ること」には、「聴くこと」と「沈黙すること」という二つの実存論的可能性が本質的に属していると述べている。「語り話すということには、諸可能性として、聴くことと沈黙することが属している。これらの現象に即してこそ、語りが実存の実存性にとって有しているところの構成的な機能が、はじめて完全に明らかになるであろう」(SZ, 161)

と。言うまでもないことだが、「聴くこと」と「沈黙すること」は、具体的な対話の状況において遂行されうる実存の諸様態であり、世界内共存在の遂行様式である。私たちが相互に行う「対話」をゲームに譬えるならば、このゲームにおいてひとが打つことのできる手は、「発話すること」「聴くこと」そして「沈黙すること」の三種類であると形式的に捉えることができるだろうが、「語り」に本質的に属している三様の可能性として、これら三つの遂行形式をあげているハイデガーの叙述は、その意味でも至極穏当なものであると言える。

だが、今ここで私たちが、特に注目したいのは、対話における「沈黙すること」の意義である。『存在と時間』においてハイデガーは、次のように述べているが、はたしてこれは、正当な分析であると言えるだろうか。

「相互の語り合いのなかで沈黙する者は、とめど無く言葉を発する者よりも、より一層本来的な仕方で、〝了解するよう仄めかす(zu verstehen geben)〟ことが、つまり了解を形成することができる。何かについて多弁であることは、より一層の了解がそれによってもたらされることを少しも保証せず、むしろ反対に、広範な議論は、了解されたものを隠蔽し、見せかけの明瞭さ、つまり陳腐さの無了解性のうちへともたらしてしまう」(164)。

このように、ハイデガーは、沈黙することの意義を、それが発揮する独特の「仄めかし」の機能の内に認めるのである。沈黙することは、単に「口がきけない(stumm sein)」こととは違い、「そうしようと思えば話すことができる」(GA20, 369)人間が、あえて口を閉ざすことによって何かを対話相手に悟らせることであると考えられているのである。「沈黙することができるためには、現存在は、言うべき何事かを持っていなければならない」(SZ, 165)とハイデガーは述べる。言うべき事柄をいわば胸に秘めた者のみが、「しかるべき時に、沈黙すること」(ibid.)ができると言うのである。

これらの叙述は、対話状況のなかで「沈黙」が発揮する「仄めかし」の力に注目する限りにおいては、たしかに正当なものである。だが、この「仄めかし」の力について真に経験するためには、私たちは、ハイデガーによる上記のような叙述から、沈黙者本人の〝意図〟に不当な特権を付与するミスリーディングな要素を注意深く取り除かなければならない。例えば、「しかるべき時に沈黙する」能力といった表現のうちには、沈黙という言語行為を広義における〝弁論術〟の一環として捉えるような考察態度が垣間見えていると言わざるを得ないが、そうした考察態度の素朴さを、私たちは批判しなければならないのである。ハイデガーは、沈黙という言語行為を取り上げるにあたり、何事かを「より本来的な仕方で」(結局のところ、より効果的に)了解させようとする沈黙者当人の意図の側から事柄を分析しようとはしていないだろうか？　だが、沈黙がその異様な力を発揮して、他ならぬ沈黙として際立ってくるのは、沈黙している当人に対してであるというよりは、むしろ大抵の場合、相手の発言や返答を期待している対話相手(つまり《あなた》に黙られてしまった《私》)にとってなのである。そして、たとえ《あなた》が、何事かを《私》に、より本来的な仕方で了解させようという意図をもって沈黙したのだとしても、《私》には、それが「何」を了解させようとする企てなのか、にわかには察知できないのが通例なのであり、《あなた》の意図を推し量ろうとする《私》の心は、《あなた》の言葉の不在に脅かされながら、虚空をさまよう他ないのである。

　こうした事情について、もう少し立ち入った分析を試みておこう。そもそも「沈黙」には、顕在的なそれと、表立たないそれとの二様が区別されるべきであると思われる。表立たない様式における沈黙と私たちが呼ぶのは、対話状況において私たちそれぞれが「相手の話を聴く」立場に回る度ごとにとっている振る舞いのことである。私たちは、互いに他者の言葉に耳を傾ける際、いつでも「沈黙」している。《私》が語るとき、相手は沈黙して聴いており、次いで、相手が語り始めると、《私》は語るのをやめて沈黙し、相手の語りに耳を傾けることとなる。「聴く」ということは、その都度「黙って聴く」ことであるのだ。「聴く」ことのなかには、本質的な契機として、相手に発言の機会を譲るという意味での「沈黙」が含まれているのである。しかるに、発言の機会を譲られた当人が、この機会を引き取ることをせず、逆に、あくまで「聴く」立場に留まろうとすれば、どうなるか。そのときこそ、沈黙は、上記のような表立たない様式におけるそれから顕在的な様式におけるそれへと転化することになるのである。沈黙が沈黙として顕在化してくるのは、《私》の対話相手である《あなた》が本来発話すべきときであるにもかかわらず緘黙して語らない場合、つまり、その発言が期待されている《あなた》が口を閉ざして語らない場合に他ならない。もちろん、この沈黙が意図的なものである場合には、沈黙している者当人は、自分の発言が他者に期待されていることを意識するにもかかわらずあえて何も語らないことによって、（ハイデガーの述べるごとく）何事かを「より本来的な仕方で了解させよう」としているのかもしれない。だが第一に、そうした特定の効果を狙った意図的な沈黙などは、ごく稀な（教師然としたタイプの人間が用いるレトリックとして現われる）ケースに過ぎず、ひとは往々にして、〝言葉に詰まって〟沈黙せざるをえないのである。また第二に、他者の沈黙を見守るほかない者にとっては、沈黙している当人の意図の有無や如何とは関わりない場所で、対話の渋滞ないし破局自身が、重大な問題として差し迫ってくることもあるに違いない。沈黙を、弁論的な技術の一種であるかのように分析するハイデガーのミスリーディングな叙述は、いずれにせよ、批判的に改訂されなければならないだろう。

重要なのは、対話とは、対話に参加する者たちが相互に発言の機会を譲りあうことによってはじめて成立する言語ゲームであるという、この一点を忘れないことである。《私》が語らずに黙って聴いているとき、語っているのは、決して《私》ではない他者である。遂行されているのは何らの腹話術でもなく、語る声は、そのとき、《私》の思いを超えた向こう側からやって来る。「対話」というものは、その本質上、複数の「自由」が存在しなければ生じ得ないものなのである。《私》の自由を超えた向こう側に、他者の自由があるという事実に《私》を向きあわせるもの、それが「対話」なのであり、他者の沈黙として経験される対話の渋滞は、この事実を無気味な仕方で露呈する。私たちは、沈黙という現象を、沈黙する者の意図なるものの特権性を仮構することなく、対話参加者たちの自由の複数性という原事実に即して検討してみなければならない。

「待たなければならない」ということ

私たちが日常的に行っている「対話」という単純な営みが、複数の「自由」の存在を前提しているということ、この事実を決して手放さないように考えていこう。端的に言って、それは、《私》一人だけでは語り合うことはできないということを意味していようが、ここに内含されている時間的な事実について、次に考えてみたい。対話が、複数の主体の自由を前提しているということは、「聴き合う」こととしての「語り合い」が、相互に「待つ」こととして遂行されるという事態のなかに告知されているだろう。

私たちが「聴く」ことができるためには、相手が語り始めるのを待たなければならない。私たちは、相手の代わりに話すことはできず、中絶された対話の再開は、相手の自由に委ねられた出来事であるという相貌を帯びる。沈黙に耐えられず、しじまを埋め合わそうとして《私》が一方的に語りつづけたところで、いずれ私たちは対話の失敗を意識せざるをえなくなるだろう。聴き手である私たちは、本来、ただ待つことしかできないのだ。

こうしたことを如実に示す日常的な「対話」形態が、手紙の遣り取りである。《私》が誰かに宛てて何かを書き、投函したとする。すると、《私》は、その次の瞬間から、もはや「待つ」ことしかできなくなるのだ。待てど暮らせど返事が来ないこともあるだろう。相手の沈黙が、意味深長に感じられ、《私》は、この沈黙に耐えられず、その意味を色々に想像しはじめるかもしれない。あの人は、ひょっとすると《私》のことで何か腹を立てているのだろうか、あるいは、返事のしようがなくて困惑しているのだろうか、等々と。私たちは、そのようにして、他者の沈黙を自己の言葉で埋めようとするわけである。知らず知らずのうちに、私たちは腹話術を始めて、相手の言葉を待つだけの苦しみから逃れようとするのだ。だが、いかに足掻いてみたところで、私たちは、決して、その手紙を宛てた相手に代わり、この沈黙の間隙を埋めることはできない。誰かに向けて語りかけてしまった以上、沈黙を埋めることができるのは、その「誰か」だけなのである。この沈黙の時間、この待ち時間こそが、《私》の自由と他者の自由の相互関係を本質的に規定しているのではないか。

いわゆる言語行為を、ただ単に、「何かについて何かを語る」志向的な構造においてのみ捉える見方によっては、こうした対話的な時間の本質をつかむことはできない。私たちは、諸々の出来事のあいだの時間的な関係について何かを語る際、不可避的に、それらの出来事を同一の言説空間のうちに措列せざるをえないが、そのような仕方で構成される時間概念の網の目によっては、如上の対話的な時間の本質を掬い上げることはできないのである。例えば、私たちは、目前の出来事と二年前の夏の出来事との関係について何かを語りながら、それら二つの出来事を、《私たち》の言説空間のなかに並置し、その同一の空間の内部に同時存在させる。そして、二つの出来事の間の時間的な隔たりは、空間的な距離へと翻訳されながら、本質的には脱時間化されてしまうことだろう。私たちが、それについて語ることのできる時間とは、たしかに差し当たり大抵は、そのように空間化された時間表象に過ぎない。しかしながら、私たちが上に述べた「対話的な時間」は、このような空間的時間表象には、決して解消されえないものなのである。それは端的に、《私たち》の言説空間の生成と消滅のリズムにほかならない。それは、たとえ、既成の言説空間の上に配置され空間化されえたかに見えたとしても、当の言説空間自身の生成と消滅のリズムとして、あくまで完全な空間化を受け容れることはないのだ。

私たちはいつでも、「何かについて」ばかりではなく、「誰かに向けて」語っている。そして、「誰かに向けて」語りかけてしまった途端、私たちは、この「誰か」の応答を待ちながら、誰かの沈黙に耐えなければならなくなる。そのような仕方で相互に発言機会を譲り合う私たちの振る舞いは、《私たち》の言説空間自身の生成を他者の自由へと交互に委ね合うこととして理解されうるだろう。互いに相手の沈黙を怖れながら、交互に語り合い、聴き合うという仕方で経験される対話的な時間、これこそが、《私たち》の時間的な生のありようを根底のところで動かしている根源的な時間であるとは言えないだろうか。

本研究における私たちの最後の問題は、「一つの対話」としての《私たち》という場の生成の問題と重ねて「詩的言語」の誕生する瞬間を思惟しようとするハイデガーの言語論を、こうした「沈黙」の生起によって区切られた共同体の生動的なリズムとの連関において見極めることである。私たちは今しがた行った考察において、『存在と時間』における対話的状況の想定され方の素朴さを批判するという作業を通じて、〝共同体の生成消滅のリズム〟という私たちの鍵概念を手に入れたのであったが、何も私たちは、ハイデガーが、牧歌的な相互了解の夢に溺れた共同体像を描くことに腐心しており、そのために《私たち》の破綻としての「沈黙」に無感覚であったのだなどと言いたいのではない。本章の冒頭において既に想起を促したように、ハイデガーは『存在と時間』において、〝現存在の公共的自己意識の内部に潜む自己離脱のモメント〟としての「良心の呼び声」について語っているのである。その「呼び声」とは、まさしく「沈黙」の様態において各私的な現存在を襲うものとされていた。しかも、この沈黙の呼び声に関するハイデガーの叙述は、沈黙者の意図などという虚構を弄ぶことなく、第一義的には、この呼び声に呼ばれている各私的な現存在の立場に立脚しているのである。[128]

具体的な対話状況において生じる他者の沈黙は、他者自身の発語への意志によってのみ埋められうるのであり、この沈黙を見守るほかないように強いられた《私》が、どれほど足掻いてみたところで、《私》の腹話術の本質的な虚しさは覆うべくもないと、私たちは述べた。『存在と時間』におけるハイデガーが、沈黙の「呼び声」に応じる各私的な現存在の実存を叙述する際の筆法は、この本質的な空虚の記述へと転位可能なのではないか。沈黙の「呼び声」の意味内容を《世界的》に解釈し、既存の公共的世界の秩序に還元してしまおうとする試みは、本質的に挫折する。これは、他者の沈黙に際会した《私》の腹話術の虚しさに、少なくとも似ていると言えるだろう。この類似性の本質は何であるのか？「呼び声」に襲われた現存在にとって問題であるのが「世界の無」であることを想い起こそう。対話状況の破綻としての沈黙において露呈するのは、《私たち》の無なのである。この無を、私たちは、《かつての私たち》の秩序によって解消してしまうことはできないし、《将来の私たち》の生起は「差し控えられている（vorent-halten されている）」。それは、各私的な現存在に、この《世界》の意義を付与していた《私たち》という場が無化する出来事なのである。個別的な《私》は、《私たち》の無のさなかにおいて、死滅した世界の前に佇むことを余儀なくされる。(129)

古き神々がもはやその現前を拒否し、来るべき神はその到来を差し控えたままであるという二重の不在によって規定された時・空間における困窮を問題化するハイデガーの言語論は、こうした《私たち》の無の生起こそを、本質的な詩的言語の始まりの場として追求していたのではなかったか。抒情詩を書き起こそうとする《私》を襲う（エリオット言うところの）「顔も名前もないデーモン」は、ハイデガーにおいては、「一つの対話」としての《私たち》が無化する出来事における「神々の遁走」の経験として思惟されているのである。詩の言語へともたらされる《私》は、もはや、単なる「内なる声」を追いかける《私》ではなく、《私たち》という場自身の困窮を歌う単独者なのである。ガダマーの次のような記述は、半面の真実を言い当ててはいるが、《私たち》という場の困窮を狙うハイデガーの詩作論とは、やはり異なっている。「抒情詩を読む者は、〔…〕詩人の《私》が本来何であるのかを知っている。というのも、抒情詩において語られている《私》は、同じく《私》を語る読者の《私》とは別物であるような詩人の《私》のみへと排他的に関係しうるものなどではないからである。〔…〕この《私》は、詩人のことであるばかりではない。それは、むしろキルケゴールが言う、私たちの各々がそれであるところの〝単独者〟なのだ」[130]。だが詩における《私》が、詩人の《私》のみへと排他的に関わるものでないのは、単に、各私的な単独者がそこで歌っているからではなく、そこで歌われているのが、《私たち》の困窮の痛みであるからなのである。

7－4　ゲオルゲの「諦め」と失語の痛み

私たちは、ふたたび後期ハイデガーの詩論の具体的なテキストを取り上げながら、《私たち》の困窮の痛みを歌う詩について論じる彼の思惟の基本的な特徴の幾つかを見定めたいと思う。《私たち》という場それ自身が無化する出来事を本質的な詩作の根源に見据えようとするハイデガーの詩論の基本的関心が、ある失語の経験と、この危地からの快復曲線において希求される新たな《私たち》の生起へと向けられていることを、私たちは見ることになるだろう。沈黙によって区切られた《私たち》の共同体の生動的なリズムを、詩人的な歴史経験の本質として思惟するハイデガーの言語論の精髄を見定めることが、私たちの課題である。

一九一九年に発表され、一九二八年に最後の詩集『新しき国(Das neue Reich)』に収められたS・ゲオルゲの詩

「言葉（Das Wort）」[131]をめぐるハイデガーの解釈を検討することから始めよう。その詩とは、次のようなものである。

「言葉」

遠くの奇蹟　あるいは夢を
僕は　わが国の縁にひきよせた

そして　待ち焦がれている僕に　白髪の女神ノルネが
それを名指す言葉を　泉のなかに見つけてくれるのだった――

僕は　手を差し伸べて　それをしっかり掴むことができた
今や　それは辺境をつらぬいて花と咲き輝いている…

あるとき僕は　快い旅路を終えて
豪華で可憐なひとつの宝玉を手に　そこに辿り着いたのだが

女神は　長い探索の後　僕に告げたのだ
「そのようなものは、この深い水底には何も眠っていない」と。

すると　僕の手から　あれは　滑り落ち
わが国は　もう二度と　その宝を手に入れることはなかった…

こうして僕は悲しくも、この諦めを学んだのである：
言葉の欠けるところには　いかなる物もない。

Das Wort

Wunder von ferne oder traum
Bracht ich an meines landes saum

Und harrte bis die graue norn
Den namen fand in ihrem born —

Drauf konnt ichs greifen dicht und stark
Nun blüht und glänzt es durch die mark …

Einst langt ich an nach guter fahrt
Mit einem kleinod reich und zart

Sie suchte lang und gab mir kund:
»So schläft hier nichts auf tiefem grund«

Worauf es meiner hand entrann
Und nie mein land den schatz gewann ...

So lernt ich traurig den verzicht:
Kein ding sei wo das wort gebricht.

『言語への途上』に収められている二つの講演「言語の本質（Das Wesen der Sprache）」（一九五七／五八年）と「言葉（Das Wort）」（一九五八年）において、ハイデガーは、このゲオルゲの詩を繰り返し取り上げ、その最終連に語られている「諦め（verzicht）」に基づいて、「言語へとかかわる私たちの関係（unser Verhältnis zur Sprache）」（GA12, 149）の変容をめぐる思惟を再構成しようと試みる。本節の冒頭において私たちが参照したＧ・ベンの講演の主題もまた「抒情詩的な《私》の言葉への関係（Beziehung des lyrischen Ich zum Wort）」であったが[132]、もはや縷説するまでもなく、ハイデガーの関心は、詩人の単なるモノローグとしてのそれには向けられていない。彼は、この関係の「変容（verwandeln）」（160）を思惟しようとするのである。言葉に対する関係の変容、それは、どのような経験なのだろうか。

「言葉の欠けるところには　いかなる物もない（Kein ding sei wo das wort gebricht）」という諦め、あるいは私たちはここに、〃おのれの創作力・想像力の枯渇を受容するほかなくなった老詩人の諦念〃のようなものを、読み取ってしまうかもしれない。パリのマラルメの知遇を得て、その象徴主義運動の熱烈な支持者となり、ヨーロッパ各地を経巡った後、かのゲオルゲ・クライスのカリスマ的な指導者として一世を風靡した天才詩人の姿が[133]、上掲の詩の前半三連、つまり、「遠くの奇蹟　あるいは夢を」から「今や　それは辺境をつらぬいて……」までの詩行にオーヴァーラップしうる限りにおいて、私たちは、独特の諦念へと収斂して行く後半の四連にも、詩人の何らかの伝記的あるいは生活的な事実を重ねあわせたくなりもしよう。そして、おのれの詩的想像力という主観的・主体的な力能の枯渇に苦しむ初老の詩人が辿りついた諦念、といったあたりが、そのような解釈において見出される詩人の生活的事実の最大公約数となるのだろう。要するに、「《私》はもう書けなくなった。かつては書くべき材料がいくらでもあり、苦もなく書けていたのに、もう自分には一行も浮かばなくなってしまった」という苦悩が、運命の女神ノルネの告知という詩的メタファーを用いて表現されている、というわけである。私たちは、そうした詩人の苦悩に共感しうる限りにおいて、この抒情詩における《私》を理解することができるのであろうか?

だが、ハイデガーが注目するのは、そのような単なる《私》の力能の枯渇といった問題ではない。彼の関心事は、ただひとつ、この詩人が語る「諦め」の経験のうちで、「言語自身が、言語として、言葉へともたらされている(die Sprache selber kommt als Sprache zum Wort)」(151)こと、そのような表立った仕方において「言語が経験(mit der Sprache eine Erfahrung machen)」(149)されていること、これに尽きるのである。ハイデガーは、このような彼の問題関心を、私たちの日常的な言語活動における言語それ自身の目立たなさとの対比において特徴づけようとしているが、彼が想定しているのは、伝達という課題が前面に掲げられた言語活動のことであろう。日常的に「私たちが議論の対象とするもの(das, was wir besprechen)」(151)、つまり、「何らかの事実、出来事、問い、関心」等々を、そもそも私たちが円滑な仕方で他者に伝えることができるためには、そこで用いられている「言語」それ自身は後景へと退いていることが望まれる。そこにおいて言語は、対象を指し示す記号としての機能と課題に捧げられるのである(vgl. 153)。ガダマーの適切な表現によってハイデガーの日常言語理解を補っておくならば、そのような言語の「機能は、自分から遠ざかるよう指示することである[134]」。こうした機能を充たしうるためには、「もちろん記号は、とにもかくにもひとを自分に引きつける必要がある。記号は目立たなければならない[135]」。しかしながら、記号は「自分のところに足を留めさせるような仕方では、ひとの注意を引きつけてはならない[136]」のである。つまり、記号自身が必要以上に目立ってしまっては、自己以外のものを指示する記号本来の機能の充足に支障をきたしてしまうのである。いささか一面的な見方であるとも思われるが[137]、ともかくハイデガーは、日常的な発話における言語は第一義的に、こうした伝達記号として用いられるにすぎないと考え、「日常的な発話において言語自身が自己を言語へともたらすことなく、むしろ自己を抑制している(an sich halten)ことによってのみ」(GA12, 151)、いわゆる円滑なコミュニケーションが遂行されうるのだと、まずは指摘するのである。そしてこれとは対比的に、「奇妙なことには、何か私たちに襲いかかってくるもの、拉し去り、圧迫し、あるいは熱狂させるもののために、適切な言葉が見つからない場合にこそ」(151)、言語それ自身が言語として言葉へともたらされることとなる、と述べられている。ここで考えられているのは、端的に、言語を絶したものとの接触による失語の経験であると言えるだろう。ハイデガーが、ゲオルゲの詩に着目するのは、まさにこのような失語症的経験が、特異な「諦め」の「学び(lernen)」へと高められ歌われているからである。ここで問題となるような勝義における「学び」とは、ハイデガーによれば、何かを「見てしまい」「知る」ようになった者が、そこで「見て取られたもののうちへと到達すること」(211)であり、しかもそれは、「何かが私たちに降りかかり、私たちを襲撃、転倒し、変容させること」(149)としての「経験」において、「進みながら途上で何かに到達すること、歩くことによって道の上でそれを摑み取ること」(159)として達成される。ハイデガーの講演中、問題とされているのは、「言語を経験すること(mit der Sprache eine Erfahrung machen)」(149)であるが、上記の詩において歌われた詩人の道行きのなかに、ハイデガーは、「何かが詩人のもとに送られ、彼を撃ち、言葉へとかかわる彼の関係を変容させた」(160)という「経験」を読み取ろうとするのである。

さて、詩人が「学ん」だとされる「諦め」とは、決して、ただ単に、言語に絶するものを前にした「緘口(Verstummen)」(216)への諦めなどではなく、むしろ、詩人が自らに何事かを誡《いまし》める積極的な語り(das Sichversagen als Sagen)であると、ハイデガーは解釈している(vgl. 215f.)。誡められているのは、言葉を、自らが表象し定立した存在者を描写するための名辞として用いようとする態度、そしてそのような言語使用の闊達なることを詩的才能の証として要望する態度である。「詩人は、彼が真に存在するものとして定立したものを言い表すための名前が、彼の求めに応じて安全確実に提供されることへの要求を放棄しなければならない。そうした存在定立と要求を、彼は自らに誡めなければならないのである」(215)。いうなれば、言語の存在論的意義をめぐる詩人の態度変更がそこでは遂行されているのであり、詩人は、「より高次の言葉の支配」(214, 220)の求めに応じることを請け負う(sich zusagen)ことを、当の諦めのうちで積極的に語っているとハイデガーは解釈するのだ。

「より高次の言葉の支配」とは何か？　ハイデガーが考えているのは、「ある物を、はじめて物として在らしめる」(220)言葉の力能である。ゲオルゲの詩句「言葉の欠けるところには　いかなる物もない(Kein ding sei wo das wort gebricht)」のうちから「言葉の裂開するところに〝在る(ist)〟が生じる(Ein »ist« ergibt sich, wo das Wort zerbricht)」(204)という秘められた洞察を炙《あぶ》り出そうとするハイデガーは、言葉を単に、既存の存在者を記述するための道具・記号であると捉える言語観を一貫して排撃し(vgl. 153f., 161, 192f., 212, 214)、むしろ、「言葉が物に存在をはじめて付与するのである」(154)と繰り返し主張する。前節において私たちが顧みた講演「言語(Die Sprache)」においても、「名指す」ことは、名指された物を現前という「近さのうちへと招じ入れる」ことであると主張されていたが(vgl. 18f.)、今や、言葉は、物に存在を「贈与」(182)する絶対的な力能において顕揚されることになるのである。

こうしたハイデガーの言語観は、ちょうど、ベンやエリオットによって詩的創作過程の「謎」としてスケッチされていた事柄を、言葉一般の存在論的機能への洞察へと拡張するかのような構えをとっている。「詩人は、自分が何を言わなければならないのか、それを言ってしまうまでは知ることがなく」、自分の内部に萌している「創造的萌芽」を「同定」することすらできない、という、あの謎における「抒情詩的な《私》の言葉への関係」が、ハイデガーの考察の出発点であったことは間違いない。彼もまた、ゲオルゲの歌う「豪華で可憐なひとつの宝玉(kleinod)」が、それを名指す「言葉の未着とともに、消滅(*mit* dem Ausbleiben des Wortes wegschwinden)」(214)してしまったという出来事に着目し、「詩人もまた、この宝玉が何であるのかを言うことができないのだ」(215)と述べているのである。しかしながら私たちは、ゲオルゲの詩句のうちから、物に存在を贈与する言葉の力能に関する積極的な言明を読み取ろうとするハイデガーの試みに、より一層の慎みをもって接近することが望ましいと思われる。ハイデガーが、「言葉の欠けるところには　いかなる物もない」という詩句を「言葉のあるところに、はじめて物が存在する」というテーゼへと変換しながら「言葉」「物」「存在」という概念の相互関係を捉えなおそうとする際、これらの概念は、決して、成功裏に名指されて公共化された「遠くの奇蹟あるいは夢」の側から思考されているのではなく、むしろ、名指されることなく露と消えていったものの側から、すなわち、ついに「わが国が手に入れることのなかった」宝玉の側から思考されているのである。私たちは、詩人の「諦め」が、失語の経験の痛みが結晶化したものであることを忘れてはならない。

ハイデガーは、ゲオルゲの「悲しい学び(So lernt ich traurig den verzicht)」のうちに、「悲しみと悦びが相互に入り交じりつつ戯れる(ineinander spielen)」経験としての「痛み(Schmerz)」(222)を読み取ろうとしている。単なる敗北宣言としての諦めが詩人を悲しませているのではなく、「より高次の言葉の支配」という「秘密」(220)への誡めとしてのそれを学ぶことは、それ自身、ひとつの「悦び」(221)である。だがハイデガーは「この悦びが、悦ばしいものになればなるほど、悦びの内にまどろむ悲しみは純化し、その悲しみが深くなればなるほど、悲しみのうちに安らう悦びが、安らけくなる」(222)と述べながら、こうした「痛み」が、「死すべき者たちの心情(Gemüt)に働きかけ、この心情が、そこ〔この痛み〕から、おのれの重心を受け取るようにする」(ibid.)のだと言うのである。詩人の失語は、単なる彼の個人的技倆の敗北を意味するものではなく、むしろ、真に歌うべきものの到来の悦びを内に秘めている。だが、この悦びは、これを歌うべき言葉の未着によって、歌われるべき事柄それ自身の喪失の悲しみと重なり合いながら、本質的に引き裂かれた「痛み」として結晶化するのだ。そして、この痛みは、「わが国の縁」を統べる運命の女神の悲しい告知として詩人に経験された「わが国」の痛みでもあろう。

私たちは、このような失語の痛みに着目するハイデガーの思惟のうちに、「私たちがいかに、迫り来る新しい神々の曙を待ち受けているのかについて、私たちを言語へともたらす」(GA39, 43)ことをヘルダーリンの詩作の根幹として捉えた考察視点が反復されているのを見ることができる。歌われるべき宝玉は、ヘルダーリンが歌ったように、「かくも速やかに過ぎ去り行くもの(so schnellvergänglich sein)」であったのであり、その「通過の刹那において(im Nu des Vorbeiganges)あらゆる至福と驚愕とを生じさせることのできる殆ど捉え難い束の間の合図(Flüchtigkeit eines kaum faßbaren Winkes)」(111)のうちにこそ、ゲオルゲのいう「新しき国(das neue Reich)」において歌われるべき事柄が望見されていたのだと、私たちは言ってよいだろう。

7-5　「語られるべきもの」の未着と《私たち》の再生

ゲオルゲの「諦め」の経験において決定的であったのは、「言葉の未着」と「語られるべきものの喪失」の連動が、それ自身、まさに将来「語られるべきもの」として、あくまで不在のうちに匿われながら、沈黙のうちに到来したという事柄である。「仮にもこの詩が、シュテファン・ゲオルゲの固有な詩人的道程を詩作するものである以上、次のように予想することが私たちには許されるであろう。すなわち〝宝玉〟という言葉において考えられているのは、この詩人の晩年において、語られるべきもの(das zu-Sagende)として到来した単純な事柄の優美な充実である、と」(GA 12, 162)。ここに言われる「語られるべきもの」が、しかし、現在の言語表現の公共的地平にとっての外部として現象するからこそ、それは、私たちが先に見た失語の痛みとして結晶化したのである。

現在の言語地平の外部から差し迫る「語られるべきもの」の経験こそが、真率な詩作の必然的課題であるとする思想は、ハイデガーが書き遺した多くの詩論に繰り返し立ち現れる枢要な主題を構成するものである。最後に私たちは、一九四六年になされた講演「何のための詩人たちか?」を一瞥しておこう。私たちはここに、詩人の「運命」と「歴史」の連関をめぐるハイデガーの思惟のエッセンスを読むことができる。この講演は、「R・M・リルケは、乏しき時代の詩人であるのか」(GA5, 274)という問いを吟味しようとするものであるが、その結論部において、ハイデガーは次のように述べているのである。

「こうした詩人たち〔=乏しき時代の詩人たち〕を特徴づけているのは、次の点である。すなわち、彼らは詩人的な仕方で、彼らにとって語られるべきものの匂いを追尾しつつあり(weil sie dichterisch auf der Spur zu dem sind, was für sie das zu Sagende ist)、それがために、彼らにとっては、詩作の本質が疑問視されるべきもの(frag-würdig)となっていることと、この点である。そしてリルケは、聖なるものの匂いを追尾する途上において、〝本質的に歌う歌は、いつ存在するのか〟という詩人的な問いに到達する」(GA5, 319)。
「本質的に歌う歌は、いつ存在するのか」という問いとは、リルケの「オルフェウスに宛てるソネット(Die Sonette an Orpheus)」(一九二二年刊)第一部の第三ソネットにある、つぎのような詩行を踏まえたものである。(138)

「歌とは在ることなのだ。神にとっては容易《たやす》きこと。
だが、私たちは　いつ　在るのだろうか？　そして　いつ　神は
私たちの存在に　大地と星々を差し向けるのだろうか？
若者よ　君が恋をするということなどは、たとえそのとき
声が君の口を突いて出ようとも　それは歌では在らぬのだ…学ぶがいい
君の歌い上げた声を忘れることを。それは流れ去るものでしかない。
真実のなかで歌うことは　それとは別の息吹だ。
それは　何ものも求めぬ息吹。神のなかのそよぎ。一陣の風。」

Gesang ist Dasein. Für den Gott ein Leichtes.
Wann aber *sind* wir? Und wann wendet *er*

an unser Sein die Erde und die Sterne?
Dies *ists* nicht, Jüngling, daß du liebst, wenn auch
die Stimme dann den Mund dir aufstößt, —lerne

vergessen, daß du aufsangst. Das verrinnt.
In Wahrheit singen, ist ein anderer Hauch.
Ein Hauch um nichts. Ein Wehn im Gott. Ein Wind.

ハイデガーは、この詩行のなかに、「語られるべきものの匂いを追尾しつつある」詩人の姿を見て取ろうとしている。ハイデガーを導いていた問い、すなわち「リルケは、乏しき時代の詩人であるのか」という問いは、言うまでもなく、ヘルダーリンへの追憶に従ったものである。「〝神の欠損（Fehl Gottes）〟によって規定された」（269）時代において「詩作の本質をことさらに詩作した」（272, vgl. GA4, 34）ということこそが、ハイデガーをして、ヘルダーリンを「詩人のなかの詩人」（GA4, 34）と顕彰せしめたところの所以であった。「ゲルマーニエン」のなかに、「遁れ去りし神々の匂いを追尾する死すべき者たち」（GA5, 272, vgl. GA4, 184）としての詩人たちの歴史的な運命を看取しようとするハイデガーは、リルケの手になる右記の詩行のうちにもまた、「聖なるものの匂いを追う」詩人の姿を見出すことはできないかと問うのである。こうしたことから容易に想像されるように、リルケのソネットを論じるハイデガーの考察視点は、その根幹において、既に私たちが検討した彼のヘルダーリン論の観点を反復するものである。たしかに、講演中、ハイデガーは、リルケによって詩的に転用された幾つかの哲学的概念のなかにニーチェ的な意志の形而上学の匂いを嗅ぎ取って、それを厳しく批判するということも同時に行っており、ハイデガーのリルケ評価は、一筋縄ではいかぬ面もある。しかし、「本質的に歌う歌は、いつ存在するのか」というリルケの問いの痛みに寄せられたハイデガーの理解のうちには、彼が、いわば「詩作の詩作」として形象化される本質的な詩作の強度のなかに、どのような歴史経験を見て取っていたのかが、明瞭に看取されうるだろう。ハイデガーが「本質的に歌う歌は、いつ存在するのか」と定式化したリルケの問いが、元来、「私たちは　いつ　在るのだろうか?」と歌われているものであることに、私たちは注目したい。

　リルケは、この《私たち》という場の生起への問いに関連して、恋の歌を歌い上げようとする若者に向け、「学ぶがいい　忘れることを」と呼びかけているが、この問いの焦点にある事柄を明らかにするためには、いわゆる『若き詩人への手紙』を繙いてみるのが有益であろうと思われる。リルケは、その第一書簡においてもまた、「恋愛詩など書かないで下さい[139]」と呼びかけていたのである。注目に値するのは、一九〇三年に書かれたこの書簡の場合、若者への呼びかけの核心が、「あなたに書くことを命じる根拠」を「あなたの心の最も深い場所[140]」に発掘すべきであるという忠告であったことである。「私は書かねばならない[141]」という内的な必然性に従って創作すること、つまり、「この内面への転向から、この自己の世界への沈潜から詩行が立ち現れてくる[142]」瞬間の到来を、芸術家たる者の使命感において担い、引き受けることを、リルケは若者に勧告していたのである。そして、内部生命の必然性に従う結果、「詩人となることを諦めねばならない[143]」ことにもなりうることが、そこでは書き添えられていた。「あなたの心の最も深い場所」において、「あなた」が「自分は書かなくても生きていられる[144]」ことを感じるならば、きっぱりと詩人としての生活を諦めるべきであると、彼は言う。つまり、少なくとも一九〇三年当時の若者への呼びかけにおいて、リルケは、創作の道に就くことを決意するか諦めるかの分岐点を、ひとえに個人の内奥の必然に看取すべきことを語っているのだ[145]。たしかに、切実な、抒情詩人の《私》と言葉の関係が、問われているとは言えるだろう。

しかし、一九二二年の「オルフェウスに宛てるソネット」においてはどうであろうか？　先に引用した一節において歌われているのは、歌われるべき歌の不在であり、《私》の内面への転向ではなく、《私たち》と《神》の関係の転回への希求である。たしかに、詩人は若者に、安易な恋愛詩への堕落を諌め、そのような歌を「忘れろ」と語りかけるのだが、もはや事は、単なる「内面への転向(Wendung nach innen)」ではない歴史的な事柄へと委ねられていると考えるべきであろう。「ある芸術作品は、それが必然性から成立したときに、よいものとなる[146]」と、かの書簡の中で語られていたところの「必然性」とは、もはや単なる孤独な心的生活にもとづく必然ではなく、《私たち》という詩作のトポスにおける必然性なのである。「歌とは在ることなのだ(Gesang ist Dasein)」と、そこでは言われている。歌うことは《私たち》の現存在の表現であるという思想との連関において、リルケは、歌われるべき歌の現代における不在を語り、この不在の問題を、「《私たち》はいつ存在することになるのか」という歴史的な問いとして結晶化する。リルケは、ここにおいて、歌われるべき歌の不在の問題を、「別の息吹」を歌うべき私たちの世界内共存在の歴史的変様への問いとして詩作しているのだ。

ハイデガーは、「別の息吹」を歌うべき詩人たちの世界内共存在の歴史的な転回を詩作したリルケの詩行のうちに、「語られるべきものの匂い」を追跡する詩人の姿を見出した。ここに私たちが発掘しうるであろう言語の歴史性の問題こそが、本研究の結論となるべきである。〝歴史〟とは、いかなる年代記的・空間的な年表の秩序においても思考されるものではなく、かつて語られてきた饒舌なさまざまな言葉が空無と帰する《私たち》の無化という無気味な沈黙のさなか、来るべき「別の息吹」が、束の間の合図を送るその通過の刹那において祈られるものでしかない。歌われるべき歌、歌われるべきものの未着の痛みにおいてリルケが到達した、「私たちは　いつ　在るのだろうか?」という問いについて、ハイデガーは次のように述べている。

「この問いは、詩人の道程の発端に立てられたものではなく、むしろ、リルケの語りが、到来せんとする世界時代に応答する詩人性をそなえた詩業のうちへと到達する場所において立てられたものである。その世界時代とは、頽落でもなければ没落でもない。それは歴運として、存在のうちに根ざすものであり、自己の語りかけの内へと人間を要求するものである」(GA5, 319f. 強調引用者)。

　ある歴史的な移り行きを余人に先駆けて経験し、在りし時の遁走と来るべき時の未着という二重の不在を、「それは歌では在らぬ」という裸形の懊悩へと形象化した詩人の姿を、ハイデガーは、ここで、存在の歴史性との応答関係において見て取るのである。ハイデガーを動かしたのは、「私たちは　いつ　在るのだろうか?」という詩人的な問いであった。そのように問うことによって、詩人の《私》は、みずからの詩業の存在理由の全体を賭して、《私たち》という場それ自身の再生への祈りを祈るのである。真に語られるべきものの未着、歌われるべき歌の未着、という場所において、《私たち》という場それ自身の無が経験されており、失語の危地から、最後の叫びが叫ばれているのだ。エリオットが、詩人は「彼自身を満足させた詩が、他の人々に対して語るべきものとして、何を持っているのかを知りたがる」と書いたとき、そこで考えられていたものも、ある種の「祈り」であったと言えるだろう。だが、今や詩人の祈りは、単なる抒情詩的《私》を揺さぶる呼び声に応えながら、可能的な読者との連帯としての《私たち》を望むことではなく、《私たち》という場それ自身が無化する出来事の痛みから発せられた祈りへと転化している。

７－６　《誰でもない者》に宛てられた祈り

こうした事柄を、実のところ、おそらくはハイデガー以上に徹底して思索し、比類無く硬質な言葉の連鎖のうちに結晶化させたのが、Ｐ・ツェランであったのではないだろうか。私たちは、本研究の全考察を締めくくるにあたり、《私たち》の課題としてのツェラン的なものについて触れておきたい。彼もまた、失語の危地から詩作の原動力を汲み取ろうとした詩人であった。詩集『息の転回(Atemwende)』において、彼は歌っている。[147]

ほとばしるあなたの言葉の光の凪に
焼灼されはてた
似非体験の目もあやな
饒舌——百の
舌持つ　わが偽りの
歌、無の歌。

WEGGEBEIZT VOM
Strahlenwind deiner Sprache
das bunte Gerede des An-
erlebten — das hundert-

züngige Mein-
gedicht, das Genicht.

ここにおいて彼は、自らの旧作が「似非体験の目もあやな饒舌」、つまりハイデガー言うところの「空談(Gerede)」にすぎないものとして「焼灼」されはてるという失語の危地を語っている。そして、現在の言語地平を超越する場所から吹きつける「あなたの言葉の光の風」に応答し、真に歌われるべき現実を、この灼熱の風をくぐりぬけて探し求めることこそが「息の転回」としての詩作の課題であると歌うのだ。歌われるべき現実を喪失してしまった経験から出発しつつ、真に歌われるべき〝他なるもの〟の匂いを追尾する途上性において、詩作それ自身の本質が「疑問視されるべきもの(frag-würdig)」となるというハイデガー的なモチーフが、これ以上ないというくらい厳格な言葉のリズムにおいて作品化されていると言うことができるだろう。

一九五八年、ブレーメン文学賞の受賞講演において、ツェランは、O・マンデリシタムを踏まえながら[148]、次のように語っている。「詩は、それが言語の現出形式の一つであり、したがって本質上、対話的なものであるからには、瓶に入れて流される手紙(eine Flaschenpost)のようなものなのかもしれません。いつかどこかの陸地に……心の国(Herzland)かもしれない　その陸地に……流れ着くこともあろうという……必ずしも希望にみちているとは言えない……信念のもと、それは投げ込まれるのです。詩は、こういった仕方においても、途上にあるものです。それは、何かを目指して進んでいます(sie halten auf etwas zu.)[149]」。そして、「目指されている」のは、「おそらくは、語りかけうる《あなた》(auf ein ansprechbares Du vielleicht)、語りかけうる現実(auf eine ansprechbare Wirklichkeit)[150]」である、と。

「たしかに詩は、今日の詩は」と、さらに一九六〇年の『子午線』講演においてツェランは言う、「まぎれもなく、口を閉ざすこと(Verstummen)への強い傾斜を示しています[151]」と。たしかに、「詩は孤独なもの[152]」である。だが、孤独でありながらも、ツェランによれば、詩は「途上にある[153]」のだ。「詩は、ある〝他なるもの〟に赴くことを望みます。詩にはこの他なるものが必要なのです、向き合う相手を必要としているのです(es braucht dieses Andere, es braucht ein Gegenüber)。詩は、この他なるものを探し求めて、これに語りかけながら自らを委ねます。〔…〕詩は対話となるのです。しばしば、それは絶望した対話でありますが[154]」。

何故、「しばしば、絶望した対話」なのであろうか。それは、「語りかけられるものが、この対話の空間においてようやく初めて構成される[155]」といった類の対話こそが、ここでの問題だからである。瓶に入れて海に流される手紙としての詩は、たしかに「誰か」に読まれ、理解されることを祈りつつ流されるのであるが、この「誰か」とは、《私たち》という場の確実性を当てにして想定されているものではなく、《私たち》の無のさなかにおいて詩を書くことそれ自身によって創造される「誰か」なのである。ツェランは、「〝誰が知ろう(wer weiß)〟という言葉こそ、〔…〕古来からの詩の希望に、私が今日ここで、付け加えることのできる唯一のもの[156]」であると述べている。

詩は、「誰が知ろう」という半ば絶望的な祈りの言葉を添えられながら、《私たち》という場を再建しようとする願いなのだ。「詩は、存立しうるために、みずからの〝もはやない(Schon-nicht-mehr)〟から〝なおまだ(Immer-noch)〟のうちへと、絶えず自己を呼び戻し、連れ戻す[157]」ものなのである。ひとつの共同体が消滅した後の時間を、《私たち》は沈黙をもって生きざるをえない。《私》は、しかし、「もはやない」が反響する沈黙から、「なおまだ」へ向き直り、あくまで書き、語るのである。

ラクー＝ラバルトの適切な解釈を参照しておこう。「詩的な問いかけが、ある特異な宛て先に向かうこと(une adresse singulière)によって縛られているのは確実である。すなわち、他なるものへと、実際には、《あなた》と見なされている他なる者へと宛てられるのである」[158]。彼は、ここに「誰でもない者への祈り」を見るのであるが、これは、《私たち》の無を歌うツェランの絶唱を踏まえたものである。

「讃歌」

ふたたび私たちを土と粘土から捏ねあげる者はいない、
私たちの塵に呪《じゅ》を唱えるものはいない。
誰も。

讃えられてあれ、誰でもない者よ。
あなたのために私たちは
花咲こうと思うのだ。
あなたに
向って。

ひとつの無
であった
私たちは。今、私たちは無であり、これからも
無でありつづけるだろう、花咲きながら、——

無の、誰でもない者の薔薇。

たましいの
明るさの花柱を持ち、
空の荒涼の花糸を持って、
その花冠は赤い、
私たちが茨のうえで
ああ、そのうえで歌った
真紅の言葉のために。

PSALM

Niemand knetet uns wieder aus Erde und Lehm,
niemand bespricht unsern Staub.
Niemand.

Gelobt seist du, Niemand.
Dir zulieb wollen

wir blühn.
Dir
entgegen.

Ein Nichts
waren wir, sind wir, werden
wir bleiben, blühend :
die Nichts-, die
Niemandsrose.

Mit
dem Griffel seelenhell,
dem Staubfaden himmelswüst
der Krone rot
vom Purpurwort, das wir sangen
über, oh über
dem Dorn.[159]

ラクー＝ラバルトは述べている。「この祈りは、祈りを受け取る者(son destinataire)を定立しながらも、これを無化する祈り、つまり、これを《誰でもない者》として名指す祈りであるので、誰かに宛てた祈りとしての自分自身をも無化してしまう(s'annuler en tant qu'adresse)ように見える。しかし《誰でもない者》とは、受け取る者の不在(l'absence)ないし非存在(l'inexistence)だけを意味するのでは決してない。受け取る者がいないことを意味するのではないのだ。かかる命題はいかなる仕方においても背理ではない。それは単純に以下のことを意味している。すなわち、誰にも祈願しなければ、事実、祈りは空虚あるいは無駄なものであるということ、しかし《誰でもない者》に祈願するかぎり、それは祈りでありつづけるということ、これである」[160]。

　私たちは、この《誰でもない者》への祈りを、既に見たハイデガーにおける「最後の神」の思想に、あえて重ねよう。詩人は、《私たち》の無の前に立ち、《私たち》の再生を祈るのだが、その再生とは、もはや安易に何らかの既在する神々の再臨による再生として待望されているものではない。「最後の神」とは、「既在の神々とは全く異なる神」(GA65, 403)として、本質的な匿名性のうちで耐えぬかれるものであったことを想い起こそう。フィーガルも言うとおり、「神々を喪失したという歴史的経験」を徹底的に耐えぬきながら、なおも「開かれたものとして保たれるべき神的なものの経験[161]」を、ハイデガーは、「《最後の神》という匿名の衣のうち[162]」に匿おうとしたのである。ツェランの歌は、《私たち》自身が「ひとつの無」で在り続けることを耐えつづけることへの意志を歌い、「誰でもない者の薔薇」として咲き続けることへの決断を通じて、《私たち》という詩作の場の再生を祈る。《私たち》という場を再び創造する者は《誰でもない》。しかし、この創造を、《誰でもない者》という、《私たち》の言語に許された最高度の「開放性の強度(Intensität der Offenheit)[163]」において保持することにおいて、まさに、現象としての《私たち》が、その秘匿された襞を開展しつつあるのである。

この《誰でもない者》に宛てられた祈りを、私たちは、ハイデガー哲学における「言語」の問題を追跡してきた本研究の終着点としよう。

結論

最後に私たちは、本研究の歩みを振り返りながら、そこで獲得された幾つかの洞察について確認しておくことにしたい。

第一章において、私たちは、まず『存在と時間』におけるハイデガーの言語論の諸相を概観する作業を行った。そこで明らかになったのは、ハイデガーが、私たちの情状的な了解内容としての語りに基礎づけられつつ《世界的》な様式をもって存在する言語を、現存在の世界内共存在の顕在態として把捉しており、かつは、この言語現象の存立のうちに私たちの世界経験が不可避的に匿名化される根拠を見て取っているということである。いわゆる非本来的な現存在の「誰」を表示する「ひと(das Man)」という概念は、こうした匿名化され平均化された世界経験を導く言語現象の「語り手」として捉えることができるものであった。そして、「良心の呼び声」を論じる『存在と時間』におけるハイデガーの思索は、公共的な言語によって匿名的に解釈された世界のただなかにおいて、一切の公共的解釈を拒む《私》の特異性が、《私》の内奥における「語り手」の変様を迫りながら、《私》自身による応答を迫るという現象の実存論的解釈を試みるものであったのである。

『存在と時間』の言語論のこうした構図を見届けた後で、私たちは次に、第一章後半において、このような言語論の存在論的な動機を、その方法論的な背景のうちに解明するに至った。言語現象の根底を統べる右のような抗争現象

（匿名化の圧力 対 特異性の反作用）こそ、ハイデガーによる「脱形式化された存在論」の企てを動機づける根本現象であったのである。ハイデガーは、『存在と時間』を導く「解釈学的現象学」という方法概念を提示するに際して、「自己を呈示するもの」一般を形式的に標示する「現象」概念それ自身を、秘匿態から被露呈態への転化のポテンシャリティを内に秘めた動的概念へと刷新し、何かを「見えるようにする」ロゴスの働きとの協働連関において叙述している。『存在と時間』は、現象とロゴスのこうした協働連関を、現存在の「自己解釈」ないしは、現存在の存在の「自己告知」の動向に即して仕上げるのだが、上述の「良心の呼び声」こそが、その具体的な現象相なのである。こうした解釈学的現象学の方法論は、しかしながら、「自己正当化」の危機に曝されざるをえない。公共的言語を拒む各私的な現存在の特異性からの呼びかけに応えようとする解釈学的現象学は、公共的言語の内部で自己を正当化することは困難となるように思われるのである。しかしながら、私たちの言語活動が、本質的に、「誰かに向けて語る」という公共的対話性によって構造化されていることは、動かしがたい事実である。そうであるとすれば、解釈学的現象学のロゴスのなす「見えるようにする」働きとは、一体、「誰に」見せる働きであることになるのだろうか？　この問いに答えるための基礎を、「存在者」という概念それ自身の内に刻印された「公共性」を思考することによって確保することが、本研究第二章の課題であった。

私たちは、第二章の考察を、ハイデガーによるロゴス概念の究明が、テクネーおよびポイエーシス概念の解明との著しい並行性において企てられていることに着目することから開始した。そして、何かを「見えるようにする」ロゴスの働きが、「未だ存在しないものを存在へともたらす」制作的なテクネーと同様に、その本質上、《公共的世界》という宛て先へと向かう運動によって縛られていることを指摘することとなったのである。私たちは、《公共的世界》という新たに導入された概念をたずさえて、次に、『存在と時間』における了解・解釈・言明という三概念の連関を再検討することにした。「予・構造」によってその都度分節された了解内容が、「として・構造」へと転化しながら実践的な知として保持可能な世界解釈へと変換され、さらにこれが、同一の《公共的世界》に住まうものであれば誰にとっても妥当する言明という形態へと完全に脱文脈化されていくというプロセスこそ、ハイデガーが問題の三概念の連関において記述しようとした現象であることが解明された。そして次に、私たちは、このように脱文脈化された世界解釈としての言明が、再文脈化可能なそれであることを保証する原理としての「同一の世界」あるいは「同一の存在者」という概念に着目し、カント・フッサールの対象X論の検討を経て、ハイデガーにおける「存在者としての存在者」概念の意義を見定めることを試みたのである。カント・フッサールにおける対象Xを、私たちは、あらゆる経験に先だって定立された〝ゼロ点〟であると捉えた。このゼロ点としての超越論的主語の反復が、私たちの経験の同一化綜合的な進行プロセスを無限に許すのである。こうした考察観点は、「存在者としての存在者」と「存在者全体」の連関に関するハイデガーの思惟の解釈にも、原則的に適用可能であるが、私たちは、この連関において問題になっているのは、要するに、存在者をそもそも存在者として名指す能力一般の獲得と、存在者の出現の場としての《公共的世界》の企投に他ならないと結論した。現存在は、本質的に公共的な《世界》を企投することにおいて、存在するものをそもそも存在者として名指すことが可能になるのであり、名指されるその都度の存在者は、権利上、この《世界》の内に住まう誰によっても名指されうる公共的な存在者として出現する。今、論理的な意味において「第一回目の名指し」という言い方をすることが許されるならば、私たちは、「存在者」の概念をこうした公共性において了解し、これを存在者として名指した第一回目の「原行為(Urhandlung)」において、既に、「存在者全体を乗り越えて」しまっていたのである。第一回目の名指しのなかには、既に第n回目の名指しが潜在的に先取りされている。私たちは、その原行為の遂行において、在りとし在る存在者が出現する場としての公共的な世界を企投したのである。

個別的な存在者のレベルにおいて、どれほど新たな出会いが私たちを待ちうけていようとも、私たちは、こうした第一回目の名指しとともに存在者全体を乗り越えてしまったのであるから、存在論的には、以降、延々と「太陽の下に新しきものなし」という状況が続くかのように思われる。しかし、ハイデガーが既に『存在と時間』の「良心の呼び声」論において示唆していたような異他的なものの貫入の出来事を、私たちは無視するわけにはいかない。ハイデガーの芸術論および詩的言語論との連関において、そうした異他的なものの貫入の出来事の意義を考察することが、本研究第三章の課題となった。

第一に私たちが着目したのは、語りの現在化作用に関するハイデガーの思考の歩みである。日常的な語りの現在化作用に関する『存在と時間』の分析は、この周囲世界（ないしは私たちの言う意味での《公共的世界》）に帰属する存在者をそれとして叙述する作用にのみ着目しており、詩的な言語が、非現前的な存在者を非現前的なままに現前化する働きについては、言うべき事柄をもっていないように思われる。歴史的な事物の歴史性の分析においては明瞭に指摘されている《世界》概念の重層性・複数性に関する考察観点が、私たちの見るところ、『存在と時間』における言語論的分析には欠如しているのである。私たちは、こうした『存在と時間』批判の成果に立脚しつつ、いわゆる後期ハイデガーの著作における詩的言語論の本質的達成のひとつは、存在者の名指しがもつ〝近づける働き〟を「近さ」の次元の重層性、すなわち世界概念の重層性との相関において問題化しえた点に存することを指摘した。こうした思惟の観点は、一九三五、三六年の講演にもとづく『芸術作品』論文における「創作」概念のなかに既に準備されていたものである。芸術作品の現実性を、既成の公共的世界の解釈軸からは〝ありえようはずもないもの〟の突発的出現のうちに見て取り、そこに歴史的世界の切断面の創始を思考しようとする『芸術作品』論文は、ある異他的なものの貫入の出来事のうちに、言語現象の本質を見て取ろうとするものなのである。

本研究の最後に私たちが取り組んだのは、こうした〝ありえようはずもないもの〟の出現を準備する詩人たちの創作行為それ自身の本質究明であった。まずは、いったんハイデガーを離れて、私たちは、G・ベンとT・S・エリオットによる抒情詩論を参照し、誰にも宛てられていないモノローグとしての詩の創作に携わる者が、いかなる仕方で、「共同体」と関わっていきうるのかを問題にした。そして、ベンのモノローグ芸術論にはないエリオットに独自な創作論のなかに、公共的な空間に必然的に身を曝さざるをえない抒情詩的な《私》の姿と、新たな《私たち》の創設に賭ける詩人の不安な祈りを見て取ったのである。たしかにハイデガーが言う意味における「独白」と「対話」は、こうした詩人たちの思考領域とは異なる場所において思考されたものである。だが、「ひとつの対話」としての《私たち》という場それ自身の生起を、神々という絶対的に異他的なものからの語りかけとその要求によって基礎づけようとし、かつは現代を、こうした神々の「欠損」によって特徴づける(ヘルダーリン解釈を経たハイデガーの)思惟のうちには、詩的言語の本質を、《私たち》という場それ自身が無化する出来事の痛みから思考しようとする目論みが見て取られる。その限りにおいて、私たちにはやはり、ハイデガー的な詩的言語論の核心を、《私たち》という場の再生への祈りのなかに指摘することが許されるであろう。私たちは、こうした論点を、ゲオルゲが歌った「諦め」に表された失語の経験と、リルケの「私たちは いつ 在るのだろうか?」という詩的な問いを解釈するハイデガーの思惟のうちに確認し、かつは、私たち独自の仕方で、「沈黙」によって区切られた対話的共同体の生成消滅のリズムを考察することによって明らかにした。そうした全考察の結果、詩的言語と《私たち》の世界との関わりをめぐる思考の究極の到達点が、ツェランの詩文のうちに見出されたのである。《私たち》という詩作のトポスが無化する出来事の痛みを、《私たち》を再び創造するであろう「誰でもない者」へと宛てられた祈りにおいて書き、耐えぬくことの意味を、私たちは、ハイデガーにおける「最後の神」の思想とあえて重ね合わせた。そこに、ハイデガー哲学における

「言語」の問題をめぐる私たちの研究の終着点が見出されたのである。

本研究第二章の考察において私たちが見て取った言語の志向性と存在の公共性との内的連関は、《私たち》という言語のトポスが無化する歴史的危地を耐えぬく祈りの言語のなかで、幾度となく生きなおされ、再編・変様されつづけなければならない。それが、本研究において私たちが見て取った、生きた言語の歴史性そのものなのである。

注

序

（1） Anz, W.: „Die Stellung der Sprache bei Heidegger", in: *Heidegger, Perspektiven zur Deutung seines Werkes*, hrsg. von O. Pöggeler, 1994³, S. 305.

第一章

（2） Cf. Lacoue-Labarthe, P.: *La poésie comme expérience*, 1997, p. 25.

第1節

（3） 今日までの多くのハイデガー研究は、私たちが本節において問題にする「〝言語〟と〝語り〟の区別」を否定的に評価している。『存在と時間』におけるハイデガーは、いまだに「フンボルト的な伝統」に縛られており、エネルゲイアとしての内的言語形式とエルゴンとしての「外的言語形式」の区別に拘泥しているが、そうした悪しき伝統は、「いわゆる〝転回〟以後のハイデガー」によって乗り越えられ、「言語を言語の本質から経験する」新たな道が開拓されることとなった云々、といった解釈が、いわばハイデガー研究の定跡となってきたのである。一九六六年に行われた学会発表にもとづくW・アンツの論考は、こうしたハイデガー解釈の基準線を定めた先駆的仕事と見なされうるだろう。Vgl. Anz, W.: a.a.O., bes. S. 309.

近年においても、例えば、C・ラフォントの以下の論文などが、こうした解釈の基準線を継承している。Vgl. Lafont, C.: „Die Rolle der Sprache in *Sein und Zeit*", in: *Zeitschrift für philosophische Forschung*, Bd. 47-I (1993), S. 41ff., bes. S. 53f.

後期ハイデガーの言語哲学を批判しようとする彼女ですら、「ハーマン・ヘルダー・フンボルト的伝統」を乗り越えようとしたハイデガーの企図自体は、一定の仕方で評価されうると主張するのである。だが、彼らの研究は、そもそも何故、ハイデガーがフンボルト的な区別を継承しなければならなかったのかを事象に即して省察することを怠っているように思われる。私たちは、いわゆる「空談」と「良心の呼び声」の抗争現象において経験されるような人間的言語の断層的構造への洞察こそが、ハイデガーによるフンボルト的な区別の踏襲の背景にはあったと考え、この区別を真実に批判するためには、何としても、この断層的構造それ自身の事象的省察が不可欠であろうと考える。「空談」と「良心の呼び声」については、後論を参照されたい。

(4) Vgl. Humboldt, W.v.: „Über die Verschiedenheiten des menschlichen Sprachbaues", in: *Gesammelte Schriften im Auftrag der Königlich Preußischen Akademie der Wissenschaft, Bd. VII*, hrsg. v. A. Leitzmann, 1907. フンボルトによれば、「言語とは、いわば、諸民族の精神の外的な現出」(a.a.O, 42)、ないしは、「分節された音声をして、思想を表現しうるものとする、精神の仕事(Arbeit des Geistes)」(46)である。民族の「精神の特有さと言語形成」が「相互融合という一体性」(42)を獲得していく過程を、彼は、「外的言語形式と内的言語形式の綜合」(96)のプロセスと見なしている。

(5) Vgl. SZ, 161f., 168, 272f.

(6) M・フーコーは、『言葉と物』第9章「人間とその分身たち」において、「道徳の系譜学」を創始したニーチェにとって問題であったのは、「善と悪がそれ自体なんであるかではなく、自身を指示するためにアガトス〔善い、優れている〕と言い、他者を指示するためにデイロス〔臆病な〕と言うとき、誰が指示されているのか、というよりはむしろ〝誰が語っているのか〟を知ることであった」と書いている。Cf. Foucault, M.: *Les mots et les choses*, 1966, p. 316f.

フーコーによれば、ニーチェは、この〝誰が語っているのか〟という設問を、設問者たる自分自身、すなわち語りかつ問う主体としての《Ecce Homo》に基づかせることにより、「おのれ自らこの設問の内部になだれ込むことまで覚悟して」、この誰への問いを最後まで発しつづけたのである。

(7) よく知られたヴィトゲンシュタインの言葉「神秘的なのは、世界がいかにあるのかではなく、世界があるということそのものである(Das Mystische ist nicht wie die Welt ist, sondern *daß* sie ist.)」を、私たちはここで想起せざるをえない。「ミュスティコス *μυστικός*(神秘)」というギリシア語が、元来、「眼や口を閉じる」という意味の「ミュオー *μύω*」という動詞から派生したものであるという語源学(vgl. *Historisches Wörterbuch der Philosophie, Bd. 6*, hrsg. von J. Ritter und K. Gründer, 1984, S. 268)にこじつけて言えば、まさしく、これは「沈黙」の次元を示唆する言葉なのである。Vgl. Wittgenstein, L.: „Tractatus logico-philosophicus", 6.44, 6.432., 6.51, 6.522., 7, in: *Bd. 1 der Werkausgabe (in 8 Bänden)*, 1984, S. 84f.

第2節

(8) Hegel, G.W.F.: *Enzyklopädie der philosophischen Wissenschaften im Grundrisse 1830*, Einleitung §1.

(9) Vgl. Tugendhat, E.: *Vorlesungen zur Einführung in die sprachanalytische Philosophie*, 1994^6, S. 39. トゥーゲントハットは、この論考において、〝或るもの一般〟という形式存在論的な主題が確保されるのは、ひとが「諸対象へと私たちが関与していく仕方を反省することによって」(ibid.)であると指摘している。私たちは、この極めて単純かつ犀利な洞察から多くを学ぶことができる。しかしながら、同時に指摘せざるをえないのは、彼の洞察射程の限界である。私たちの対象志向性の構造を形式化する反省の作用と「存在論」の生成の連関を論じる彼は、存在を問うこと一般を、総じて、「相当する言語表現の使用の反省」(40)のもとに包摂することを提案するのだが、かかる思考よっては、到底、ハイデガーの狙う存在論的哲学の意義を把捉することはできまい。ハイデガー哲学の可能性と力は、ひとえに、存在論の脱形式化の試みのうちに存しているということ。私たちはこのことを以下に示すことによって、トゥーゲントハットの洞察の限界をも同時に示すことにしたい。

(10) Vgl. Brentano, F.: *Psychologie vom empirischen Standpunkt, Erster Band*, 1924, S. 109ff., bes. S. 124; Husserl, E.: *Logische Untersuchungen V. Über intentionale Erlebnisse und ihre „Inhalte“*, Husserliana XIX/1, 1984, S. 377ff.

(11) Fink, E.: *Studien zur Phänomenologie 1930-1939*, 1966, S. 186.

(12) こうした仕方で諸科学を襲う「基礎の危機(Grundlagenkrisis)」については、『存在と時間』の次の箇所における記述などを参照。Vgl. SZ, 9f.

(13) Vgl. SZ, 8ff. また、一九二八年のフライブルク大学教授就任講演『形而上学とは何か』においても、ハイデガーは、「学問的な実存」(GA9, 105)を形式的に反省する道を通じて、存在者一般への問いを提起しようと試みている。周知の通り、この講演の核心は、「不安」という根本気分における「無」の開示を問うことのうちにあるのだが(111ff.)、そうした問いは、「学問」によって規定された「研究者と教師と学生の共同体における私たちの現存在」(103)が、それぞれの仕方で「存在者それ自身」へと関わり、「存在者それ自身」によって指導され、「存在者それ自身」のうちへと突入していくものであることを確認し、「探究されるべきは存在者以外の何ものでもない」ことを見定めることによって導入されているのである。

(14) 『存在と時間』においては、こうしたプロセスが「同質的な自然空間(der homogene Naturraum)」(SZ, 112)の成立として捉えられている。周囲世界の意義連関から遊離させられ「かろうじてただ直前的に存在するだけの延長事物の連関」として構成される「同質的な自然空間」とは、ハイデガーによれば、「道具的なものの世界適合性を特殊な仕方で脱世界化すること」(ibid.)によって、はじめて立ち上げられることとなるのである。

(15) Vgl. Husserl, E.: *Ideen zu einer reinen Phänomenologie und phänomenologischen Philosophie, Erstes Buch*, Husserliana III/1, hrsg. von K. Schuhmann, 1976, S. 51. この、きわめて有名な箇所において、フッサールは次のように述べている。「あらゆる原的に与える働きをする直観(originär gebende Anschauung)が認識の権利源泉であり、また、私たちに対して〝直観(Intuition)〟のなかで原的に(いわば生身のいきいきとした現実性のなかで)おのれを提示してくるものは全て、単純に、それがおのれを与えてくるとおりのものとして、〔…〕受け取られるべきであるというのが、あらゆる原理の中の原理である。この原理のなかの原理に即すならば、考えられうるどんな理論も、私たちを誑かすことはできない」。この引用箇所から明らかなように、フッサールが、「原的に与える直観」をこのように現象学的探究の「絶対的な出発点」(ibid.)と見なす態度決定のうちには、「理論」なるものへの不信が隠されている。「理論」によって誑かされることを避けること、換言すれば、既成の「語りや思念から、事象自身へと遡行して、諸々の事象をそれらの自己所与性(Selbstgegebenheit)において問い、事象にとって外的な全ての先入見(alle sachfremden Vorurteile)を棄却すること」(S. 41)、それが、「直観」の原理を顕揚するフッサールの狙いなのである。既成の哲学理論の「脱・体験化」傾向を糾弾するハイデガーが、こうしたフッサール現象学の哲学革新の理念を受け継いでいることは、間違いないだろう。無論、こうした革新の理念は、フッサールの専売特許ではなく、例えば同時代のベルグソンの思考方法(彼もまた方法としての「直観」について語っている)にも見て取られるものであり、さらに歴史を遡り、幾多の事例を挙げつつ、「哲学」の理念そのもののうちに、そうした「革新」の概念が内包されていたことを、私たちは容易に指摘することができるだろうが。

(16) Husserl, a.a.O., S. 39.

(17) Bergson, H.: "Introduction à la métaphysique", in: *La pensée et le mouvant*, 1987, p. 188.

(18) Op. cit., p. 181.

(19) Ibid.

(20) Bergson, H.: "La perception du changement", in: *La pensée et le mouvant*, 1987, p. 163.

(21) 廣松渉『弁証法の論理』、一九九〇年、青土社、二五三ページ以下。

(22) こうした講義録を検討しながら、ハイデガー哲学における「解釈学的」モチーフの意義を明らかにする文献として、次のようなものを参照。Vgl. Figal, G.: „Vollzugssinn und Faktizität", in: *Der Sinn des Verstehens*, 1996, S. 32ff.; ders.: „Wie philosophisch zu verstehen ist. Zur Konzeption des Hermeneutischen bei Heidegger", in: *Siebzig Jahre „Sein und Zeit"*, hrsg. von H. Vetter, 1999, S. 135ff.

(23) Vgl. Anz, W.: „Die Stellung der Sprache bei Heidegger", in: *Heidegger, Perspektiven zur Deutung seines Werkes*, hrsg. von O. Pöggeler, 1994^{3}, S. 307.

(24) Nietzsche, F.: „Zur Genealogie der Moral", in: *KSA 5*, S. 248.

(25) A.a.O., S. 247f.

(26) 細川亮一氏は、『意味・真理・場所』(一九九二年、創文社)において、『存在と時間』におけるいわゆる「基礎存在論(Fundamentalontologie)」構想の核心を、「存在論の存在者的基礎(das ontische Fundament der Ontologie)」の問題のうちに剔抉しようとしている(同書一八二ページ以下を参照)。氏は、『存在と時間』序論における次のような言明、すなわち「哲学とは普遍的な現象学的存在論であり、現存在の解釈学から出発する。現存在の解釈学は、実存の分析論として、全ての哲学的問いを導く糸の端を、問うことがそこから発源し・そこへと打ち返す場所に結びつけているのである」(SZ, 38)という言明を、ハイデガーの「哲学の定式」(細川、一七一ページ)と命名し、この定式が『存在と時間』最終節において再び取り上げられる際に付言された問題提起に着目する。細川氏が「哲学の定式」と呼ぶ言明について、ハイデガーは、『存在と時間』最終節において次のように述べているのである。「無論、このテーゼもまた、ドグマとして妥当するようなことがあってはならない。これはむしろ、依然として〝包み隠されている〟原則的問題の定式化としてこそ妥当しうるのである。それは次のような問題である。存在論は存在論的に根拠づけられうるのか、それとも存在論はそのためにも何らかの存在者的な基礎を必要としているのか？(もしも後者であるとすれば)いかなる存在者が、基礎づけの機能を引き受けねばならないのか？」(SZ, 436)と。細川氏によれば、この「存在論の存在者的基礎」をめぐる問題は、未公刊のまま破棄された『存在と時間』第三篇において扱われるはずの問題であった。事実、この第三篇の「新たな仕上げ」であると言われる一九二七年講義『現象学の根本諸問題』では、「存在論の存在者的基礎と基礎的存在論としての現存在の分析論」(GA24, 33)という標題のもとに何事かが語られる予定であったのであり(この講義もまた中途で挫折したのであるが)、その内容を予告する部分において、「存在論は基礎的部門として現存在・分析論をもっている。そのうちに同時に、存在論がそれ自身純粋に存在論的に基礎づけられないということが潜んでいるのである。存在論の固有な可能化は、ある存在者、つまり、ある存在者的(ontisch)なものへと差し戻される、すなわち現存在へと差し戻される。存在論は存在者的基礎をもっているのである」(ibid., 26)と既に明言されているのである。『存在と時間』における「基礎存在論」の構想理念を、このような「存在論の存在者的基礎」の先視のうちに見て取ろうとする細川氏の解釈路線の正当さについては、ほぼ争う余地がない。

(27) また、私たちは、「解釈学的ロゴス」の動向を見極めてはじめて、ハイデガーをカント的伝統から区別する分水嶺を見出しもするであろう。というのも、一方において、実存的(existenziell)/実存論的(existenzial)、存在者的(ontisch)/存在論的(ontologisch)、現象的(phänomenal)/現象学的(phänomenologisch)という双対図式は、明らかに、経験的/超越論的という双対を語るカント的伝統に棹さすものであり、こうした二分法に基づくハイデガーの方法論的省察は、容易に、『純粋理性批判』におけるカントの「形而上学」論を想起させもするからである。『純粋理性批判』序言においてカントは、「経験の試金石」(A VIII)による吟味をはなれた諸原則の構成的使用と訣別し、「実験によって確証されるか反駁されるかするもののうちに、純粋理性の諸要素を求める」という「自然研究者に倣った方法」(B XVIII, Fußn.)を採用することによって、「形而上学」を既往の「単なる暗中模索(ein bloßes Herumtappen)」から解放し、「学の確実な歩み(der sichere Gang einer Wissenschaft)」(B VII)へともたらさんとする抱負を語っている。ハイデガーもまた、〝本来的〟実存をただ単に実存論的に企投するのみではなく、この企投が、実存的な「証し(Bezeugung)」(SZ, 267)を見出してはじめて、問いは、「吟味に耐える現象的地盤」(267)にもたらされるのだと述べるが、ここに言われる「吟味に耐える現象的地盤(probehaltiger phänomenaler Boden)」という表現を、容易に、ひとは、カントのいう「経験の試金石(Probierstein der Erfahrung)」の焼き直しとして片づけてしまいかねないように思われるのである。けれども、こうした平行性にもかかわらず、ハイデガーの求める「試金石」が、カントにおけるそれと決定的に隔たっていることも、また確実なのである。私たちとしては、次の二つの点を注記しておこう。(一)カントは、「経験の限界」を踏み越えていこうとする人間理性の「自然的資質(Naturanlage)」を、一方において「形而上学」の由来として見定めながらも、「学」としての「形而上学」を確立する目的のために、これを経験的に制限しようとしたが、ハイデガーは、むしろこの「自然的資質」のうちに飛び込んで、そこに「存在論の存在者的基礎」を見出そうとし、さらには、所謂「一般形而上学」と「特殊形而上学」の接合点をも発掘しようと企てている。(二)ハイデガーの「試金石」は、日常的経験のうちにあっては秘匿されている。見出されるべき「現象的地盤」は、「無気味なもの」として顕在化した経験の潜勢力なのである。ここには、日常的経験の単なる「再認」に留まらない創発的契機を見出すことができる。要するに、実存論的分析を実存的に基礎づけるべき「実存」の概念、カント的にいえば超越論的分析を基礎づけるべき「経験」の概念が、時間的に重層化され、その断層的構造において思惟されているのである。

(28) 細川亮一、前掲書、二六八ページ。

(29) フィーガルは、こうした「解釈学的」な思惟の根本動向を、「神的なもの」の次元との関わりにおいて叙述している。Vgl. Figal, G.: „Philosophie als hermeneutische Theologie", in: *Verwechselt mich vor Allem nicht! Nietzsche und Heidegger*, hrsg. von H.-H. Gander, 1994, S. 89ff.

(30) 『存在と時間』第四十四節は、真理現象に関する考察を、「言明が、真理の〝所在地〟である」とする常識的なアリストテレス理解にもとづくドグマと対決することから始めている。

(31) ハイデガーの所謂「形式的な示唆(die formale Anzeige)」という方法概念を、「第一の原初」から「別の原初」への移行を促す「合図(Wink)」という一九三〇代中葉以降の存在史的思索に独特な概念との連関において詳細に検討した論考としては、次の論文を参照。Coriando, P.: „Die formale Anzeige und das Ereignis, Vorbereitende Überlegungen zum Eigencharakter seinsgeschichtlicher Begrifflichkeit mit einem Ausblick auf den Unterschied von Denken und Dichten", in: *Heidegger Studies, Vol. 14*, 1998.

(32) Vgl. *Phaidon*, 76b8; *Laches*, 187e10; *Politeia*, 510c7, 533c2, u.s.w.

(33) ドイツ語の „Rechenschaft" という概念は、例えばDudenの辞典において „nähere Umstände od. Gründe betreffende pflichtgemäße Auskunft, die man jmdm. über etw. gibt, wofür man verantwortlich ist" と説明されるごとく、「責任」の概念と密接に結びついている。„Rechenschaft" を与えるとは、自分に責任がある事柄に関する事情説明の義務を果たすということであり、

また、誰かに „Rechenschaft“ を求めるとは、当該の事柄に対する責任をその誰かに求めるということである。Vgl. *Duden Deutsches Universalwörterbuch*, 1997^{3}.

(34) Vgl. Tugendhat, E.: *Der Wahrheitsbegriff bei Husserl und Heidegger*, 1970^{2}, S. 368 Anm.

(35) Ibid.

(36) A.a.O., S. 6, 404f.

(37) Held, K.: „Heidegger und das Prinzip der Phänomenologie“, in: *Heidegger und die praktische Philosophie*, 1989, S. 131.

(38) A.a.O., S. 132.

(39) A.a.O., S. 131.

(40) Vgl. Figal, G.: *Heidegger, Zur Einführung*, 1996^{2}, S. 116f.「移行」という現象を「歴史生起の根本本質(Grundwesen des Geschehens)」(GA29/30, 531)と捉えつつ、同時に、「私たちが自分たちを新たな様式と固有化の仕方において、存在自身に曝し出すとき、西洋の歴史におけるドイツ人の使命が見出されることだろう」(一九三三年三月三〇日付、E・ブロッホマン宛書簡)などという歴史的な展望を語るハイデガーの思惟の内に、フィーガルは、「国家社会主義の〝決起〟」に易々と魅せられてしまう政治的盲目さの種子を見て取っている。Vgl. *Martin Heidegger — Elisabeth Blochmann, Briefwechsel 1918–1969*, 1990^{2}, S. 60.

第3節

(41) こうしたアリストテレス的なテクネー理解は、遅くとも一九二四／二五年講義以来、ハイデガーにとって一貫して、重要なものでありつづけた。Vgl. GA19, S. 21ff.. および、三上真司「ハイデガーのテクネー論(I)」(横浜市立大学紀要、人文科学系列第二号、一九九五年、所収)を参照。

(42) なお、ハイデガーが『芸術作品の根源』中の上記引用箇所においてテクネーとして主題的に想定している事柄が(なるほど「制作」の営みそれ自身ではないにせよ)、『ニコマコス倫理学』第六巻第四章の表現をかりれば「制作にかかわる」(1140a17)ものとしての技術知であり、プラトン『ソフィステス』における分類に従えば、「獲得術 *κτητική*」でも「分離術 *διακριτική*」でもない「制作術 *ποιητική*」であるということ、これは、テキストの文脈から明らかであると思われる。第一に、上掲箇所において、ハイデガーがテクネーの本義を問題化することとなったそもそものきっかけは、芸術的な創造(Schaffen)の本質をめぐる誤解を牽制することであり、また第二には、上掲箇所につづけてハイデガー自身、「(芸術)作品の制作(Her-stellen)も道具の制作も、あらかじめ存在者をその外見のほうから、その現前の内へと出来させるような〝Her-vor-bringen(こちらへと、前へと、もたらすこととしての制作)〟の内部において生じている」(GA5, 47)と述べていることからも明らかなように、テクネー概念をめぐるハイデガーの考察の焦点は、あくまで「制作」という営みの本質究明にすえられているのである。ハイデガーのテクネー理解の言語論的な内含を手がかりに「見えるようにするロゴス」概念の理解を刷新しようとする本章の探究は、こうした文脈からも、ポイエーシス概念とロゴス概念との本質連関をめぐる探究とならざるをえない。

(43) 「考量」概念については、「3-3「了解・解釈・言明」の基礎づけ連関の再検討」において再び触れる。

(44) よく知られているように、「存在論の歴史の解体」という課題を提示する『存在と時間』序論には、「或るものの被制作性(Hergestelltheit)という最も広い意味における被創造性は、古代の存在概念の本質的な構造契機のひとつである」(SZ, 24)と述べられている。

(45) ハイデガーのこうしたギリシア哲学理解の最もラディカルな表現を、私たちは一九三一年夏学期講義『アリストテレス「形而上学」Θ1-3』における次のような発言のうちに読むことができる。「ギリシア人たち、つまりプラトンとアリストテレスは、ただ単に、制作(Herstellung)という現象の解釈を遂行したのみではない。哲学の根本諸概念が、まさに、この制作現象の解釈の内から、また、その解釈の内において生じたのだ。〔…〕ギリシア人たちが、エピステーメー・ポイエーティケー *ἐπιστήμη ποιητική*(制作知)として把握した事柄は、彼らの世界了解それ自身にとって、原則的な意義を有するものだったのである」(GA33, 137)。

(46) ここに紹介するような道具や製品の世界における他者への指示の問題が、ハイデガーの他者論全体のなかでどのような位置を占めているかについては、次の文献を参照。Michalski, M.: *Fremdwahrnehmung und Mitsein*, 1997, bes. S. 186ff.

(47) たしかに、その都度の制作行為が「特定の他者」による「日々の使用」をテロスとするものであるか、それとも「不特定多数の他者たち」を顧慮したものであるのかという違いは、問題の「公共的世界」の公共性の意義を、場合によっては本質的に変様してしまうことになるかもしれないが、この点については、ここでは問題にしない。

(48) 私たちの解釈は、次のブランダムの仕事に多くを負っている。Brandom, R.: "Categories in Being and Time", in: *Heidegger, A Critical Reader*, ed. by H. Dreyfus & H. Hall, 1992. 「実践的推論」(p. 55)の構造に着目することから出発し、「脱文脈化」と「再文脈化」という解釈学的タームによって「了解」「解釈」「言明」の連関を理解しようとする視点を、私たちは彼から学んだ。私たちの解釈は、ブランダムの解釈路線を、知の「保持」という観点から再構成したものである。ただし彼は、「再文脈化」という概念を、「道具的存在者」から「事物的存在者」への変様と連関する〝行為文脈の再編〟というような意味で用いており、私たちの用語法とは大きく異なっている。

(49) Vgl. Gadamer, H.-G.: *Wahrheit und Methode*, 1986^{5}, S. 312ff. よく知られているように、『真理と方法』においてガダマーは、テキストの「理解」のうちには、「理解されるべきテキストを解釈者の現在の状況へと適用する」(313)という運動が本来含まれていると強調している。この運動が、いわゆる「地平融合」の基本要件とされている。

(50) Vgl. Husserliana III/1, S. 303. 周知のとおり、こうしたフッサールの区別は、『論理学研究』第五研究における「志向されている対象(Gegenstand, welcher intendiert ist)」と「志向されている姿での対象(Gegenstand, so wie er intendiert ist)」との区別に遡る。Vgl. Husserliana, XIX/1, S. 414. この区別に関する詳論は、後述する(本章第4節)。

(51) 一九二五年夏学期講義『時間概念の歴史への序説』において、ハイデガーは、「知覚されているもの(das Wahrgenommene)」と「被知覚性(die Wahrgenommenheit)」の区別を語ることによって、まさしく「志向された存在者それ自身」と「志向された相における存在者」とのフッサール的な区別を、彼自身の志向性理解のうちで消化しようとしている。Vgl. GA20, 48ff. さらにまた、『存在と時間』出版直後に行われた一九二七年夏学期講義『現象学の根本諸問題』では、カントの「存在」あるいは「現実性」概念を解釈するうえで決定的な意義を担う「知覚」の問題を論じる脈絡において、「知覚作用(Wahrnehmen)」「知覚されているもの(Wahrgenommenes)」「被知覚性(Wahrgenommenheit)」の区別を論じている。Vgl. GA24, 64ff.

第4節

(52) Natorp, P.: *Platons Ideenlehre*, 1921^{2}, S. 367.

(53) カントの超越論的な「対象X」概念をこのように理解するにあたって、私たちは、ロックが『人間知性論』第三巻第三章および第六章において提示した、かの有名な「本質」論を想起せざるをえない(cf. Locke, *An Essay concerning Human Under-*

standing, ed. by P. H. Nidditch, 1975, Book III, Chap. III & VI)。実体の「唯名的本質(nominal Essence)」からは区別されるべき「実在的本質(real Essence)」に関するロックの記述は、カントにおける「対象X」の概念の核心を、興味深い仕方で先取りしているように思われるのである。「実のところ、諸実体の実在的本質については、私たちはそれらが何であるかを精確に知らずに、それらの存在を想定するのみである。だが、諸実体を種に結びつけるものは唯名的本質であり、実体とは唯名的本質の想定された根底であり、原因なのである」(Chap. VI, §6, p. 442, 強調引用者)とロックは述べている。ここに語られている「唯名的本質」とは、ある実体について私たちが「知っている」ところの本質であり、私たちが、この実体を「種別」し名指し分けるときに依拠する(当の実体が何であるかについての)知識のことである。他方、実体の「実在的本質」とは、「この唯名的本質ならびにその種の全特性がもとづく実体の実在的構成」(Chap. VI, §2, p. 439)のことであり、ロックによれば、私たちによって「知られている」唯名的本質自身とは、厳密に区別されるべきものである。

ロックの考察の要点は、次のようなものであろう。私たちは、或るものの実在の構成について何も知らなくても、このものを名指し、他のものから呼びわけることができる。裏を返せば、たとえ私たちが何か或るものを、その「唯名的本質」の知識を頼りにして、他のものから正しく呼びわけることができたとしても、それだけでは決して、このものの制作者ならば所有しているであろう実在的本質や構造に関する知識の獲得は保証されないのである。ロックに言わせれば、それはちょうど「ストラスブールの名高い時計の内部のぜんまいや歯車やその他の仕掛け」について何も知らない「田舎者」が、「かろうじて時計の針の動くのを見たり、時を打つのを聞いたりしながら、いくつかの外見のみを観察」(§3, p. 440)するだけであっても、やはり、この時計を他のものから呼びわける(種別する)ことができるようなものである。

もっとも、ロックのこうした議論は、「実体」の本質に関してのみ限定的に提示されるものであり、「単純観念と様相との種では唯名的本質と実在的本質とは常に同じである」(Chap.III, §18, p. 418)という重大な留保が付されている点にも十分な注意が払われなければならないだろう。また、より重要なのは、「実在的本質」の不可知性に関するロックの議論は、カントにおいては、「対象X」の概念にではなく、私たちの認識能力の彼岸にある「物自体」の不可知性をめぐる思惟のうちに受け継がれているという点である。両者とも、興味深い認識論上の問題を示唆していると思われるが、これらの点に関する詳述は割愛せざるをえない。

(54) ちなみにハイデガーは、『カント書』において、「対象一般」としての「X」という概念は、「対象的に存立してくる全ての可能的な諸対象を超越」しつつ、「対象存立の地平」(GA3, 123)を切り開くもののことを意味しているのだと語っている。私たちも、カント・フッサールの「対象X」論の検討によって得られた視角から、後述の第5節において、ハイデガーの「超越」と「地平」の概念を分析してみたいと思う。

(55) Husserl, E.: *Formale und transzendentale Logik*, Husserliana XVII, 1974, S. 91.

(56) Ibid.

(57) Husserl, E.: *Logische Untersuchungen, V*, Husserliana XIX/1, 1984, S. 359f.

(58) A.a.O., S. 429f.

(59) Husserl. E.: *Ideen zu einer reinen Phänomenologie und phänomenologischen Philosophie, Erstes Buch*, Husserliana III/1, 1976, S. 302.

(60) A.a.O., S. 414.

(61) A.a.O., S. 303.

(62) Ibid.

(63) Vgl. Frege, G.: „Über Sinn und Bedeutung“, in : *Funktion, Begriff, Bedeutung*, hrsg. von G. Patzig, 1994^{7}, S. 40ff.

(64) Husserl, E.: *Formale und transzendentale Logik*, Husserliana XVII, 1974, S. 91.

(65) Husserl, E.: *Ideen zu einer reinen Phänomenologie und phänomenologischen Philosophie, Erstes Buch*, Husserliana III/1, 1976, S. 297.

(66) A.a.O., S. 303.

(67) A.a.O., S. 302.

(68) A.a.O., S. 297.

(69) Vgl. a.a.O., §99, §103.『イデーンI』に言われる「存在性格」とは、『論理学研究』において論じられた志向的作用の「質(Qualität)」のノエマ的相関者であると考えてよい。

(70) A.a.O., S. 304.

(71) A.a.O., S. 299.

(72) Cf. *Idées directrices pour une phénoménologie, traduit de l'allemand par Paul Ricoeur*, 1950[6], p. 432. 渡邊二郎訳『イデーンI-II』(一九八七年、みすず書房)訳注、四三七ページも参照。

(73) Fink, E.: *Studien zur Phänomenologie* 1930–1939, 1966, S. 132.

(74) A.a.O., S. 130f.

(75) A.a.O., S. 130.

(76) Ibid.

(77) A.a.O., S. 131.

(78) A.a.O., S. 132.

(79) A.a.O., S. 132f.

(80) Husserl, E.: *Ideen zu einer reinen Phänomenologie und phänomenologischen Philosophie, Erstes Buch*, Husserliana III/1, 1976, S. 301f.

(81) A.a.O., S. 312.

(82) A.a.O., S. 100.

(83) A.a.O., S. 313.

(84) A.a.O., S. 15.

(85) A.a.O., S. 100.

(86) A.a.O., S. 313.

(87) A.a.O., S. 101. 強調は引用者。

(88) したがって、「物というものの領域的な理念、すなわち規定的な意味内実を具えつつ、存在するものとして定立される同一的なXというものは〔…〕」(a.a.O., S. 350, 強調引用者)という語り方こそ、むしろ本来的な用法であると言わねばならないように思われるのである。フッサールの理論の臨界点は、領域的存在者と形式的存在者を、ある場面において意図的に混同し、「純然たるX」という記述を両者に横断的な仕方で妥当させようとしている点に見出されるのではないか。

(89) Husserl, E.: *Formale und transzendentale Logik*, Husserliana XVII, 1974, S. 164.

(90) A.a.O., S. 291.

(91) Ibid.

第5節

(92) 「ト・オン・ヘーィ・オン *τὸ ὂν ᾗ ὄν*」のドイツ語訳であることが推察されるハイデガーの表現として、ここでは „das Seiende als Seiendes“ ではなく、„das Seiende als solches“が用いられている。だが両者は、基本的には同義であり、„das Seiende als solches“を「存在者それ自体」とか「存在者それ自身」等と日本語訳することは避けられるべきであると考え、私たちは、これらを一貫して「存在者としての存在者」と翻訳することにした。「存在者それ自身」という日本語は、„das Seiende (an ihm) selbst“といったドイツ語の翻訳として用いることにする。他方、「それ自体としての存在者」等という訳語は、„an sich“というドイツ語の訳語にしばしば充てられる「自体」という日本語が無用な誤解を招くおそれがあり、ハイデガーの概念の翻訳としては避けられるべきであろう。

(93) 細川亮一『意味・真理・場所』、三二〇ページ以下参照。

(94) ハイデガーにおける「転回」概念の多義性については、次の文献を参照。Vgl. Herrmann, F.-W. v.: „Das Ende der Metaphysik und der andere Anfang des Denkens, Zu Heideggers Begriff der Kehre“, in: *Wege ins Ereignis*, 1994, S. 64ff. 私たちがここで取り上げようとする「転回」とは、すぐ後に検討する一九二八年夏学期講義において、「存在論の基礎づけと仕上げの全体が、基礎存在論なのであるが、これは、第一に、現存在の分析論と、第二には、存在の時間性(Temporalität)の分析論を意味している。だが、後者の時間的分析論は、同時に、転回なのである」(GA26, 201)と言われる意味における「転回」であって、存在の「出来事のうちに属している転回(Kehre im Ereignis)」(vgl. GA65, 407ff.)、すなわち、自己を投げかけてくる存在と、この存在に必要とされる限りにおいて企投を行う現存在の働きとの間に生じる「対向振動(Gegenschwung)」としての「転回」のことではない。

(95) 細川亮一、前掲書、二八五ページ以下。

(96) 私たちは、公共的な存在者概念の成立に寄与する「名指し能力」それ自身が、公共的な仕方で獲得されたに違いないことを、フンボルトの示唆に従いつつ、更に考察しなければならないだろう。フンボルトは、いわゆる「カウィ語序説」において次のように述べている。

「現象世界において言語は、ただ社会的にのみ展開する。そして人間は、ただ彼が試行錯誤しつつ、他者に宛てた自分の言葉の理解可能性を吟味することによってのみ、おのれ自身を理解するのである。というのも、客観性なるものが高まるのは、自らの造形した言葉が、他人の口から再び反響してくるときだからである」(VII, S. 55f.)。

自らの語った世界像の「客観性」を、私たちはいかにして手に入れることができるか、というのが、ここでの問いであり、それは「他者の口(fremder Mund)」からの反響のうちに自分自身の言明を反復することによってである、というのがフンボルトの解答であるが、私たちは、この洞察を、私たちが問題にした「第一回目の名指し」の原風景にも適用することができるのではないか。何らかの「孤独な心的生活」において「自分が何かを名指すのを聴く」という仕方で、名指しの能力は獲得されるのではない。《私》が呼んだ名前が他者の口を通じて反復されるのを聴くという経験が、そこでは不可欠であったはずである。幼児であった《私》の知覚風景に出現した一匹の小動物を、身近な肉親が「ほら、ニャーニャだよ」と呼ぶのを聴き、《私》も回らない舌を「ンニャ、ンニャ」と動かしてみた。すると、「そう、ニャーニャだね」と、これに同調して同じ名前が、肉親の声を通じて反復されるのを《私》は聴くことができた。そのような同調的共鳴の経験こそが、私たちに「存在者を公共的なそれとして名指す」ということを、そもそも教えてくれたのではなかっただろうか？

世界について、他者が自分と同じように語るのを聴くという経験に媒介されてはじめて、《私》の世界のリアリティーは強度を増し、ある種の「客観性」を獲得するのである、とするフンボルトの言語哲学に特徴的な着眼点は、一八二七年に発表された論文「双数について(Über den Dualis)」に最も明白に見て取られる。

「言語の根源的な本質のうちには、ある不変の双数性(ein unabänderlicher Dualismus)が存しており、発話することの可能性は、それ自身、呼びかけと応答(Anrede und Erwiderung)によって条件づけられているのだ」(VI, S. 26)。

そのように論定しつつ、フンボルトは、そもそも私たちの思考活動一般が、「本質的に社会的現存への傾向」(ibid.)によって制約されていると主張している。人間とは、フンボルトによれば、「ただ思考するためだけにも、《私》に応答する《君》(dem Ich entsprechendes Du)への憧憬を抱く」のであり、《私》の思い描く「概念は、それが、ある他者の思考能力から〔再び〕反射してきたときにはじめて、自らの被規定性と確実性とを獲得する」(ibid.)のであるが、私たちはこのことを、右のように発生論的な仕方で跡づけうる「名指し一般の能力の公共的な獲得」という問題のうちに基礎づけることができるであろう。なお、他者の言葉を〝聴く〟という経験の言語哲学上の重要性に着眼した先行研究としては、次のような文献を参照。Vgl. Riedel, M.: „Logik und Akroamatik. Vom zweifachen Anfang der Philosophie", in: *Philosophisches Jahrbuch 91*, 1984; ders.: „Sprechen und Hören. Zum dialektischen Grundverhältnis in Humboldts Sprachphilosophie", in: *Zeitschrift für philosophische Forschung 40*, 1986; Trabant, J.: *Traditionen Humbolts*, 1990, bes. S. 169ff.

第3章

(97) 梶井基次郎「筧の話」。

(98) „Seinesgleichen geschieht." Vgl. Musil, R.: *Der Mann ohne Eigenschaften 1*, hrsg. v. A. Frisé, 1978, S. 81.

(99) 旧約聖書「コヘレトの言葉」(一・9)。Cf. Arendt, H.: *The Human Condition*, 1989, p. 204.

(100) Arendt: op. cit., p. 177ff.

(101) Musil: a.a.O, S. 69.

(102) Vgl. Figal, G.: *Heidegger, zur Einführung*, 1996^{2}, S. 86.

第6節

(103) フッサール現象学における「現在化(Gegenwärtigung)」と「準現在化(Vergegenwärtigung)」の区別については、『論研』第六研究における「知覚の志向的性格は、想像 Imagination のそれが単なる準現在化であるのに対して、現在化である」(Husserliana XIX/2, S. 646)という標準的記述に従いながら、『イデーンⅠ』において知覚経験の説明に用いられる「原的に(originär)」「生身のいきいきとしたありさまで(leibhaftig)」(Husserliana Ⅲ/1, S. 11, 81, 142 u.s.w.)等の修飾語を付加して再構成した。「直観的表象と概念的表象」の区別に関する一八九〇年代のテキスト以来、フッサールが晩年に至るまで繰り返し論究した「直観的な準現在化」の諸相については、次の網羅的記述を参照。Vgl. Bernet・Kern・Marbach: *Edmund Husserl*, 1996,

S. 131ff.

(104) Vgl. Platon : *Sophistes*, 262e6.

(105) Cf. Sartre, J.-P.: "Une Idée fondamentale de la phénoménologie de Husserl : l'intentionnalité", in : *Situations I, Essais Critiques*, 1947, p. 32.

(106) Cf. op. cit., p. 30.

(107) たしかに、ハイデガーは、「今日ただいまからの〝時代的〟な距離は、本来的に歴史的な存在者の歴史性にとっては、何らの第一次的に構成的な意義をも持たない」(SZ, 381)と、述べている。私たちの言う〝時代的距離〟という表現が、何らかの客体化された時間の内部に生成消滅する事物的存在者を測定するためのカテゴリーとして解釈されるならば、それは、ハイデガーの思考しようとする「実存範疇(Existenzial)」として歴史性の理解にとっては、不適切なものとならざるをえないだろう。〝過ぎ去った世界〟という暫定的な表現についても同断である。だが、私たちとしては、いわゆる〝時代的距離〟のうちに異他的な伝承理解の生産的可能性を見出すガダマーの行き方を参考にしながら、彼が「地平融合」と呼ぶ現象に相即する〝異他的な地平との出会い〟を、あえて素朴な表現によって再確認することを優先したいと思う。Vgl. Gadamer, H.-G.: *Wahrheit und Methode*, 1990[6], S. 296ff.

(108) Trakl, G.: *Dichtungen und Briefe, Band I*, hrsg. von W. Killy u.a., 1969, S. 102.

(109) 旧約聖書「創世記」(一 3以下)。

(110) Vgl. Herrmann, F.-W. v.: „Sprache — Dichtung und Ereignis", in : *Wege ins Ereignis*, 1994, S. 295.

(111) VA, 14f.

(112) Vgl. Herrmann, F.-W. v.: a.a.O., S. 302.

(113) ハイデガーのミメーシス論については、ニーチェ講義のとりわけ次の箇所を参照されたい。Vgl. NI, 196ff.

(114) Klee, P.: „Schöpferische Konfession", in : *Das bildnerische Denken*, 1990[5], S. 76.

(115) こうした記述は、カンディンスキーやマレーヴィッチらによって先導された現実の抽象絵画の成立事情とは、大いに齟齬をきたすように思われるかもしれない。というのも、彼らが実際に目指したのは、一切の「対象」の束縛から解き放たれた色彩そのものの音楽的な構成であったり、幾何学的図形のリズミカルな配列であったりした（とされる）からである。しかし、彼らの絵画制作もまた、「自分たちはいったい今、何を描くべきなのか」という問いによって動機づけられていたに違いあるまい。この「何を」をめぐる了解の変動を促すもの、そして、そうした変動が模索するものを、私は、「世界の外部に存在するもの」という言葉によって暫定的に表現したいと思うのである。なお、クレーの絵画における「無対象性」の意義については、次の文献を参照。Hausenstein, W.: *Kairuan oder eine Geschichte vom Maler Klee und von der Kunst dieses Zeitalters*, 1921, bes. S. 92ff.

第7節

（116） Vgl. GA12, 195.

（117） Vgl. a.a.O., 229, 254.

（118） 「抒情詩的な《私》(das lyrische Ich)」という概念の歴史と、ベンにおけるその（必ずしも意味明瞭とは言えない）特異な用法との絡み合いについては、次の文献を参照。Vgl. Meister, U.: *Sprache und lyrisches Ich, Zur Phänomenologie des Dichterischen bei Gottfried Benn*, 1983, S. 99ff.

（119） ベンの詩作とハイデガー哲学との関係についても、やはり前注にあげたマイスターの記述を参照。Vgl. Meister : a.a.O., S. 39f.

（120） 類似の記述がメルロ＝ポンティにも見られる。Vgl. Merleau-Ponty, M.: *Phénoménologie de la perception*, 1945, S. 206ff.

（121） 本研究の第一章における「良心」論を参照。

（122） ハイデガーは、ノヴァーリスによる「独白」としての言語論を意識しつつ（GA12, 229）、けれども、彼自身の思惟する「独白」は、ノヴァーリスのように「言語を、絶対的観念論の視野において、主観性に基づきながら弁証法的に表象する」(254) 態度とは無縁のものであると主張している。

（123） Hölderlin, F.: *Sämtliche Werke und Briefe* (*Drei Bände*), *Band I*, hrsg. von J. Schmidt, 1992, S. 341.

（124） Hölderlin, F.: *Hölderlin Gedichte*, hrsg. und mit Erläuterungen versehen von J. Schmidt, 1984, S. 163.

（125） この断想集の執筆年代判定については、編者フォン・ヘルマンの考証を参照。Vgl. GA65, 515.

（126） Holderlin : *Sämtliche Werke und Briefe* (*Drei Bände*), *Band I*, hrsg. von J. Schmidt, 1992, S. 334ff.

(127) 「拒否(verweigern)」という術語は、『哲学への寄与』において必ずしも一貫して「遁走した神々」の存在様態についてのみ用いられているわけではないが、ここでは、以下の文献におけるフィーガルの解釈を参考に、図式的な整理を行うことにした。) Vgl. Figal, G.: *Heidegger zur Einführung*, 1996², S. 141.

(128) ただし、他方においてハイデガーが、『存在と時間』において、「決意した現存在は、他者の〝良心〟になることができる」(SZ, 298)と指摘していることにも注意が払われなければならない。ハイデガーの言う「他者の良心」としての現存在とは、あれこれの世俗的な事情についてアドバイスしたり訓示を垂れたりする人間のことではなく、「沈黙」をもって他者を「解放する」現存在のことである。いわば「私の良心」としての「他者の沈黙」を問題にしようとする私たちの考察と、ハイデガーの叙述とでは、自他関係における力線の方向が正反対であるので、ここではあえて触れなかった。ハイデガーのように「他者の良心」としての「私の沈黙」について語ることと、私たちのように「私の良心」としての「他者の沈黙」について語ることが、はたして同じことなのかどうか、非常に興味ぶかい倫理的な論点が、ここには垣間見えていると思われるが、詳論は割愛する。

(129) こうした観点から叙述される私たちの以下のハイデガー言語論の解釈は、かつて渡邊二郎氏が、ハイデガーの存在思想の究極を「絶望を秘めた絶対の境涯」のうちに見据えた着眼を、私たちなりの仕方で消化したものであると言ってよいであろう。渡邊二郎『ハイデッガーの存在思想』(一九八五年、勁草書房)、四八六ページ以下を参照。

(130) Gadamer, H.-G.: „Wer bin Ich und wer bist Du ?“, in: *Gesammelte Werke*, *Bd. 9*, 1993, S. 384f.

(131) George, S.: „Das neue Reich“, *Gesamt-Ausgabe der Werke, Endgültige Fassung, Band IX*, 1928, S. 134.

(132) Benn, G.: „Probleme der Lyrik“, in: *Gesammelte Werke in vier Bänden, Erster Band, Essays-Reden-Vorträge*, hrsg. von D. Wellershoff, 1959, S. 511. ちなみにベンは、この講演中、「論弁的(diskursiv)で体系的な思考」を放棄した今日の哲学者たちは、「心の底では詩作したがっているように思われる」と述べつつ、しかし「彼ら哲学者たちにあっては、言葉に対する関係(das Verhältnis zum Wort)が破壊されてしまっている。あるいは、彼らにあっては、この関係が一度も生き生きとしたものではなかったからこそ、彼らは哲学者になったのであり、しかも、心の底では詩作することを望んでいるのだ」と、強烈な皮肉を(おそらくハイデガーに代表される)当時の哲学陣営に投げつけている(vgl. a.a.O., S. 528)。ハイデガーは、ベンの講演のトランスクリプションを確実に読んでおり、これを「きてれつな講演(sonderbarer Vortrag)」(GA12, 195)と批判的に論評までしているが、「詩人にとって、言葉に対する関係(das Verhältnis zum Wort)以上に、刺激的で危険なものが他にあろうか？」(209)と語りながら、ゲオルゲにおけるこの関係の変容を問題にする際には、婉曲的な仕方で、ベンの問題意識との共感が表明されているように思われる。

(133) 往年のゲオルゲが発揮したカリスマ性については、次の文献を参照。Vgl. Gadamer, H.-G.: „Der Dichter Stefan George", in: *Gesammelte Werke Bd. 9*, 1993, S. 210ff.

(134) Gadamer, H.-G., *Wahrheit und Methode*, 1990^6, S. 157.

(135) Ibid.

(136) Ibid.

(137) ここに、「いささか一面的な見方」と述べたのは、ハイデガーにおける「日常性」という概念の用法の狭隘さを意図してのことである。言うまでもないことであろうが、私たちは、単なる記号作用の枠内にはおさまらない(例えば)情緒的・像的・象徴作用的な言語の働きを、日常生活のなかでも、しばしば経験しているだろう。「同じ事」を述べるにしても、ひとによって、状況によって、多種多様な「トーン」「声振り」「ニュアンス」の違いがあることを、私たちは知っている。私たちは場合によっては、語られている内容そのものよりも、それを語る話者の声に聞き惚れてしまったりすることすらあるだろう。ワープロやタイプライターで書かれた手紙よりも、肉筆で綴られた手紙に、筆者の「誠意」を感じたりすることも稀ではない。ハイデガーの論考には、機能主義的な言語＝記号観への警戒のあまり、日常言語の多様性を看過してしまう性急さが、しばしば見て取られる。

(138) Rilke, R. M.: *Werke, Kommentierte Ausgabe in vier Bänden, Band 2, Gedichte 1910 bis 1926*, hrsg. von H. Engel u.a., 1996, S. 242.

(139) Franz Xaver Kappus に宛てた一九〇三年二月一七日付の手紙を参照。Vgl. *Rilke Briefe Erster Band*, Insel Taschenbuch, 1987, S. 46.

(140) Ibid.

(141) Ibid.
(142) A.a.O., S. 47.
(143) Ibid.
(144) Ibid.
(145) リルケの言う「内的な必然性」にもとづく詩作ということで、私たちは具体的に何を考えればよいのだろうか。既に参照したエリオットの「悪魔祓い」の儀式としての詩作もさることながら、私たちとしては、文化的・歴史的な背景の点において甚だ懸け離れた例ではあるが、万葉棹尾の歌人、大伴家持の絶唱「うらうらに照れる春日に雲雀あがり、情《こころ》悲しも、ひとりし思へば」(万葉集巻十九・四二九二)を想い起こさざるをえない。この歌には、「春日遅々鶬鶊正啼。悽惆之意非歌難撥耳。仍作此歌、式展締緒。(春日遅々として、鶬鶊《サウカウ》正に啼く。悽惆《セイチウ》の意、歌にあらずは、撥《はら》ひ難きのみ。仍《よ》りて此の歌を作り、式《も》ちて締緒を展《の》ぶ)」という漢文の左註が付されている。歌によらなければ払い除けることのできない「悽惆の意」つまり「悲しみ」が、《私》(家持)をして、詠歌へと強いたというのである。「悽惆の意、歌にあらずは、撥ひ難きのみ」。〃私は歌わざるをえない〃という「内的な必然性」に基づいた純乎たる抒情詩の誕生の瞬間を、私たちはここに見ることはできないだろうか。
「漢文の日記に言う、歌によらなければ払いのけることのできない悲しみを、当時家持が置かれていた具体的・歴史的条件の中に探ろうとする試みがある。これらの歌がわれわれに訴える力は、そのような作者の外的条件の中にあるわけではない。そのような家持の伝記上の事実と、作品の世界とが、はっきり繋がるわけのものではない。彼の心事の欝悒《いぶせ》さの根源は、彼が深く人間存在のかなしみを体したところに発している。彼が如何なる切実な経験を経たとしても、彼にこの根源の感情が無かったなら、彼の作品はそれほどわれわれの心に訴えることはない」と山本健吉は述べている(『大伴家持』、一九七三年、筑摩書房、二一九ページ)。

　たしかに私たちは、家持の悲しみの具体的な内容を、彼の伝記的事実のうちに探究することによって、この歌をよりよく解釈するよう促されるのを感じる。そして、そのような伝記的な「知識」を背景とすることによって、かの三十一音(あるいはその左註をも含めても僅か数行のテキスト)が、ある歴史的な厚みを帯びて豊かに鑑賞されうるようになることも事実である。しかしながら、忘れてはならないのは、歌とは、そうした外的な不遇・不運という〃条件〃が整った挙げ句に、〃結果〃するものなどでは決してないということである。生活の苦悩は、必ずしも、ひとを「詩人」とするものではない。私たちの多くは、「歌わなくても生きていられる」のであり、酒や遊興を「心の憂さの捨てどころ」とするに留まるのだ。結局のところ、「なぜ家持は歌わざるをえなかったのか」という問いは、確たる答えを得ることなく、「悽惆の意、歌にあらずは、撥ひ難きのみ」という「内的な必然性」の深淵のうちへと差し戻されざるをえないであろう。

家持は、天高く雲雀の明るい囀りの聞こえる ある春の日に、何としても払い除けることのできない「悽惆の意」に囚われた。そして、かの絶唱へと強いられた。それだけの事実、決して外的な諸条件のうちには還元解消することのできない この単純な事実こそが、リルケの言う「内的な必然性」を例証してくれているように、私たちには思われる。

(146) Rilke : a.a.O, S. 47.

(147) Celan, P.: *Gesammelte Werke in fünf Bänden, Zweiter Band, Gedichte II*, 1992², S. 31. 日本語訳は、生野幸吉の名訳(岩波文庫『ドイツ名詩選』所収)を、ほぼ全面的に踏襲した。

(148) O・マンデリシターム「話し相手について」(『言葉と文化』、一九九九年、水声社、所収)、五〇ページを参照。

(149) Celan, P.: „Ansprache anläßlich der Entgegennahme des Literaturpreises der Freien Hansestadt Bremen“, in : *Gesammelte Werke in fünf Bänden, Dritter Band*, 1992², S186.

(150) Ibid.

(151) Celan, P.: „Der Meridian. Rede anläßlich der Verleihung des Georg-Büchner-Preises“, in : *Gesammelte Werke in fünf Bänden, Dritter Band*, 1992², S. 197.

(152) A.a.O., S. 198.

(153) Ibid.

(154) Ibid.

(155) Ibid.

(156) A.a.O., S. 196.

(157) A.a.O., S. 197.

(158) Lacoue-Labarthe, P.: *La poésie comme expérience*, 1997, p. 97.

(159) Celan, P.: *Gesammelte Werke in fünf Bänden, Erster Band, Gedichte I*, 1992², S. 225. 日本語訳は，同じく生野幸吉の名訳(岩波文庫『ドイツ名詩選』所収)を踏襲した。

(160) Lacoue-Labarthe : op. cit, p. 106. ちなみに引用した最後の文は，原文では，Elle signifie simplement qu'en *n*'invoquant personne la prière est en effet vide ou vaine, mais qu'en invoquant Personne elle reste prière. となっており，ドイツ語訳では，Er bedeutet einfach, daß das Gedicht, sofern es *niemand* anruft, tatsächlich leer oder nichtig ist, sofern es aber *Niemand* anruft, Gebet bleibt. と表現されている。Vgl. *Dichtung als Erfahrung*, übersetzt von T. Schestag, 1991, S. 96.

(161) Figal, G.:„Philosophie als hermeneutische Theologie", in : *Verwechselt mich vor Allem nicht ! – Heidegger und Nietzsche*, Martin-Heidegger-Gesellschaft Schriftreihe Bd. 3, 1994, S. 94.

(162) A.a.O., S. 102.

(163) A.a.O., S. 104.

あとがき

大学二年生の頃だったと思う。評判だったヴェンダースの映画「ベルリン天使の詩(Der Himmel über Berlin)」を見にいって、いわく言いがたい違和感を持ち帰ったのを憶えている。別に口を動かしているわけでもない街頭の男女たちを映す画面に、「ああ、もう一人ぼっちじゃないんだわ」とか、「もう我慢できない、今度は何だ」などといった声が重なる。何度となく繰り返されるそうした映像と音声の組み合わせに慣れるにしたがって、声のざわめきの正体が、思いに耽る彼らの胸のつぶやきであるらしいことが明らかになってくる。そして、やがて登場する天使役の俳優が、沈思する風情の男の傍らに立ち、物言わぬその男の「声」に耳を傾けているシーンを見るにおよんで、いわば映画全体の種明かしが与えられた。そうか、われわれ観客は、あの天使たちと同じ位格にたって、さまざまな人物の内心の声(Gedankenstimme)を聴きとることができるようになっているのか、と。

だが、映画のなかの人間たちは異様なほどに能弁だった。そして、ほんとうに長々と数分間にもわたる台詞が、彼らの「心のなかの声」として聴取されるにいたって、映画館に座っていた私は、ぼんやりと不安な違和感にとらわれざるをえなかった。少なくとも自分は、あれほど明らかに分節された文章の形で物思いに耽ったりはしない。目覚めてから眠りにつくまでの一日を暮らしていれば、たしかに様々な思いが脳裏をよぎりはする。が、それらは決して文章として明確に分節されたものではない。おおかたは不定形な想念や感情が雲のように浮かび、不定形なまま消えていくばかり。それは自分の場合だけなのだろうか。誰もがそうではないのか、と。

「あんなことあるわけないよね」。そう私は、あのとき隣の席に座っていた友人に聞いてみるべきだったのかもしれない。どのような答えが返ってきただろうか。映画の設定への違和感（場合によっては共感）を表明しあうことは、いずれ私たちを、自己の心的生活のありようの「告白」へと誘い込むことになったのではないか。

あの映画をめぐる私の思いは、しかし、時とともに変質を遂げていった。何かが変わり、いつの頃からか私にも、はっきりと文章化せざるを得ないような「思い」にとらわれることが皆無ではなくなった。たとえば通いなれた道を一人歩きながら、やたらと長々しくまるで何かを物語るように、黙語を紡ぎつづけるということが稀でなくなった。ふと気がつけば私は、友たちの声の記憶をたぐり寄せ、それらに遅ればせながら答えようとして、ひたすら黙々と語りつづけてしまっている。不定形の迷い、居たたまれなさ、哀しみ、あるいは怒りが、浮かんでは消えていく日常の端々で、ふと誰かの顔と、その声の記憶に触発されながら、誰にも聞かれることのない黙語を、ひとり輪車を押すように語りつづけてしまう。あの映画の人物たちが、いつしか身近に感じられるようになった。

「君はどうなのだろう。そういう黙語を紡ぎ続けることが、やはり君にもあるのではないか」。と、もう会うことのない、かつての友人に聞いてみたい気がする。そして今この瞬間も、どこかで明滅しつつあるだろう複数の黙語たちが、私たちの現存在のあいだに見えない橋を架けようとしているのかもしれない、などと愚かな夢想に耽りそうにもなる。そんな愚かなロマンティシズムとは早いところ手を切るべきだったのかもしれない。黙語の架ける見えない橋などによって何が変わるわけでもないという現実をこそ、受け容れるべきだったのかもしれない。

しかし、黙語の訴えのうちには、たしかに問われるべき事柄が眠っているように、私には思われたのである。

「力をも入れずして、天地を動かす」（紀貫之）ような言葉の権能は、汚濁にまみれた政治的暴力の別名となりはて、むしろ、「言葉で動かすことのできるものは／何ひとつ残されていないと分ったから／私はあるだけの力をこめてあなたを撃った／それがあなたに触れるただひとつの途で／それもうあなたを怒らす事はできなかった」(谷川俊太郎)と歌われるような貧しい世俗を生きる私たち。そのような私たちの場所から生まれる黙語の訴えが、同時多発する私たちを貫く歌へと移り行くさまを思考する必然性が、たしかに存在しているように思われたのである。ハイデガーの思索を同伴者として、この思考の可能性の縁を見極めること、それが、本書を起稿した当初の私の目論見であった。ハイデガーの言語哲学を自分なりに解釈することを通じて、何かが「在る」というリアリティーの意味を、単なる意識の志向性のなかではなく、「誰かに宛てて語る」という経験のうちに問い求めようとした本書における試みを、現在、私は、現存在における自由と自然の交錯という古典的なテーマに立ち返りつつ、継続している最中である。

本書は、もともと一九九九年度末、東京大学大学院人文社会系研究科に『ハイデガー哲学における「言語」の問題――志向性と公共性の連関　およびその詩的変様について』という長い論題を付して提出した課程博士論文に基づいている。全体の論旨・論脈は、もとのまま変更を加えなかったが、このたびの出版にあたって、読者の方々に少しでも近づきやすいものとなるよう、大小さまざまな改稿を加えることにした。書名を思い切って簡略化したのも、その一つである。岩波書店「アカデミック叢書」の企画に紹介してくださった樺山紘一先生と、さまざまなアドバイスを頂いた編集部の片岡修さんに、心より感謝申し上げたい。

私事ばかり記して恐縮ではあるが、原論文および本書を仕上げるまでの過程でお世話になった多くの先生、先輩、友人に、この場を借りて、心からの感謝を記したいと思う。

私が懸命に書いたものと曖昧に書き流してしまったものとをいつも鋭敏に読み分けて、私が私自身の哲学の道を進むよう江戸下町風の温かさで叱咤激励してくださった指導教官の高山守先生。ハイデガー研究を志した当初の私をいつも励まし、テキストの読み方の手ほどきをしてくださった渡邊二郎先生。情緒に流れがちな私の思考の弱点を注意深く指摘してくださった天野正幸先生。ハイデガーの日常性分析の核心を教えてくださり、後期ハイデガーの解釈のなかに活路を見出そうとした私の行き方をも寛容に見届けてくださった門脇俊介先生。ヨーロッパ精神史の隅々に眠るハイデガー解釈のヒントを教えていただいた坂部恵先生。気取らぬ日本語のなかで哲学することを教えてくださった松永澄夫先生。志向性概念の射程を再考する機縁をくださった一ノ瀬正樹先生。留学生の私に、後期ハイデガーを読解するための指標を示してくださったフライブルクのフォン・ヘルマン先生。今日までのご指導に心よりお礼申し上げたい。

多くの先輩がた、とりわけ貫成人氏、榊原哲也氏、森一郎氏の三先輩には、読書会などを通じて、よちよち歩きの学部学生の時分から重ね重ね面倒を見てもらい、現象学およびハイデガー研究のイロハを学ばせていただいた。また、実存思想協会やハイデガー研究会で知り合った、村井則夫氏、山本英輔氏、齋藤元紀氏などの皆さんとの交流がなければ、私の研究は、今以上に一人よがりな迷走を繰り返すのみであったろうと思われる。さらに河谷淳君、及川和剛君をはじめとする友人たち、佐山圭司、鈴木宗徳、松井賢太郎、菊川智子、村松正隆、伊藤美恵子、山田有希子（敬称略）の皆さんには、いつも混乱して煮え切らない私の話し相手となってもらい、執筆過程の節目節目を具体的なかたちで助けていただいた。厚く感謝申し上げたい。

そして最後に、哲学研究という世俗的には危なげな道に足を踏み入れた私を、そのことについては愚痴ひとつ言わず、つねに変わらぬ愛をもって支援してくれた父と母に、心から感謝の言葉を贈りたいと思う。父母たちが、その生の途上において経験した真実の域に、高踏的な概念語に粉飾された私の哲学は到底届くものたりえていないだろう。

そのことを恥じつつも、この拙い仕事を、世に生きることの深い悦びとあはれの情を身をもって教えてくれた二人に捧げたいと思う。

二〇〇二年五月

著　者

人 名 索 引

引用文献一覧

本文中および巻末注において指示したもの（ハイデガーの著作を除く）．なお，ハイデガーの著作からの引用方法については，「凡例」を参照されたい．

Aristoteles:「命題論」（『アリストテレス全集 1』山本光雄訳，岩波書店，1987）．

Aristoteles:「形而上学」（『アリストテレス全集 12』出隆訳，岩波書店，1988）．

Aristoteles:「ニコマコス倫理学」（『アリストテレス全集 13』加藤信朗訳，岩波書店，1988）．

Aristoteles:「政治学」（『アリストテレス全集 15』山本光雄訳，岩波書店，1988）．

Anz, Wilhelm, „Die Stellung der Sprache bei Heidegger", in: *Heidegger, Perspektiven zur Deutung seines Werkes*, hrsg. von O. Pöggeler, Beltz, Weinheim, 1994[3].

Arendt, Hannah: *The Human Condition*, The University of Chicago Press, Chicago& London, 1989.

Benn, Gottfried: „Probleme der Lyrik", in: Gesammelte Werke in vier Bänden, Erster Band, *Essays-Reden-Vorträge*, hrsg. von D. Wellershoff, Limes Verlag, Wiesbaden, 1959.

Bergson, Henri: *La pensée et le mouvant*, PUF, Paris, 1987[93].

Bernet-Kern-Marbach: *Edmund Husserl, Darstellung seines Denkens*, Felix Meiner, Hamburg, 1996[2].verb.（『フッサールの思想』千田義光・鈴木琢真・徳永哲郎訳，哲書房，1994）．

Brandom, Robert: „Categories in Being and Time", in: *Heidegger, A Critical Reader*, ed. by H. Dreyfus & H. Hall, Blackwell, Oxford UK & Cambridge USA, 1992.

Brentano, Franz, *Psychologie vom empirischen Standpunkt, Erster Band*, hrsg. von O.Kraus, Felix Meiner（PhB 192）, Leipzig, 1924.

Celan, Paul: *Gesammelte Werke in fünf Bänden, Erster Band, Gedichte I*, hrsg. von B. Allemann u.a. Suhrkamp, Frankfurt a.M., 1992[2].

Celan, Paul: *Gesammelte Werke in fünf Bänden, Zweiter Band, Gedichte II*, hrsg. von B. Allemann u.a. Suhrkamp, Frankfurt a.M., 1992[2].

Celan, Paul: „Ansprache anläßlich der Entgegennahme des Literaturpreises der Freien Hansestadt Bremen", in: *Gesammelte Werke in fünf Bänden, Dritter Band*, hrsg. von B. Allemann u.a., Suhrkamp, Frankfurt a.M., 1992[2].

Celan, Paul: „Der Meridian. Rede anläßlich der Verleihung des Georg-Büchner-Preises", in: demselben Band seiner *Gesammelten Werke*.

Coriando, Paola-Ludovica: „Die »formale Anzeige« und das Ereignis, Vorbereitende Überlegungen zum Eigencharakter seinsgeschichtlicher Begrifflichkeit mit einem

Ausblick auf den Unterschied von Denken und Dichten“, in: *Heidegger Studies*, Vol. 14, 1998.

Duden Deutsches Universalwörterbuch, Mannheim, 1997[3].

Eliot, T.S.: “The Three Voices of Poetry”, in: *On Poetry and Poets*, Farrar, Straus and Cudahy, New York, 1957.

Figal, Günter: „Philosophie als hermeneutische Theologie“, in: *Verwechselt mich vor Allem nicht ! – Heidegger und Nietzsche*, Martin-Heidegger-Gesellschaft Schriftreihe Bd. 3, hrsg. von H.-H. Gander, Vittorio Klostermann, Frankfurt a. M., 1994.（『ハイデガーとニーチェ』川原栄峰監訳，南窓社，1998 所収）.

Figal, Günter: *Heidegger, zur Einführung*, Junius, Hamburg, 1996[2].

Figal, Günter: „Vollzugssinn und Faktizität“, in: *Der Sinn des Verstehens*, Reclam, Stuttgart, 1996.

Figal, Günter: „Wie philosophisch zu verstehen ist. Zur Konzeption des Hermeneutischen bei Heidegger“, in: *Siebzig Jahre »Sein und Zeit«*, Wiener Tagungen zur Phänomenologie 1997, hrsg. von H. Vetter, Peter Lang, Frankfurt a.M., 1999.

Fink, Eugen, *Studien zur Phänomenologie 1930 – 1939*, Martinus Nijhoff (Phaenomenologica 21), Den Haag, 1966.

Foucault, Michel: *Les mots et les chose*, Gallimard, 1966.

Frege, Gottlob: „Über Sinn und Bedeutung“, in: *Funktion, Begriff, Bedeutung*, hrsg. von G. Patzig, Vandenhoeck & Ruprecht, Göttingen, 1994[7], S.40ff.

Gadamer, Hans-Georg: *Wahrheit und Methode, Grundzüge einer hermeneutischen Philosophie*, Gesammelte Werke, Bd. 1, J.C.B.Mohr, Tübingen, 1990[6].

Gadamer, Hans-Georg: „Wer bin Ich und wer bist Du ? Kommentar zu Celans Gedichtfolge »Atemkristall«“, in: *Gesammelte Werke, Bd. 9, Ästhetik und Poetik 2, Hermeneutik im Volzug*, J.C.B.Mohr, Tübingen, 1993.

Gadamer, Hans-Georg: „Der Dichter Stefan George“, in: demselben *Bd. 9 seiner Gesammelten Werke*, 1993.

George, Stafan: *Das neue Reich*, Gesamt-Ausgabe der Werke, Endgültige Fassung, Band IX, Gerg Bondi, Berlin, 1928.

Hausenstein, Wilhelm: *Kairuan oder eine Geschichte vom Maler Klee und von der Kunst dieses Zeitalters*, Kurt Wolff, Munchen, 1921.

Hegel, G.W.F., *Enzyklopädie der philosophischen Wissenschaften im Grundrisse 1830, Erster Teil, Die Wissenschaft der Logik mit den mündlichen Zusätzen*, Werke (in 20 Bänden), Bd.8, Suhrkamp (stw), Frankfurt a.M., 1986.

Held, Klaus: „Heidegger und das Prinzip der Phänomenologie“, in: *Heidegger und die praktische Philosophie*, hrsg. von A. Gethmann-Siefert und O. Pöggeler, Suhrkamp, Frankfurt a.M., 1989.

Herrmann, Fr.-W. von: *Wege ins Ereignis*, Vittorio Klostermann, Frankfurt a.M., 1994.

廣松渉：『弁証法の論理（弁証法における体系構成法）』，青土社，1990².
Hölderlin, Friedrich: *Sämtliche Werke und Briefe* (*Drei Bände*), *Band I*, hrsg. von J. Schmidt, Deutscher Klassiker Verlag, Frankfurt a.M., 1992.
Hölderlin, Friedrich: *Hölderlin Gedichte*, hrsg. und mit Erläuterungen versehen von J. Schmidt, Insel (Taschenbuch 781), Frankfurt a.M., 1984.
細川亮一：『意味・真理・場所』，創文社，1992.
Humboldt, Wilhelm von: „Über den Dualis", in: *Gesammelte Schriften im Auftrag der Königlich Preußischen Akademie der Wissenschaften, Bd.VI*, hrsg. von A. Leitzmann, B.Behr's Verlag, Berlin, 1907.
Humboldt, Wilhelm von: „Über die Verschiedenheit des menschlichen Sprachbaues", in: *Gesammelte Schriften im Auftrag der Königlich Preusischen Akademie der Wissenschaften, Bd.VII*, hrsg. von A. Leitzmann, B.Behr's Verlag, Berlin, 1907.
Husserl, Edmund:
Husserliana Band III/1: *Ideen zu einer reinen Phänomenologie und phänomenologischen Philosophie, Erstes Buch*, hrsg. von K. Schuhmann, Martinus Nijhoff, Den Haag, 1976. (『イデーンI-I』渡辺二郎訳，みすず書房，1986⁵，同『イデーンI-II』1987²).
Husserliana Band XII: *Philosophie der Arithmetik*, hrsg. von L.Eley, Martinus Nijhoff, Den Haag, 1970.
Husserliana Band XVII: *Formale und transzendentale Logik, Versuch einer Kritik der logischen Vernunft*, hrsg. von P.Janssen, Martinus Nijhoff, Den Haag, 1974.
Husserliana Band XIX/1: *Logische Untersuchungen, Zweiter Band, Erster Teil*, hrsg. von U.Panzer, Martinus Nijhoff, The Hague, 1984.
梶井基次郎：「筧の話」（『檸檬』，新潮文庫，1986）.
Kant, Immanuel: *Kritik der reinen Vernunft*, Philosophische Bibliothek Bd. 505, hrsg. von J.Timmermann, Felix Meiner, Hamburg, 1998.
Klee, Paul: „Schöpferische Konfession", in: *Das bildnerische Denken*, Form- und Gestaltungslehre Bd. 1, hrsg. von J.Spiller, Schwabe, Basel, 1990⁵.
Lacoue-Labarthe, Philippe: *La poésie comme expérience*, Christian Bourgois Editeur (Collection "Détroits"), 1997. (独訳：*Dichtung als Erfahrung*, übersetzt von Th. Schestag, Edition Patricia Schwarz, Stuttgart, 1991; 邦訳：『経験としての詩』，谷口博史訳，未来社，1997).
Lafont, Cristina: „Die Rolle der Sprache in *Sein und Zeit*", in: *Zeitschrift für philosophische Forschung*, Bd. 47-I (1993).
Locke, John: *An Essay concerning Human Understanding*, ed. by P. H. Nidditch, Oxford, 1975.
マンデリシターム：「話し相手について」，『言葉と文化――ポエジーをめぐって』（斉藤毅訳）所収，水声社，1999.
Merleau-Ponty, Maurice: *Phénoménologie de la perception*, Gallimard, 1945.

Michalski, Mark, *Fremdwahrnehmung und Mitsein, Zur Grundlegung der Sozialphilosophie im Denken M.Schelers und M.Heideggers*, Bouvier, Bonn, 1997.

三上真司「ハイデガーのテクネー論（I）」(横浜市立大学紀要，人文科学系列第二号，1995，所収).

Musil, Robert: *Der Mann ohne Eigenschaften 1*, hrsg. v. A. Frisé, Rowohlt, Reinbek bei Hamburg, 1978.

Natorp, Paul: *Platons Ideenlehre, Eine Einführung in den Idealismus*, Felix Meiner, Leipzig, 1921^2.

Nietzsche, Friedrich: „Zur Genealogie der Moral", in: Kritische Studienausgabe (KSA), Bd.5, hrsg. von G.Colli und M.Montinari, Deutscher Taschenbuch Verlag & de Gruyter, München & Berlin/New York, 1988^2.

Platon:「ファイドン」(『プラトン全集 1』，松永雄二訳，岩波書店，1998).

Platon:「ソフィステス」(『プラトン全集 3』，藤沢令夫訳，岩波書店，1998).

Platon:「饗宴」(『プラトン全集 5』，鈴木照雄訳，岩波書店，1998).

Platon:「ラケス」(『プラトン全集 7』，生島幹三訳，岩波書店，1998).

Platon:「国家」(『プラトン全集 11』，藤沢令夫訳，岩波書店，1999).

Ricœur, Paul: *Idées directrices pour une phénoménologie, traduit de l'allemand par Paul Ricœur*, Gallimard, 1950^6. (フッサール『イデーン』仏訳の訳注).

Riedel, Manfred: „Logik und Akroamatik. Vom zweifachen Anfang der Philosophie", in: *Philosophisches Jahrbuch 91*, 1984

Riedel, Manfred: „Sprechen und Hören. Zum dialektischen Grundverhältnis in Humboldts Sprachphilosophie", in: *Zeitschrift für philosophische Forschung 40*, 1986.

Rilke, Reiner Maria: *Rilke Werke, Kommentierte Ausgabe in vier Bänden, Band 2, Gedichte 1910 bis 1926*, hrsg. von H. Engel, U. Fülleborn, H. Nalewski, A.Stahl, Insel, Frankfurt a.M. u. Leipzig, 1996.

Rilke, Reiner Maria: *Briefe*, Insel Taschenbuch, 1987, Erster Band.

Ritter, J. und Gründer, K.(Hrsg.): *Historisches Wörterbuch der Philosophie*, Bd.6, Schwabe, Basel, 1984.

Sartre, Jean-Paul: "Une Idée fondamentale de la phénoménologie de Husserl: l'intentionnalité", in: *Situations I, Essais Critiques*, Gallimard, 1947.

Trabant, Jürgen: *Traditionen Humboldts*, Suhrkamp, Frankfurt a.M., 1990.

Trakl, Georg: *Dichtungen und Briefe*, Band I, hrsg. von W. Killy und H. Szklenar, Otto Müller Verlag, Salzburg, 1969.

Tugendhat, Ernst: *Der Wahrheitsbegriff bei Husserl und Heidegger*, Walter de Gruyter & Co., Berlin, 1970^2.

Tugendhat, Ernst: *Vorlesungen zur Einführung in die sprachanalytische Philosophie*, Suhrkamp, Frankfurt a.M., 1994^6.

Wittgenstein, Ludwig: *Tractatus logico-philosophicus*, Werkausgabe (in 8 Bänden),

Bd.1, Suhrkamp (stw), Frankfurt a.M., 1984.
山本健吉：『大伴家持』（日本詩人選　5），筑摩書房，1973^{5}.
渡邊二郎：『ハイデッガーの存在思想』勁草書房，1985^{2}.
『聖書』，新共同訳，日本聖書協会発行，1989.

■岩波オンデマンドブックス■

ハイデガーの言語哲学――志向性と公共性の連関

2002年6月27日　第1刷発行
2016年2月10日　オンデマンド版発行

著　者　古荘《ふるしょう》真敬《まさたか》

発行者　岡本　厚

発行所　株式会社　岩波書店
〒101-8002 東京都千代田区一ツ橋2-5-5
電話案内 03-5210-4000
http://www.iwanami.co.jp/

印刷/製本・法令印刷

ISBN 978-4-00-730381-4　　Printed in Japan